KB251412

金東奎 譯

四柱祕傳 滴天髓

明文堂

序 言

小生이 人生行路의 里程標를 몸소 겪어 맛 본지도 於焉十有星霜이라! 其間 古賢諸子書도 읽어 보고 또한, 斯界의 同好人들과도 從遊師事하면서 相互探究도 하여 보니, 大同小異는 하나 分岐雜多하여 本是, 魯鈍之質이라 正鵠을 잡지 못하고, 迷路에 彷徨하든 지음에 滴天髓原本을 얻어 精探數閱에 자못 的實한 感이 많으나, 워낙 文義가 玄微하고 풀기 어려운 漢字熟語가 많아 初學者로서는 到底히 쉽게 알수가 없는 것이라 이를 沓沓히 여겨 猥濫하게도 일찍이 譯刊에 뜻을 두었으나, 이미 先譯本도 있고 해서 망서리고 있었으나, 그러나 同好者들 끼리 서로 硏究도 하고 또한 斯界의 將來發展을 期하고자 하여, 菲才淺識임에도 不顧하고 敢히 譯筆을 들었아오니, 江湖諸彦께서는 이를, 恕諒하시고 많이 愛讀하신 후에 加責을 주시기 바랍니다.

特히 逐日 往來하시면서 勸勉指導하여 주신 諸益에게 깊히 感謝드리면서 人事말씀겸 序에 代하나이다.

一九八〇年 七月

仁旺山下 新門路 寓舍에서

譯者里程表 金 東 奎 識

目次

第一部 通神論

第二部 六親論

基礎知識

一、陰 陽

宇宙萬物은 모두 相對的으로 되어 있다。다시 말하면、하늘과 땅、밤과 낮、남과 여、홀수와 짝수등 그 어느 것이든 홀로 認定되는 것은 하나도 없는 것이다。하나라는 數字가 있기 때문에 둘을 認定하게 되고 男子가 있기 때문에 女子를 認定하게 되고、작은게 있기 때문에 큰 것을 認定할 수 가 있는 것이다。이러한 관계를 東洋哲學에서는 陰陽의 理致라 하는 것이다。

二、五 行

五行은 이와같이 宇宙萬物을 구성하고 있는 요소들을 다섯 가지로 구분하여 설명하고 있으니 金、木、水、火土가 그것이다。

三、五行의 相生과 相剋

(相生) 木은 火를 生하고、火는 土를 生하고、土는 金을 生하고、金은 水를 生하고、水는 木을 生하는 관계를 말한다。

(相剋) 木은 土를 剋하고、土는 水를 剋하고、水는 火를 剋하고、火는 金을 剋하고、金은 木을 剋하는 관계를 말한다。

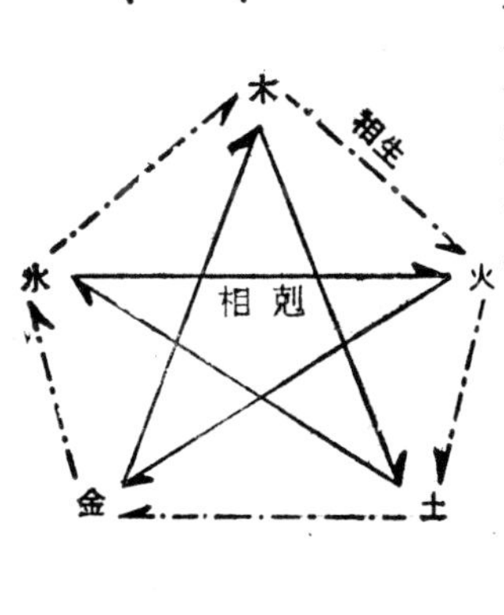

四、天干과 十二支

(天　干) 甲乙丙丁戊己庚辛壬癸

天干	陰陽別	五行別
甲	양	木
乙	음	木
丙	양	火
丁	음	火
戊	양	土
己	음	土
庚	양	金
辛	음	金
壬	양	水
癸	음	水

(十二支) 子丑寅卯辰巳午未申酉戌亥

十二支	陰陽別	五行別	月別	띠別	四時別
子	양	水	十一		冬
丑	음	土	十二	소	
寅	양	木	一	범	春
卯	음	木	二	토끼	
辰	양	土	三	용	
巳	음	火	四	뱀	夏
午	양	火	五	말	
未	음	土	六	양	
申	양	金	七	원숭이	秋
酉	음	金	八	닭	
戌	양	土	九	개	
亥	음	水	十	돼지	冬

五、六十甲子

六十甲子라는 것은 天干과 支地를 처음부터 순서대로 조합해 나가는 것을 말한다。곧、天干의 첫 字인 甲과 支地의 첫 字인 子가 조합하여 甲子가 되고、天干의 둘째 字 乙과 支地의 둘째 字인 丑이 조합하여 乙丑이 되는데 天干은 열개이고 支地는 열두개이므로 支地의 열한 번째 字인 戌은 다시 天干의 첫 字인 甲과 조합되어 甲戌이 되는 것이다。이렇게 天干과 支地가 조합하면 天干의 끝 字인 癸와 支地의 끝字인 亥가 맞아 떨어지는데 모두 六十개가 되므로 六十甲子라한다。六十一 번째에 다시 甲子가 되므로 還甲이라 하면 六十一歲를 말한다。이는 제 干支가 다시 돌아온다는 뜻이다。이를 표로 보이면 다음과 같다。

天干	支地
甲	子
乙	丑
丙	寅
丁	卯
戊	辰
己	巳
庚	午
辛	未
壬	申
癸	酉
甲	戌
乙	亥
丙	子
丁	丑
戊	寅
己	卯
⋮	⋮
⋮	⋮
癸	亥

이렇게 하여 조합된 六十甲子는 모두 다음과 같다。

甲子	甲戌	甲申	甲午	甲辰	甲寅
乙丑	乙亥	乙酉	乙未	乙巳	乙卯
丙寅	丙子	丙戌	丙申	丙午	丙辰
丁卯	丁丑	丁亥	丁酉	丁未	丁巳
戊辰	戊寅	戊子	戊戌	戊申	戊午
己巳	己卯	己丑	己亥	己酉	己未
庚午	庚辰	庚寅	庚子	庚戌	庚申
辛未	辛巳	辛卯	辛丑	辛亥	辛酉
壬申	壬午	壬辰	壬寅	壬子	壬戌
癸酉	癸未	癸巳	癸卯	癸丑	癸亥

六、四柱기둥 세우는 법

四柱八字라 함은 年、月、日、時 네기둥 여덟글자를 말하는 것이다。年柱는 當年의 太歲를 말하는 것이니 가령 어느 사람이 庚申年 二月二十四日 寅時에 태어났다면 年柱는 庚申이 되는 것이다。

庚申…………年一柱＝父母、祖上자리가 된다。

庚辰…………月二柱＝兄弟、朋友자리가 된다。

壬子…………日三柱＝天干은「나」이니 가장 重要한 核心이며 地支는 妻자리가 된다。

壬寅…………時四柱＝子息자리가 된다。

月柱는 年柱로부터 算出되는 것이니 다음 도표를 보기 바란다。

太歲 \ 月別	正	二	三	四	五	六	七	八	九	十	十一	十二
甲己年	丙寅	丁卯	戊辰	己巳	庚午	辛未	壬申	癸酉	甲戌	乙亥	丙子	丁丑
乙庚年	戊寅	己卯	庚辰	辛巳	壬午	癸未	甲申	乙酉	丙戌	丁亥	戊子	己丑
丙辛年	庚寅	辛卯	壬辰	癸巳	甲午	乙未	丙申	丁酉	戊戌	己亥	庚子	辛丑
丁壬年	壬寅	癸卯	甲辰	乙巳	丙午	丁未	戊申	己酉	庚戌	辛亥	壬子	癸丑
戊癸年	甲寅	乙卯	丙辰	丁巳	戊午	己未	庚申	辛酉	壬戌	癸亥	甲子	乙丑

日主는 算出되는 公式이 없고 月歷이나 萬歲歷에 依해서 當日의 日辰을 찾을 수밖에 없다。

時柱는 日辰에 依해서 찾는 것인데 다음의 도표를 보기 바란다。

時別 \ 日辰	時間	甲己	乙庚	丙辛	丁壬	戊癸
子	二三~○一	甲子	丙子	戊子	庚子	壬子
丑	○一~○三	乙丑	丁丑	己丑	辛丑	癸丑
寅	○三~○五	丙寅	戊寅	庚寅	壬寅	甲寅
卯	○五~○七	丁卯	己卯	辛卯	癸卯	乙卯
辰	○七~○九	戊辰	庚辰	壬辰	甲辰	丙辰
巳	○九~十一	己巳	辛己	癸巳	乙巳	丁巳
午	十一~十三	庚午	壬午	甲午	丙午	戊午
未	十三~十五	辛未	癸未	乙未	丁未	己未
申	十五~十七	壬申	甲申	丙申	戊申	庚申
酉	十七~十九	癸酉	乙酉	丁酉	己酉	辛酉
戌	十九~二十一	甲戌	丙戌	戊戌	庚戌	壬戌
亥	二十一~二三	乙亥	丁亥	己亥	辛亥	癸亥

七、節氣法

四柱 기둥을 세우는데는 절기를 기준으로 하는 것이다. 가령 正月의 節氣는 立春이므로 어떤 사람이 正月 初五日날 生하였다 하더라도 立春이 正月 初八日이라 하면 아직 立春이 않되었으므로 前年의 十二月 月建을 쓰는 것이다. 다음 도표를 보기 바란다.

月別 \ 十二節	節氣
正	立春
二	驚蟄
三	清明
四	立夏
五	芒種
六	小暑
七	立秋
八	白露
九	寒露
十	立冬
十一	大雪
十二	小寒

八、大運定하는법

大運은 月齡으로 부터 算出하는 것으로 ① 年柱가 陽인 男子와 年柱가 陰인 女子는 月柱로 부터 順行하고、② 年柱가 陰인 男子와 年柱가 陽인 女子는 月柱로 부터 逆行한다。

例를 들면 庚申年 二月二十四日 巳時生 남자가 있다면、

庚甲 年柱가 陽인 男子다

庚辰 二月生이지만 三月節인 淸明이 지났기에 三月月建인 庚辰이 된다。

壬子 二十四日日辰을 萬歲歷을 보고 찾은 것이다。

乙巳 丁壬日은 子時가 庚子가 되는 것이니 巳時까지순서대로 세어가면 乙巳時가 된다。

大運은 陽男이니까 公式에 의하여 月建으로 부터 順行하니까 月建庚辰다음은 辛巳이니 첫 대운이 辛巳、壬午、癸未、甲申、乙酉、丙戌、丁亥로 된다。이상으로 四柱와 大運이 決定되었으나 몇살부터 첫 대운에 들어가는가를 알아야 하는데 이것도 역시 공식에 의해서 산출되는 것이다。

① **陽男陰女는 未來節(順行)。** 自己生日로 부터 다음달 절기까지 날자를 세어서 三으로 除하여 나온 답의 數字가 大運數가 된다。

② **陰男陽女는 過去節(逆行)。** 自己生日로 부터 過去(지나간) 절기까지 날자를 세어서 三으로 제하고 나온답의 數字가 大運數가 되는 것이다。

가령 庚申年 二月二十四日 巳時에 태어난 男子라면 二月、二十四日、子時가 淸明이니까 生日은 二月이지만 三月에 해당하는 淸明이 지났으므로 三月의 月建을 썼다。 따라서 大運數는 다음달 四월의 節氣가 立夏이니 自己가 出生한 二月二十四日부터 四月節氣인 立夏까지가 二十六日이니 三으로 나누면 八이 되고 二가 남는다。이때에 四死五入을 하는데 二가 남으면 一을 올려주고 一이 남으면 버리는 것인데 二가 남았으니 大運數는 一을 더

하여 九가 되는 것이다。이렇게 하여 四柱八字와 大運과 大運數가 모두 決定되었으며 이사람은 九세부터 첫大運인 辛巳에 들어가는 것이다。

庚申年 二月二十四日巳時生男

庚申 9세 辛巳 ※ 大運 한 기둥은 十年이 되며 한 字는 五年이 되니 上記와 같이 된다。
庚辰 19세 壬午
壬子 29세 癸未
乙巳 39세 甲申
49세 乙酉
59세 丙戌
69세 丁亥

干 合

干合이란 天干의 合됨을 말하는 것인데 合이 되면 반드시 다른 五行으로 變化된다。
甲己合化土、乙庚合化金、丙辛合化水、丁壬合化木、戊癸合化火가 됨을 말한다。

支 合

一名六合이라고도 하는데 支地 두글자가 合이 되어 他五行으로 變化됨을 말한다。
子丑合化土、寅亥合化木、卯戌合化火、辰酉合化金、巳申合化水、午未合不變。

支地 三合

一名 會合이라고도 하는데 支地三字가 만나서 他五行으로 변화됨을 말하는데 三合이 되면 强力한 集團勢力이

된다。

寅午戌 火土會局 ※ 위의 三合中 어느글자라도 二字가 만나면 半合會局이 된다。
亥卯未 木會局
申子辰 水會局
巳酉丑 金會局

支地冲破

一名 相冲이라고도 하는데 서로 부디쳐 깨진다는 말이다。 相冲은 가장 凶한 惡神인데 좋은 것이 冲이되면 깨지니 나쁘고 나쁜 것이 冲이 되면 깨지니 좋다。

子冲午 丑冲未 寅冲申
卯冲酉 辰冲戌 巳冲亥

三 刑

三刑은 相冲 다음으로 凶한 凶神인데、三刑이 들면 是非、訟事、疾病等 凶事가 生한다。
寅巳申이 三刑이고、丑戌未가 三刑이다。

祿

祿이란 健昌하고 旺盛한 것으로 吉神에 해당한다。

天干	甲	乙	丙	丁	戊	己	庚	辛	壬	癸
祿	寅	卯	巳	午	巳	午	申	酉	亥	子

羊　刃

羊刃은 凶神에 해당되나 身弱할때는 吉神으로 作用한다.

陽干	甲	丙	戊	庚	壬
羊刃	卯	午	午	酉	子

※ 命理學에서는 陰干에는 羊刃을 쓰지 않는다.

그외에 吉神과 凶神등 많은 神殺이 있으나 本書에서는 主로 理論的인 學問을 研究함을 위주로 하기 때문에 생략하기로 한다.

十二運 養生法

十二운성이란 旺、相、休、囚、法을 말하니、가령 木이라면 어느계절에 가장 旺盛하고 어느계절에 가장 약한가를 알아보는 것인데 다음 도표를 보기 바란다.

十二運 / 五行	胞	胎	養	辰生	浴	帶	冠	帝旺	衰	病	死	庫葬
木	申	酉	戌	亥	子	丑	寅	卯	辰	巳	午	未
火土	亥	子	丑	寅	卯	辰	巳	午	未	申	酉	戌
金	寅	卯	辰	巳	午	未	申	酉	戌	亥	子	丑
水	巳	午	未	申	酉	戌	亥	子	丑	寅	卯	辰

※ 胞는 絕地라고도 하고 浴은 桃花라고도 하며、庫葬은 墓라고도 함.

支地藏干

支地藏干이란 말은 十二支地中에 各各 二個내지 三個의 天干을 暗藏하고 있는데 그것을 알아보는 法이다。四柱를 推命함에는 나타나있는 支地를 곧 바로 보기도 하지만 支地中에 숨어있는 天干을 중요시 하고 있다。이것은 음양이 各其 陽中에는 陰이 陰中에는 陽이 恒常 內包되어 있는 理致에 따라 支地中에 어떠한 天干을 所藏하고 있나를 보는 것이다。

支地 / 藏干	正氣	中氣	餘氣
子	癸20		壬10
丑	己18	辛3	癸9
寅	甲16	丙7	戊7
卯	乙20		甲10
辰	戊18	癸3	乙9
巳	丙16	庚7	戊7
午	丁11	己10	丙10
未	己18	乙3	丁9
申	庚16	壬7	戊7
酉	辛20		庚10
戌	戊18	丁3	辛9
亥	壬16	甲7	戊7

六神法

六神法이란 日干인 我神과 他星辰과의 관계를 알아보는 것이다。

① 生我者父母이니 印綬라한다。

가령 我神이 甲木이라면 水는 木을 生하여 주는고로 父母에 해당되며 이름을 印綬라 한다。水에도 陰陽이 子분되어 있으니 甲木이 陽木인 故로 陽水인 壬水는 陽對陽이므로 陰陽이 배합되지 않았으니 「偏印綬」에 해당하고

癸水는 陰水인고로 陽對陰이므로 陰陽이 배합되었으니 「正印綬」에 해당된다。

② 我生者子息이니 食神傷官이라 한다。

火는 목이 生하였으니 子息에 해당되는데 이름을 食神、傷官이라 한다。甲木이 陽이니 陽火인 丙火는 陰陽이 배합되지 않았으니 食神이라 하고 陰火인 丁火는 陰陽이 배합되었으니 傷官이라 한다。

③ 我剋者財星이니 正財偏財라 한다。

土는 木이 剋하는고로 財星이라 하는데 陽土인 戊土는 陽對陽으로 陰陽이 배합되지 않았으므로 偏財라 하고 己土는 陰土이므로 陰陽이 배합되었으므로 正財라 한다(財星을 一命 妻星이라고도 한다)。

④ 剋我者官廳이니 正官偏官이라 한다。

金은 木을 剋하는고로 官星이라 하는데 陽金인 庚金은 陰陽이 배합되지 않았으므로 「偏官」(一名 七殺)이라 하며 辛金은 陰金이므로 陽과 陰이 배합되었으므로 「正官」이라 한다。

⑤ 比和者 兄弟이니 比肩 劫財라 한다。

木이 木을 만나는 경우인데 陽木인 甲木이 陽木인 甲木을 만나면 陽對陽이니 陰陽이 배합되지 않았으니 比肩이라 하고 乙木은 陰木이니 陽對陰이므로 陰陽이 배합되었으니 劫財라 한다。他星도 이와 같으니 다음 早見表를 보기 바란다。

癸	壬	辛	庚	己	戊	丁	丙	乙	甲	天干 / 日干
정인	편인	정관	편관	정재	편재	상관	식신	겁재	비견	甲
편인	정인	편관	정관	편재	정재	식신	상관	비견	겁재	乙
정관	편관	정재	편재	상관	식신	겁재	비견	정인	편인	丙
편관	정관	편재	정재	식신	상관	비견	겁재	편인	정인	丁
정재	편재	상관	식신	겁재	비견	정인	편인	정관	편관	戊
편재	정재	식신	상관	비견	겁재	편인	정인	편관	정관	己
상관	식신	겁재	비견	정인	편인	정관	편관	정재	편재	庚
식신	상관	비견	겁재	편인	정인	편관	정관	편재	정재	辛
겁재	비견	정인	편인	정관	편관	정재	편재	상관	식신	壬
비견	겁재	편인	정인	편관	정관	편재	정재	식신	상관	癸

通神論

天 道

◎ 欲識三元 萬法宗 先觀 帝載與神功。

삼원은 만법의 근원이니 이를 알고저 할진대 먼저 帝載와 神功을 보아라。

【原 註】 天有陰陽故 春木夏火 秋金 冬水 季土 隨時顯其神功 命中 天地人三元之理 悉本于此。

하늘에는 음과양이 있으므로 春木 夏火 秋金 冬水 季土가 때에 따라 그 神功을 나타내니、命中에 天地人 三元의 이치도 이를 근본으로 삼는것이다。

【解 說】 三元이라고 하면 天地人 三才를 말하는 것으로 干을 天元이라고 하고、地支를 地元이라고 하며、支中에 소장된 干星을 人元이라고 한다。

사람의 타고난 운명과 온갖것이 고르지 아니한 것은 다 이 三元의 이치를 벗어나지 못하기 때문에 三元을 만법의 근원이라고 하는 것이다。

陰陽은 본시 太極으로 부터 비롯된 것이니 이를 帝載라 이르고 五行은 四時에 配屬시켜놓은 것으로 이를 神功이라 한다。 이에 三才의 법칙은 만물의 근원으로 滴天髓는 먼저 天道에서 이같이 밝히고 있다。

地 道

◎ 坤元合德機緘通 五氣偏全定吉凶。

땅은 원래 德을 合하고 機를 緘하여 通하였으니、 五氣가 偏俠한 것과 完全한 것으로 구분하여 吉과 凶을 定할 것이다。

【原 註】 地有剛柔故 五行 生于東南西北中 與天合德而感其機緘之妙 賦于人者 有偏全之不一 故吉凶定于此。

땅에는 剛과 柔의 이치가 있는 故로 五行이 東南西北을 생기게 하였고 중앙은 하늘과 더불어 德에 和合하면서 그 機틀에 妙한 이치가 들어있음을 깨닫게 되여 사람에게 賦命한 것이다。 偏과 全은 一致하지 아니함이 있는 고로 여기에 그 吉과 凶을 定하게 되었다。

【解 說】 乾元에서 萬物이 資始하고 坤元에서 萬物이 資生하며 乾은 建壯하고 坤은 順柔하니 乾坤이 順理대로 이어져 和合하여 有情하면 機緘流通이 되는 것이다。 五氣는 五行을 말하는바、 五行에는 偏枯와 偏全이 있는것이니、 萬物之命의 吉凶이 다 여기에 따르는 것이다。

人 道

◎ 載天履地人爲貴 順則吉兮凶則悖。

하늘과 땅사이에 사람이 귀중하게 되여서 순리를 좇으면 吉하게 되고 흉한 사람은 逆理를 한것이다。

【原 註】 萬物 莫不得五行而戴天履地惟 人 得五行之全故 爲貴 其有吉凶之不一者 以其得于五行之順與悖也。

세상에 모든 물체가 五行에 配屬되지 아니한게 없어서 하늘을 이고 땅을 밟으며 오직 사람만이 오행에 온전함을 얻은고로 귀함이 되었으니、 그 吉凶이 일치하지 아니함이 있는것은 五行의 順理와 더불어서 逆理함에 있는 것이다。

【解 說】사람은 하늘을 이고 땅을 밟고 그사이에 살고 있는것 중에 오행의 온전함을 얻은 가장 귀중한 동물이다。八字의 天干支地가 順順하고 不悖하여야 한다는 것이다。

順順함을 말한다면 接續相生하고 上下流通됨이니 가령 天干의 氣가 弱하면、地支에서 生助함을 만나야하고 地支神이 衰하면 天干이 輔하여야 上下有情하여 順順하게 되는 것이다。또 凶悖는 天干地支가 相剋하는 것이니、天干이 衰弱한데 支地에서 上賊하고 地支神이 弱한데 天干에서 下剋한다면 上下가 無情한 것이니 凶悖가 됨을 쉽게 알수 있으며 順悖의 吉凶 또한 判然하게 나타날 것이다。

예를 들면 日干이 木이고 金의 剋을 꺼릴때 支地에 亥子에 있거나 亥子水가 없다면 天干에 壬癸水가 있어서 和殺하거나 干支에 水가 없다면 地支에 寅卯가 있어 根氣가 堅固하거나 寅卯가 없다면 天干에 丙丁火가 있어서 金殺을 抑制하여 준다면 干支가 有情하니 木이 生氣를 얻어 吉할 것인데 반대로 水木火등이 없고 戊、己、土가 透出하고 支地에 辰、戌、丑、未나 申、酉등이 있어 金氣만을 더욱 도운다면 干支가 無情하여 木이 生氣를 잃게 될 것이니 그 凶함을 가히 알수 있을 것이다。

그러한 고로 四柱八字의 가장 마땅한 바는 五行이 流通生化됨이요。꺼리는 바는 偏枯 缺陷인 것이다。

本書任注에 보면 옛부터 四壬寅、四戊午、四丁未、四癸亥、四己酉、四辛卯、四庚辰、四甲戌등의 四柱가 貴格으로 전하여 지고 있으나 실상은 偏枯하기 때문에 그렇지 않다고 설명되고 있으니、재고해 볼 필요가 있는 것이다。解者가 경험함도 소위 炎上格、稼穡格、天元一氣、地元一氣 등 제格들이 別로 貴發하지 못하고 오히려 孤苦飢寒함을 많이 보았으니 讀者 여러분의 깊은 硏究가 있기를 바란다。

知 命

◎ **要與人間開聾聵 順逆之機須理會。**

인간의 聾聵를 열어주는 것은 중요한 것이니、順逆의 기틀은 모름지기 理致의 모임이니라。

【原 註】不知命者 如聾瞶 知命于順逆之機而能理會之 庶可以開天下之聾瞶。

命을 알지 아니한자는 聾瞶와 같은 것이며、命의 順과 逆의 기틀을 알게되어 능히 理致에 通하게 되면 가히 天下의 聾瞶를 열어 줄수 있는 것이다。

【解 設】운명을 모르는 者는 聾瞶者이며、運命을 아는자는 능히 聾瞶에서 벗어 날수 있다는 말과 같으니 人間의 八字를 論命함에는 반드시 正理가 있는 것이다。

그 첫째는 衰旺의 理致요、

둘째는 順悖의 理致요、

셋째는 進退의 理致이니 이것을 깊이 考察하고 난 연후에야 格局의 貴賤과 당주의 喜忌를 論命함이 옳바른 法이라 하겠다。그런데、아직은 많은 學者들중에는 正理를 無視하고 奇格異局을、따져 보지도 아니하고 그저 吉凶神殺만을 가지고 妄談怪說로 論命하고 있음은 크게 그릇된 판단이라 하겠다。

例를 들면 納音法、唐四柱法、其他私術과 凶殺등으로 판단하는 것을 얼마든지 볼수 있다。또한 당주의 旺弱이나 奇格異局에 관계없이 女命에 桃花、咸地、殺만 있으면 邪淫으로 단정해 버리는가 하면 사주에 財星、官星만 있으면 喜神으로 하고 傷官이나 亡身殺을 凶神으로 하여 憎惡하고 食神과 印綬가 있으면 福神으로 판단하고 梟刦神을 灾殃으로 삼는 것등은 모두가 잘못이 아닐 수 없다。다시 말해서 財星이 喜神이니 좋다고 할때 財多身弱이라면 當柱가 旺財를 감당하지 못하여 富屋貧人이 될것인데 어찌 財星이 좋을 것인가? 이러한 때는 比刦神의 奪財가 즐거운 것이요、財弱身旺하여 財星이 用이 될때는 比刦의 奪財가 不可한 것이다。또 官星이 榮身한다고 하는데 身弱官重하면 當柱는 旺殺을 감당하지 못하여 夭賤하게 될 것이니 印星으로서 通關하거나 傷官으로서 制壓하여야 즐겁게 될 것이고 만약 官星이 用神이 될때는 傷官이 不可할 것이다。

庚 申

辛巳
壬午

本造는 中國董中堂의 四柱로써 戊土가 三月 季春에 生하여 支地에 兩辰을 얻고 時支에 羊刃을 얻으니 身旺한 것 같으나 三月의 季土는 木旺節의 虛土라 六月이나 九月의 季土와 같이 실하지 못하며 天干의 兩庚金이 得祿하였고 地支申과 辰이 半合水局을 이루니 泄氣가

庚辰
戊辰
戊午

癸未 甲申 乙酉 丙戌

심하므로 日柱가 旺한것 같으나 不旺하여 時支午火가 用神이 된다。그러나 즐거운 것은 水木이 不透하여 日柱와 午火用神의 건전함이라 하겠다。따라서 本四柱는 精神氣가 旺盛하고 純粹하게 中和되었으므로 일생 명재상으로서 富貴를 누리다가 子運에 이르러 申子辰水局하고 午火를 冲破하여 離職되었으나 四柱가 淸하여 수명이 八旬을 누렸다。

壬辰
壬寅
甲寅
庚午

癸卯 甲辰 乙巳 丙午 丁未 戊申

이 사주는 甲木이 寅月에 生한중 兩壬水가 透出하니、太旺하다。本造를 놓고 많은 術士들이 庚金으로 爲用하야 誤判을 하나 太旺者宜洩이요 不宜剋이라는 원칙에 의하여 丙火가 用神이 된다。따라서 이 사주는 官星이 無根하고 오히려 病이 되었으니 貴는 부족하나、부자는 될수 있으므로 丙午大運以後로 크게 발전하여 부자가 되었으니、庚金에 病이 되있음이 明白하며 申運에 亡하였으니、庚金病이 祿을 얻고 旺者를 冲剋하였음이라 하겠다。

理 氣

◎ 理承氣行豈有常 進兮退兮 宜抑揚。

理가 氣를 이어서 行함이 어찌 몇몇함이 있겠는가? 나가고 물러남을 마땅히 억제하고 들어낼 것이니라。

【原 註】 闔闢往來皆是氣 而理行乎其間 行之始而進 進之極則爲退之機 如三月之甲木是也 行之盛而退退之極則爲進之機 如九月之甲木是也 學者宜抑揚其淺深 斯可以言命也。

닫고、열고、가고、오는것이 모두 理 氣에 있는 것이니 理는 그 氣사이로 行하게 된다。行의 시초는 進이다。進이 極에 달한즉 退의 기틀이 되는 것이니 가령 三月의 甲木이 이것이니라。行이 盛에 달하면 退가 되고 退가 極에 達하면 進의 기틀이 되는 것이니 가령 九月의 甲木이 이것이니라。

學者는 마땅히 그 抑揚의 淺深을 알아야 할 것이니、이런 것을 말하여 命이라 한다。

【解 說】 進退之機를 반듯이 알지 않을 수 없으니 이것은 비단 長生되여 旺하다거나 死絶되여 衰한 것을 말하는 게 아니고 四季節의 흐름이 앞으로 生旺地로 가느냐 아니면 衰絶로 가느냐 하는 것을 말하는 것이다。

무릇 五行의 旺相休囚은 四季節의 運行에 따라 按配決定되는고로 將來生旺地로 行하는 것이 進이니 相이라 하고 進이 當令한 것을 旺이라 하며 功成이 極에 달하면 退하는 것이니 이를 가리켜 休라하며 退가 極에 달하여 無氣됨을 囚라 하는 것이니 旺相休囚를 分辨할줄 알아야 進退之機를 알수 있는 것이다。

例를 들면 木日主가 亥月에 생하였다면 將來木의 本氣가 다가올 것이므로 進氣를 만남이니 이것은 곧 相이 되고 卯月에 生하였다면 木本氣가 當令하였으므로 旺이 되며 辰月에 生하였다면 木氣가 極에 달하여 茂盛하리니 將來에 衰弱해질 것이므로 休가 되며 未月에 생하였다면 退가 甚하여 無氣하게 되리니 이는 囚가 되는 것이다。다시 囚에서 漸生되여 進相됨은 물론이다。他五行도 이에 準하기 바란다。따라서 日主에 對한 喜神은 마땅히 旺相함을 要하며 休囚됨을 꺼리고 凶煞과 忌神은 마땅히 休囚됨을 要하며 旺相됨은 꺼리게 되는 것이다。

丁亥
庚戌
甲辰
壬申

己酉 戊申 丁未 丙午 乙巳 甲辰

九月의 甲木이 殺重身輕이나 進氣를 만나고 壬水가 通關生身하고 丁火가 비록 弱하나 庫地에 通根하여 有情하며 日主 역시 辰과 亥에 깊히 通根되여 五行이 不爭不妒하야 生化有情하니、大運丁에 科甲聯登하여 向後 南 東方 木火運에 富貴兼全하였다。

乙亥
庚辰
甲戌
壬申

己卯 戊寅 丁丑 丙子 乙亥 甲戌

本命은 前造와 비슷한 것 같으나 甲木이 退氣를 만나고 반대로 庚金이 進氣를 만나니 殺重身輕이라 또한 年干乙木刦財가 幫身을 못하고 合化殺하니 前造와는 天淵之着가 난다。

配　合

◎ 配合干支仔細詳 定人禍福與災祥。

干支의 配合을 仔細히 살펴 사람의 禍福과 재앙을 단정할 것이니라。

【原 註】天干地支相爲配合 仔細推詳 其進退之機 則可以斷人之禍福災祥矣。

天干과 地支는 서로 配合하니 그 進機를 만남인가? 退氣를 만남인가를 仔細히 살펴보면 사람의 禍福과 災祥을 단정할 수 있을 것이니라。

【解 說】此章은 잘못된 것을 바로잡는 要領인 것이다。四柱를 推命함에는 干支의 配合과 衰旺喜忌와 進退之機를 자세히 살펴 본 연후에 傷함이 없고 日主를 돕는 자로 用神을 잡고서 論命함이 正理인 것이다。四柱의 짜임새나 쓰임새는 무시해 버리고 한 部分의 吉凶神殺이나 奇格異局等의 황당무계한 方法으로 論命함은 그릇된 것이라 아니 할수 없는 것이다。

四柱에는 반듯이 짜임새인 格局과 쓰임새인 用神이 있는 것이니 財官 印綬、此刦、食傷、梟殺等에 구애받지 아니하고 可히 用神으로 쓸수 있는 것이니 붙여진 吉凶神殺등 論에 구애받지 말아라。

甲子
戊辰
庚申
壬午

己巳　庚午　辛未　壬申　癸酉　甲戌　乙亥

본 命造를 俗論에 三奇(甲戊庚)가 干透했으므로、貴格이라는등 支地에 拱貴格이 成立되었다는 등으로 名利가 雙全하다고 하나 庚申日主가 支逢申子辰水局을 이루고 壬水가 干透하므로 水勢가 主導하고 있는것 같이 보이나 辰月生이기에 水가 休囚되고 戊土에게 損傷되고 있으므로 濁水로 化해서 官星만 傷하고 있으니 水를 用神하기에도 부족하고 損傷을 甚하게 받고 있는 官星을 用神으로 쓰기도 부족하니 財星인 甲木을 取用하는 도리밖에 없는데 甲木 역시 辰月에 退氣를 만나고 있는 假神(閑神)에 지나지 않는다。따라서 清氣한 星辰이 하나도 없으니 어찌 貴發을 바라겠는가? 運路가 南西休囚地로 向해서 비록 祖業은 있었으나、지키지 못하고 탕진하였으며 刑妻剋子까지 하고 가난과 고생으로 一生을 마쳤으니、어찌 正理를 무시할 것이며 配合과 進退之機를 분석하지 아니하고 「三奇格」이다。「拱貴格」이다 하고 허울좋게 붙여진 여러 神殺들의 이름에만 依存하겠는가?

丙子　庚子
己亥　辛丑
乙丑　壬寅
壬午　癸卯
　　　甲辰
　　　乙巳
　　　丙午

本造를 자세히 살펴보면、水勢가 비록 汪濫하나 즐거운 것은 柱中에 金이 없으며 丑中己土原神이 透出하여 火로 부터 生함을 받고 있으며 火는 午中에 깊이 通根되고 木이 進氣를 만나 生하고 있으며 己土로 부터 保護를 받으니、生和有情하여 능히 用神으로 쓸수 있게 되었다。運路가 中年부터 用神의 生旺地로 行하니 寅大運에 이르러 科甲하여 未年까지 富貴兼全하였으니 干地配合의 正理와 用神의 進氣가 重要함을 알수가 있다。

天　干

◎ 五陽皆陽 丙爲最 五陰皆陰癸爲至。

五陽이 모두 陽이나 丙火를 가장 우선으로 하고、五陰이 모두 陰이나 癸水를 至極히 하느니라。

【原　註】 甲丙戊庚壬爲陽 獨丙火秉陽之精 而爲陽中之陽 乙丁己辛癸爲陰 獨癸水秉陰之精 而爲陰中之陰。

甲、丙、戊、庚、壬이 모두 陽이나 유독히 丙火를 陽의 精이라고 하여 陽中의 陽이라 하고、乙、丁、己、辛、癸가 모두 陰이나 유독히 癸水를 陰의 精이라고 하여 陰中의 陰이라고 하는 것이다。

【解　說】 丙火는 純陽의 火이므로 萬物이 丙火로 인하여 發하고 此丙火를 얻어 거두어 들이게 되며、癸水는 純陰의 水이므로 萬物이 이로 익하지 않고서는 生할 수 없고 此癸를 얻어 茂盛할 수 있는 것이다。

陽이 極에 達하면 陰이 生하는 理致에 따라 丙火는 陽中의 陽이니、極陽에 해당되므로 丙辛이 合化하여 水를 발생하고 陰이 極에 달하면 陽이 生하는 故로 陰中의 陰인 癸水는 極陰에 해당하며 戊癸가 合하여 火로 化하므로 火를 비로소 發生하게 된다。 이리하여 陰陽이 相濟되여 萬物이 生育되는 妙를 얻게 되는 것이다。

대체로 十天干의 氣를 先天이라 말하는 故로 하나의 근원이 同出함이요、後天으로 말한다 하더라도 역시 一氣相包하야 甲乙이 한木이요、丙丁이 한 火요。戊己가 한 土요、庚辛이 한 金이요、壬癸가 같은 한水인 것이다。즉 다시 말해서 分別所用되는 바에 따라 陽剛陰柔와 陽健陰順만이 있을 따름이니라、 그럼에도 불구하고、 많은 命家들의 傳言되는 歌賦에 甲木으로써 棟梁木이라 하고、乙木으로서 花果木이라 하고 丙火를 太陽火로 丁火를 燈燭火로 戊를 城牆土로 己를 田園土로 庚을 頑鐵金으로 辛을 珠玉金으로 壬을 江河水로 癸를 雨露水로 함은 오랫동안 입에서 입으로 전하여서 고칠 수 없이 굳어져 버린 謬論들인 것이다。또 이르기를 甲木이 無根이면 죽은 나무이고、乙木이 뿌려가 있으면、活木으로 같은 木을 活이나、死로 나누어 놓으니 어찌 陽木이 홀로 死氣를 받았으며 陰木이 홀로 生氣를 받았다고 할 것인가?

또 이르기를 活木은 水泛을 두려워 하고 死木은 水泛을 두려워하지 않는다 하니 어찌 活木이 물에 뜨며 枯槎(뿌리 없는 마른나무)가 물을 만나 固定할 것인가? 한 마디로 말해서 이와같은 것들은 무엇인가가 잘못된 말들이니 마땅히 다 물리쳐 뒤로는 그릇됨이 없게 하여야 될 것이다。

◎ 五陽從氣不從勢 五陰從勢無情義。

五陽은 氣를 쫓으되 勢는 쫓지아니하고 五陰은 勢를 쫓아도 情義가 없음이니라。

【原 註】 五陽得陽之氣 即 能成乎陽剛之事 不畏財殺之勢 五陰得陰之氣 即 能成乎陰順之義故 木盛則從木 火盛則從火 土盛則從土 金盛則從金 水盛則從水 於情義之所在者 見其勢衰則忌之矣 蓋婦人之情也 如此若得氣順理正者 亦未必從勢而忘義 雖從亦必正矣。

五陽은 陽氣를 얻는 것이니、陽剛한 일을 능히 이룰 수가 있으므로 財殺의 勢를 두려워 하지 않으며 五陰은 陰氣를 얻어 陰順의 情義를 能히 이루는 고로 木이 盛하면 從木하고 火가 盛하면 從火하고 土가 盛하면 從土하고 金이 盛하면 從金하고 水가 盛하면 從水하여 情義의 있는 바에 따라서 그 勢가 衰한 것을 보면 피하는 것이니、비유하건대 婦人의 情과 같은 것이다。이와같이 氣順함과 理의 正함을 얻은 자는 義를 버리고 勢를 따르지 아니 할수가 없는 것이니、비록 從하나 당연한 것이다。

【解 說】 五陽은 氣闢하야 光亨之象을 쉽게 볼수 있으며 五陰은 氣翕하야 그 함유하여 쌓인 이치를 헤아리기 어려우며 五陽의 성질은 剛建한 고로 財煞을 두려워 屈하지 않으나、惻隱한 마음이 있어 그 處世가 苟且하지 아니하고 五陰의 성질은 柔順한 고로 勢力을 보면 義를 잃어버리고 鄙吝(더럽고 인색함)한 마음이 있어 그 處世에 驕諂(교만스럽고 아첨하는 마음)함이 많은 것이니、이로써 柔는 능히 剛을 制剋하나 剛은 柔를 制剋하지 못하는 것이다。

대체로 利를 따르고 義를 버리는 무리들은 모두 陰氣가 잘못된 것들이요。豪俠하고 慷慨心이 많은 사람은 모두 陽氣의 모임이다。그러나、陽中에 陰과 陰中에 陽이 있는 것이며 또 陽가운데의 陰은 밖으로는 仁義이나 內로는 奸詐하고、陰가운데의 陽은 外로는 凶險하나 內로는 仁慈하며、陽外陰內인 者는 禍心(禍가 되는 근본)을 包藏하고 있으며、陰外陽內인 者는 直道를 안으로 지니고 있기 때문에 人品의 단정함과 邪詐함을 진실로 분변하기가 어려운 것이다。要는 氣勢順正한데 있는 것이고 四柱五行이 고루 調和가 되어 偏倚하지 아니하면、利己心을 스스로 버리는 것이니、무릇 몸가짐이나 處世之道를 보면 반듯이 그 사람을 알수 있는 것인 고로 그 善者를 가려 따르는 것이 본 뜻인 것이다。

◎ 甲木參天脫胎要火 春不容金 秋不容土 火熾乘龍 水宕騎虎 地潤天和 植立千古。

參天의 甲木이 脫胎하려면、火가 必要하니 春에는 金을 容納하지 아니 하고 秋에는 土를 容納하지 아니 하며 火가 致烈하게 되면 辰土를 얻어야 하고 水가 범람하면 寅木을 얻어야 되나니 地支가 潤澤하고 天干이 和平하게

되면 오랫동안 무성할 수 있다

【原 註】純陽之木 參天雄壯 火者木之子也 旺木得火而愈敷榮 生於春則欺金而不能容金也 生於秋則助金而不能容土也 寅午戌 丙丁多見而坐辰則能歸 申子辰 壬癸多見 而坐寅則能納 使土氣 不乾水氣不消則能長生矣。

純陽의 木은 參天에 生하면 雄壯하게 되는데 火는 木이 생한 것이니、旺木이 火를 얻으면 더욱 영화하게 되며 春期에 생하게 되면 金을 欺慢하게 되니 金을 容納할 수 없고 秋期에 생하게 되면 金을 도우니 土를 容納 할 수 없게 된다。寅午戌에 丙丁이 透出했다면 坐에 辰을 얻어야 熱氣를 식힐수가 있고 申子辰에 壬癸가 透出하였다면 坐에 寅을 얻어야 納水할 수가 있게 된다。土氣는 不乾하고 水氣는 不消하리니、能히 長生하는 것이다。

【解 說】甲木은 純陽木이므로 木體가 本是 堅固하고 參天之勢가 極히 雄壯하다 甲木이 春初에 生하면 氣寒하므로 嫩凋한 木은 火를 얻어야 發榮하고 仲春에 生한 甲木은 勢가 極旺하므로 마땅히 洩氣시켜야 菁英할 수 있는 것이니 所謂强木은 火를 얻어야 其頑固함을 造化시킬 수 있는 것이다。 金이 木을 剋하는 것이나、參天의 金은 休囚되므로 衰金이 堅固한 旺木을 制剋하지 못하고 金이 오히려 缺하게 되는 것인 고로 대개 春節에는 金을 쓸 수가 없는 것이다。甲木이 秋節에 생하면 木이 때를 놓쳐 衰弱하다。 枝葉은 떨어지고 심히 야위게 되여 木氣를 뿌리로 거두어 들이게 되는 것이니、이때는 寒土로 부터 도리어 剋을 받게 되므로 木根培養에 損傷을 받게 되니 秋節의 甲木은 土를 또한 쓸수 없는 것이다。柱中에 寅午戌이 全部있고 丙丁火가 透出하였으면 볼것 없이 洩氣가 大過할 뿐만 아니라 木이 焚하게 되므로 이때는 반듯이 水庫인 辰濕土를 얻어 旺火를 洩氣하고 木을 生助하여야 한다。이것이 소위 原文에 나오는 火熾乘龍인 것이다。

水宕騎虎란 말은 申子辰이 전부있고 壬癸水가 透出하였다면 水泛木浮하리니、마땅히 坐에 寅을 얻어야 한다。寅은 火土의 生地이며 木의 祿旺地이므로 水氣를 능히 흡수하고 木浮함을 막아주는 연고이다。또 植立千古란 말은 金이 銳利하지 아니하고 土가 마르지 아니하고 火가 孟烈하지 아니하고 水가 범람하지 아니하면 비로소 長生

을 얻게 된다는 말이다。

◎ 乙木雖柔 刲羊解牛 懷丁抱丙 跨鳳乘猴 虛濕之地 騎馬 亦憂 藤蘿繫甲 可春可秋。

乙木은 비록 柔하여 未土를 찌르고、丑土를 풀수 있으나、丁을 품고 丙을 안아야 酉나 申을 탈수 있으며、濕이 허한 곳에서 午를 타는 것은、역시 근심됨이니、甲木이 얽혀 있으면 봄도 좋고 가을도 좋다。

【原 註】 乙木者 生於 春如桃李 夏如禾稼秋如桐桂 冬如奇葩 坐丑未 能制柔土 如刲宰羊 解割牛然 只要有一丙丁 則雖生申酉之月 亦不畏之 生於子月而又壬癸發透者 則雖坐午 亦難發生 故 益知坐丑未月之爲美 甲與寅字多見 弟從兄義 譬之藤蘿附喬木 不畏斫伐也。

乙木은 春生이면、桃李와 같고 夏生이면、禾稼(곡식)과 같고 秋生이면 桐桂와 같고 冬生이면 奇葩(꽃송이)와 같아 坐에 丑未를 얻으면、能히 柔土를 制하야 未를 刲宰하고 丑을 解割한다。 그러나、한 丙丁이 있으면 비록 申酉月에 生하여도 두려울 것이 없다。 子月에 生하고 壬癸가 透出하면 비록 坐에 午를 얻어도 發生하기 어려운 고로 丑未를 얻어야 아름답다。 甲木과 寅木을 많이 보면 형제의 從義이니 비유컨대 큰나무가 얽혀 茂盛함과 같으니 斫伐(작벌)도 두려워 하지 않는 것이다。

【解 說】 乙木은 甲木과 같은 木으로서 비슷한 性質이나 다만 春生乙木은 桃李와 같아 金에 剋을 받게되면 시들고、여위게 되며 夏生乙木은 곡식과 같아 水로서 滋潤하여 주면 生을 얻게 되고 秋生乙木은 桐桂와 같아 金이 旺함을 꺼리니、火를 얻어 剋金해야 좋고 冬生乙木은 꽃송이와 같아 火로서 調候하고 濕土로서 培養해야 한다。 따라서 春生乙木은 火를 얻어야 發榮하고 夏節에 生한 乙木은 水를 얻어 燥烈함을 濕潤하게 하여야 하며 秋生乙木은 火를 얻어야 金을 制剋할 수 있고 冬節에 生한 乙木은 火를 얻어 얼어 붙음을 풀어주게 되는 것이다。

原文에 刲羊解牛란 말은 丑未月이나 或 乙未日、乙丑日에 生함을 말하니、未는 木의 本庫葬地라、이를 어으면 木氣가 뿌리로 내려가 서리고 앉을 수가 있으며 丑은 濕土라 가히 生氣를 받을 수 있음을 말하며 懷丁抱丙과 跨

鳳乘猴란 말은 申酉月이니、或 乙酉日에 生하여 天干에 丙丁이 透出하였으면 水가 있더라도 서로 爭剋을 하지 않고 制化가 되여 金이 강하여도 두려워、하지 않는다는 말이고、虛濕之地면 騎馬라도 亦憂라는 말은 乙木이 亥子月에 生하여 四柱에 丙丁이 없고 戌未燥土도 없으면 비록 他支에 午火가 있어도 發榮하기 어렵다는 말이며、藤蘿繫甲이란 말은 天干에 甲木이 透出하고 地支에 寅이 있다면、붙들어 주고 도움을 주니 봄도 좋고 가을도 좋다는 말이니 四季가 모두 좋다는 말이다。

◎ 丙火猛烈 欺霜侮雪 能煆庚金 逢辛反怯 土衆成慈 水猖顯節 虎馬犬鄕 甲木若來 必當焚滅。（一本作虎馬犬鄕 甲來成滅）

丙火는 猛烈하야 霜雪을 업신여기고 庚金을 능히 煆煉할 수가 있는데 辛金을 만나면 반대로 겁을 내고 土衆함에는 자애로움을 이루고 水猖함에도 충절을 나타낸다。만약 寅午戌鄕에 甲木이 오면焚滅하게 된다。

【原 註】火陽精也 丙火灼陽之至 故 猛烈不畏秋而欺霜 不畏冬而侮雪 庚金雖頑 力能煆之 辛金本柔合而反弱 土其子也 見戊己多而成慈愛之德 水其君也 遇壬癸旺而顯忠節之風 至於未 遂炎上之性而遇寅午戌三位者 露甲木則燥而焚滅也。

火는 陽의 精粹인 것이다。丙火는 陽을 불살라서 至極한 고로 맹렬하여 가을의 서리를 두려워 아니하고 겨울의 눈을 업신여기니 두려워 하지 않으며、庚金이 비록 頑强하나 힘으로 능히 煆煉한다。그러나 辛金은 本來 柔하나 合하여 반대로 약하게 되고 土는 子息에 해당하니、戊己土를 많이 보면 자애로운 덕을 베풀게 되며 水를 君으로 삼는데 旺한 壬癸 水를 만나도 忠節之風을 잃지 않는다。未에 이르러 炎上의 성질을 나타내고、寅午戌三位를 만나고、甲木이 露出되면、燥하여 焚滅하게 되는 것이다。

【解 說】丙火는 純陽火이므로 其勢가 猛烈하고 强暴하여 露雪을 두려워 하지 아니하고、凍寒을 능히 해세하며 庚金을 煆煉할 수 있으나、辛金은 怯을 내니 柔軟한 辛金과 서로 合이 되여 化水하니 相濟되고 親해져서 柔順하고 和平한 性質이 되기 때문이다。

土衆成慈와 水猖顯節이란 말은 내가 낳아준 食神傷官인 무리에 대해서는 慈悲하고 업신여김이 없으나, 위에(官星 즉 壬癸水) 대해서는 굽히지 않고 求援도 받지 않는다라는 말이며 虎馬犬鄕이란 말은 寅、午、戌을 말하니 地支에 寅、午、戌이 있으면 火勢의 猛烈함을 비할데가 없을 것인데 또 偏印인 甲木을 만나면 스스로 타서 焚滅하게 된다。

이와같은 論理에 따른다면 丙火를 洩氣시키는 데는 己土가 威力이 있으니, 己土는 濕體이므로, 능히 焰勢을 거두어 주기 때문이다。 그러나, 戊土는 燥土이므로 더 타서 焦坼化되어 버린다。 또한 丙火의 猛烈한 불꽃을 막아 줄수 있는 必要한 것은 壬水이며, 壬水는 굳세면서도 덕을 베풀어주니 暴烈하는 불꽃을 능히 제하여 주기 때문이다。 그러나 癸水는 陰柔하므로 丙火의 猛烈함을 만나면 熯乾해 버리므로 丙火의 焰烈을 해소 시키기에는 부족하다。

◎丁火柔中 內性昭融 抱乙而孝 合壬而忠 旺而不烈 衰而不窮 如有嫡母 可秋可冬。

丁火는 柔하므로 中庸을 지키며 內性이 昭融하며 乙木을 안아주어 효도하고 壬水와 合하여 충성하며 旺하다 하더라도 熾烈하지 아니하고 衰하여도 窮色하지 아니하고 嫡母(甲木)가 있으면 가을도 좋고 겨울도 좋다。

【原 註】 丁干屬陰 火性雖陽 柔而得其中矣 外柔順 而 內文明 內性豈不昭融乎 乙非丁之嫡母也 乙畏辛而丁抱之 不若丙抱甲而反能焚甲木也 不若己抱丁而反能晦丁火也 其孝異乎人矣 壬爲丁之正君也 壬畏戊而丁合之 外則撫恤戊土 能使戊土不欺壬也 內則暗化木神 而使戊土不敢抗乎壬也 其忠異乎人矣 生於夏令 雖逢丙火 特讓之而不助其焰 不至於烈矣 生於秋冬 得一甲木則倚之不滅 而焰至於無窮也故 曰可秋可冬 皆柔之道也。

丁은 干屬陰이니 火性이 비록 陽이나 柔한 가운데 중용을 지킨다。 외모로는 柔順하나, 내면에는 文明하니 內性이 어찌 昭融하다고 아니 할 것인가? 乙木이 丁火의 嫡母는 아니나 乙木을 신금으로 부터 보호한다 함은 만약 丙火가 甲木을 보호하지 아니하면 반대로 甲木을 불살라 버리는 것과 같기때문이다。 만약 그렇치 아니하고

丁火가 己土를 안아준다면 반대로 丁을 晦火하는 것이니 柔에 대한 그 孝가 어찌 사람과 다를 바 있나고 할 것인가?

壬水는 丁火의 正君인데、壬水는 戊土를 두려워 하니 丁火가 合하면 外的으로는 戊土로 부터 구제함이 되여 戊土는 壬水를 欺瞞하지 못 할 것이고 내적으로는 暗化木이 되니、戊土는 감히 壬水를 저항 하겠는가? 그러므로 그 충성이 사람과 다르다고 할 것인가? 夏令에 生하여 비록 丙火가 있더라도 양보하여 그 불꽃에 도움도 주지 아니하니 熾烈에 이르지 아니하고 秋冬節에 生하여도 甲木만 얻으면 의지가 되여 불꽃이 無窮하게 不滅하리라、故로 가로되 可秋可冬이라 하니 柔함의 도리인 것이다。

【解 說】丁火를 燈燭과 같은 불이라고 傳하는 術士가 있으나、이것은 잘못 전해지는 편견에 불과하다。

火자체는 陽性을 띠고 있으나、丁火는 陰火이기에 外性이 柔順하면서도 內性은 文明象을 발하고 있다。즉 자기의 태도와 性質을 分明히 취하고 있다는 말이다。丁火는 柔順하므로 太過하여 근심됨이나 不及하여 弊됨도 없다。다시 말해서 當旺함을 만나도 그 불꽃이 猛烈하여근심하지 아니하고 衰弱함을 만나도 그 불꽃이 꺼져 滅하지 아니 한다는 말이고 金旺節에 生하여도 天干에 甲木이 透出하면 두려울 것이 없고 多水旺節에 生하여도 地支에 寅卯가 있으면 水를 忌하지 아니한다。

抱乙而孝란 말은 乙木은 辛金으로 부터 克을 받지만 丁火는 이 乙木을 能히 보호한다는 말이며 또 合壬而忠이란 말은 丁火는 官星壬水와 合을 하여 暗化木이 되므로 戊土로 부터 壬水를 보호해 주기 때문에 忠誠된다는 말이다。

◎ 戊土固重 既中且正 靜翕動闢 萬物司命 水潤物生 火燥物病 若在艮坤怕冲宜靜。

戊土는 固重하야 中正하고 고요히 合하고 움직여 열어지고 만물의 司命이되고 물을 含蓄하며 만물을 生育시키고 불이 많아 마르면 만물을 병들게 하며 만약 艮坤(東北方과 西南方 즉、七月과 寅月)에 있으면 冲이 두려웁고 고요함이 마땅하다。

【原 註】戊土 非城牆隄岸之謂也 較己 特高厚剛燥 乃己土發源之地 得乎中氣而且正大矣 春夏則氣闢而生萬物 秋冬則氣翕而成萬物 故 爲萬物之司命也 其氣屬陽 喜潤不喜燥 坐寅怕申 坐申怕寅 蓋冲則根動 非地道之正也 故 宜靜。

戊土는 城牆이나、堤岸이 아니니라 己土와 比較하면 高厚하고 剛燥하야 己土의 發源地임과 동시에 中氣를 얻어서 正大하다。春夏에는 氣闢하여 만물을 生하고 秋冬에는 氣翕하여 萬物을 成長시키는 고로 萬物의 司命으로 삼는 것이다。그 氣는 陽에 屬하야 潤澤함을 기뻐하고 燥烈함을 기뻐하지 않는다。寅에 坐하면 申을 두려워 하고 申에 坐하면、寅을 두려워 하니、寅申이 冲하면 뿌리가 흔들려 地道의 올바름이 아니기 때문이다。이러한 연고로 마땅히 고요함 (靜)을 좋아한다。

【解 說】戊土는 陽土이니 그 氣象이 견고하고 높고 후중하며 正義롭다。春夏節에는 氣가 動하는 계절이므로 氣가 열려 발생하고 秋冬節에는 氣가 靜하는 계절이므로 氣가 모아져서 收藏하는 故로 戊土는 만물의 生活을 맡고 있다。戊土가 봄、여름에 生하면 火旺節인 고로 水로서 濕潤시켜야 만물이 발생하고 乾燥하게 되면 만물이 마르고 病들게 된다。

戊土가 秋冬節에 生하면 水旺節이니 火로서 溫暖하게 해줘야 萬物이 化成하게 되고 多濕하게 되면 만물이 병들게 마련이다。

戊土가 四季月에 生하면 生旺되므로 金의 洩氣를 가장 즐겁게 생각하니 貴格이며 己土 역시 같은 理致이다。

艮坤은 寅申之月을 가르킴이니、寅申月에 生한 戊土는 冲을 꺼리고 靜을 좋아한다。왜냐하면 春節의 戊土는 剋을 받고 있으므로 氣虛한 상태이고 秋節의 戊土는 洩氣가 過하므로 體弱한 연고이다。戊土四柱에 木火가 있는데 또 木火地로 行運되면 破하게 된다。

◎ 己土卑濕 中正蓄藏 不愁木盛 不畏水狂 火少火晦 金多金光 若要物旺 宜助宜幫。

己土는 卑濕하야 中正을 蓄藏하니 木盛함을 근심하지 아니하고 水狂함도 두려워 하지 아니하며 火가 적으면 불이 빛을 잃고 金이 많으면 金이 빛나는 것이니, 만약 만물이 旺함을 要한다면, 幫助(거들어 주고 生하여줌)함이 마땅할 것이다。

【原 註】己土卑薄軟濕 乃戊土枝葉之地 亦主中正而能蓄藏萬物 柔土能生木 非木所能剋 故 不愁木盛 土深而能納水 非水所能蕩 故 不畏水狂 無根之火 不能生濕土 故 火少而火反晦 濕土 能潤金羕故 金多而金光彩 反清瑩可觀 此其 無爲而有爲之妙用 若要萬物 充盛長狂 惟土勢固重 又得火氣暖和 方可。

己土가 卑薄軟濕함은 戊土의 枝葉之地이나, 역시 主는 모자람이 없이 곧고 바른 가운데에 능히 만물을 蓄藏한다。柔土는 능히 木을 生育하니, 木으로 부터 剋을 받지 아니하는 고로 木盛을 근심하지 아니하고 土가 두터우면 능히 納水할 수 있으니 水狂도 두려워 하지 않는다。無根한 火는 濕土를 生할 수가 없는 고로 火가 적으면 반대로 火의 불꽃이 어두어지고 濕土는 金氣를 능히潤澤하게 하는 고로 金이 많으면 光彩를 내어 반대로 土가 淸瑩함을 볼수가 있으니 이는 없으나 있는 것의 妙用이니라。만약 萬物이 充盛하고 長旺함은 土勢가 固重함이니 火를 얻어 기후를 暖和하게 하여야 좋은 것이다。

【解 說】己土는 陰溫土라 萬物을 蓄藏하는데 지나치거나 모자람이 없이 곧고 바른 성질을 갖고 있으며 습토라 스스로 滋生함이 있어서 질식하지 않고 어디든지 다 통하는 妙가 있고 性質이 柔順하고 화목하여 木이 盛하고 水가 狂奔함을 두렵게 생각하지 않는다。

본래 木을 배양하기 때문이며 水를 얻어야 納藏할 수 있으니 水와는 不冲의 理致가 있기 때문이다。

己土는 火가 적을때 火가 어두어진다는 말은 丁火를 말함이니, 己土는 丁火의 熱을 能히 거두어 들이고 洩氣시킨다는 말이고 金이 많아도 金을 빛내준다는 말은 辛金을 말함이니, 己土는 溫土라 辛金을 能히 生하고 윤택하게 할 수 있다는 말이며 柱中에 土氣가 厚重하고 또 丙火를 얻었다면 丙火는 陰濕함을 제거하는 힘이 있으니 만물을 足히 滋生시킬 수 있으며 己土를 돕기 때문에 利로운 火라 하겠다。

◎ 庚金帶煞 剛健爲最 得水而淸 得火而銳 土潤則生 土乾則脆 能贏甲兄 輸于乙妹。

庚金은 帶煞하니 가장 剛健하다 水를 얻으면 淸하고 火를 얻으면 銳利하여 土가 潤澤하면 生하고 土가 乾하면 脆弱하야 甲을 兄으로 하고 乙을 妹로 한다。

【原 註】 庚金乃天上之太白 帶殺而剛健 健而得水 則氣流而淸 剛而得火 則氣純而銳 有水之土 能全其生 有火之土 能使其脆 甲木雖强 力足伐之 乙木雖柔 合而反弱。

庚金은 天上의 太白이니 帶殺함이 剛健하니라 健壯하나 水를 얻으면 氣流하야 淸하고 剛하나 火를 얻으면 氣純하야 銳利하여진다。濕土가 能히 生하여 주고 燥土가 脆弱하게 하니、甲木이 비록 强하나 힘으로 足히 伐하고 乙木이 비록 柔하나 合하므로 반대로 약하게 한다。

【解 說】 庚金은 굳세고 健壯하여 가을하늘의 서릿발과 같은 氣象을 갖고 있다。

또 庚金은 壬水를 얻어 洩氣하면 强靭한 性質을 通關하여 心身이 爽快하여 지고 發生하게 된다。또 庚金은 丁火가 필요하니、丁火는 陰柔하므로 庚金을 녹이고 다듬어서 어질고 착한 성질로 引導하며 煆煉시켜서 用器를 만들수 있기에 發展할 수 있다。

庚金이 春夏에 生하면 그 氣가 稍弱하여 丑辰等 濕土를 얻어야 發生함이 있고 未戌등 燥土는 庚金을 生하지 못하고 오히려 연하고 무디게(無能)하여발생치 못한다。

庚金은 甲木이 正敵이면서도 良友이기도 하다。甲木을 힘으로서 다룰수 있으며 財物이 되며 甲木은 또 丁火를 인도하기 때문에 發榮할 수 있다는 것이다。乙木과 相合하여 有情하게 된다。

(※) 乙木이 庚金과 相合하여도 乙木은 庚金의 性質을 따라 난폭하여 지지 않으며、庚金 역시 乙木과 合하여 그 자체의 性質이 약하여 지지는 않고 다만、仁慈한 精神을 갖게 된다。

◎ 辛金 軟弱 溫潤而淸 畏土之疊 樂水之盈 能扶社稷 能救生靈 熱則喜母 寒則喜丁。

辛金은 軟弱하여 温潤하게 하면 淸하게 되며 土의 重疊함을 꺼리고 水가 盈旺함을 즐거워 하며 능히 社稷을 扶助하고 능히 生靈을 救하며 熱(火가 더우면)이 있으면 母를 좋아하고 寒하면 丁을 기뻐한다。

【原 註】 辛乃陰金 非珠玉之謂也 凡温軟淸潤者 皆辛金也 戊己土多而能埋 故 畏之 壬癸水多而必秀 故樂之 辛爲丙之臣也 合丙化水 使丙火臣服壬水 而安扶社稷 辛爲甲之君也 合丙化水 使丙火 不焚甲木 而救援生靈 生於九夏而得己土 則能晦火而存之 生於隆冬而得丁火 則能敵寒而養之 故辛金生於冬月 見丙火則男命不貴 雖貴亦不忠 女命剋夫 不剋亦不和 見丁男女皆貴且順。

辛은 陰金이지만 珠玉金이라 말할 수는 없다。 무릇 温軟淸潤이란 것은 모두 辛金을 가르키는 것이다。 戊己土가 많으면 매몰되는 고로 꺼려하고 壬癸水가 많으면 必秀하는 고로 樂이라 한다。 辛은 丙의 臣이니 丙火와 合하여 水로 되어 丙火로 하여금 壬水의 臣服이니 社稷을 편안히 붙들어 주고 辛은 甲의 君이니、 丙과 合하여 水가 되면 丙火로 甲木을 불사르지 못하게 하므로 生靈을 救援하는 것이 된다。 九夏에 生하여도 己土를 얻으면 晦火하니、 살수 있고 隆冬에 生하여도 丁火를 얻으면 敵寒하여 培養한다。 辛金이 冬月에 生하여 丙火를 만나면 男命은 貴할 수가 없다。 비록 貴하면 역시 不忠하고 女命은 剋夫하며、 그렇지 않으면 역시 不和하고 丁火를 보면 男女 모두 貴하고 또 순탄할 것이다。

【解 說】 辛金은 陰金이며 壬癸水가 많으면 윤택하여 지니 必秀하고 潤土가 生하여 줌을 기뻐한다。 戊土가 많으면 매몰되므로 꺼리니 甲木으로 소토시켜야 한다。

・辛金은 丙火를 좋아하는데 丙火는 나라를 지키는 重臣이라 하였다。 辛金은 丙火와 合化水하여 甲木을 生하여 주고 丙火自身은 合化水하니 戊土를 生하지 않는 연고이다。

夏月에 生한 辛金은 己土가 있어 晦火하여주고、 生하여 줌을 기뻐하고 冬月에 생하면 丁火를 얻어야 寒敵을 물리쳐 주니、 發榮하게 된다。

만일 冬月에 生한 辛金이 丁火가 아니고 丙火가 있으면 合化水하여 冷을 도우니 貴를 할수 없고 비록 取貴해도 不忠하게 되며 女命에서도 같다。 剋夫하거나 不和의 연속이니、辛金은 丁火로서調候가 됨을 기뻐함을 말하는 것이다。

즉 **熱則己土用**하고 **寒則丁火**를 쓴다。

◎ **壬水通河 能洩金氣 剛中之德 周流不滯 通根透癸 冲天奔地 化則有情 從則相濟。**

壬水는 河에 通하야 金氣를 능히 洩하고 剛中의 德이 두루 흘러서 막히지 아니하고 癸水가 透出하고 通根되면 冲天奔地할 것이니라。 化하면 有情하고 從하면 相濟하니라。

【原 註】 壬水即癸水之發源 崑崙之水也 癸水即壬水之歸宿 扶桑之水也 有分有合 運行不息 所以爲百川者此也。 亦爲雨露者此也。 是不可歧而二之 申爲天關 乃天河之口 壬水辰生於此 能洩西方金氣 周流之性 漸進不滯 剛中之德猶然也 若申子辰全而又透癸 則其勢冲奔 不可遏也 如東海本發端於天河。 每成水患 命中遇之 若無財官者 其禍當何如哉 合丁化木 又生丁火 則可謂有情 能制丙火 不使其奪丁之愛 故爲夫義而爲君仁 生於九夏 則巳午未中火土之氣 得壬水 薰蒸而成而露 故雖從火土 未嘗不相濟也。

壬水는 癸水의 發源이니、崑崙의 水이니라 癸水는 즉 壬水의 歸宿地이니、扶桑(동쪽의 해뜨는 곳이니、즉 물의 시초라고 함)이다。 壬水는 나누어짐과 合함이 있어 運行이 그치지 아니하니、이로써 百川이 모두 이것이며 雨露라 하는 것도 역시 이것이니、두가지 길이 있을 수 없다。

申은 長生地이며 天關이라 하니 天河의 口이다。 西方金氣를 능히 洩氣하고 두루 흐르는 性質이 점점 나아가 막히지 아니하니、강한 가운데 德이 그러하다。 만약 申子辰이 온전히 있고 또 癸水가 透出하면 그 勢가 冲奔하야 막을 수가 없는 것이다。

가령 東海가 本來 天河에서 發端하야 매양 水患을 이루어 命中에 만나니、만약 財官이 없으면 그 禍를 어찌 감당하리요、丁과 合하여 木이 되고 또 丁火를 생한즉 有情할 것이니、丙火를 능히 제압하야 丁火의 사랑을 빼앗지 못하게 하는 고로 君仁의 義라 하고 巳午未의 九夏에 生하면 火土氣가 壬水를 얻으므로 찌는듯한 더위속에서 雨露를 만들어 주는 고로 비록 火土에 從하더라도 亦是 相濟라 아니할 수 없는 것이다。

【解　說】壬水는 陽水이며 申에서 長生이 되고 癸水로 부터 發水之原(뿌리)을 삼는데、百川이 모여서 壬水를 이루는 고로 大河와 통하고 있다。剛中之德이란 말은 壬水는 强旺한 西方金도 능히 洩氣시켜 强者에 대한 說得力도 있다는 말이며 周流不滯란 말은 申에 長生을 받은 壬水가 蒸發하니 그치지 아니하고 계속 運行하는 循環과정을 말하며、「通根癸水면 冲天奔地니라」란 말은 地支에 申子辰이 있고 天干에 癸水가 透出하였다면 其勢가 泛濫하여 戊己土가 비록 있다 하더라도 旺水를 止流하기 어려우니、만약 강자를 제지하려고 하다가는 오히려 旺水가 激動하여 그 患을 면하기 어려우니 반듯이 이러할 때에는 木을 用하여 洩氣시켜야 順氣勢되여 水의 狂奔을 막을 수 있다는 말이다。

化則有情하고 從則相濟란 말은 壬水는 丁火와 合化木하며 化한 木이 丁火를 生하니、財星丁火가 不滅의 妙理가 있어 서로 有情하다는 말이고、또 壬水가 巳月未月에 生하면 柱中에 火土가 並旺하니 金水가 相助해야 함이 당연하다는 말로써、만약 壬水가 巳午未月에 生하고、壬水의 生氣가 없는데 火가 天干에 透出했다면、도리없이 從火하고、土가 天干에 透出했다면 從土하는데、이때에 土는 윤택(温土를 말함)하게 調和시켜야 相濟의 功이 있다는 말이다。

◎ 癸水 至弱 達于天津 得龍而運 功化斯神 不愁火土 不論庚辛 合戊見火 化象斯眞。

癸水는 至極히 약하나 天津에 達하여서 龍(辰)을 얻는 運이라야 造化를 부릴 수 있고 火土를 근심하지 아니하며 庚辛의 生함을 論할 것이 없이 戊土와 合하면 火를 만나야 새로운 象을 하니 이것이 참(眞)이니라。

【原　註】癸水乃陰之純而至弱 故扶桑有弱水也 達於天津 隨天而運 得龍以成雲雨 乃能潤澤萬物功化

斯神 凡柱中有甲乙寅卯 皆能運水氣 生木制火 潤土養金 定爲貴格 火土雖多 不畏 至於庚金 則不賴其生赤不忌其多 惟合戊土化火何也 戊生寅 癸生卯 皆屬東方 故能生火 此固一說也 不知地不滿東南 戊土之極處 卽癸水之盡處 乃太陽起方也 故化火 凡戊癸得丙丁透者 不論衰旺 秋冬皆能化火 最爲眞也。

癸水는 純陰으로 至極히 弱한 고로 扶桑(해뜨는 곳을 말하니 물의 시초가 되는곳)의 弱水이니라、天津에 達하여 하늘의 運氣를 따르고 龍을 얻으므로서 雲雨를 이루어 능히 萬物을 윤택하게 하고 造化의 神功이 되는 것이다。무릇 柱中에 甲乙寅卯가 있으면 모두다 능히 水氣를 運轉할 수가 있어 生木制火하고 潤土養金하야 眞格으로 定할 수가 있을 것이니 火土가 비록 많으나 두려워 하지 아니함은 庚金에 이르러서그 生함을 쉽게 받으니 火土의 많음도 두렵지 않다는 것이다。

戊土와 合하여 火로 됨은 어떤 연고인가? 戊土는 寅에 長生하고 癸는 卯에 長生하여 모두 東方에 屬하는 고로 능히 生火한다。하나、이는 굳어진 一說에 불과한 것으로서 土가 東南에만 만족하지 아니한 것을 알지 아니함이니라。

東南은 戊土의 極處요、癸水의 盡處요、太陽이 그 방향에서 뜨는 것이니 合하여 火로 된다。무릇 戊癸는 丙丁이 透出하였다면、衰旺을 不論하고 秋節이나、冬節이거나 火로 되니 가장 眞格으로 하는 것이다。

【解 說】 癸水는 陰中의 陰이란 말은 앞절에서 설명한 바 있다。따라서 癸水는 純陰水이기 때문에 비록、그 發水之源은 길지만 極히 柔弱하고 그 勢力은 가장 안정되어 潤土를 얻어 生金해 주어야 만물이 發育할 수가 있다。

原文에 「得龍而運이라야 斯神이니라」란 말은 龍은 辰土를 말하니 龍이 하늘을 날게 되면 그 變化를 측량하기가 어려우며 구름을 모우고 비를 내리는 造化를 부릴 수 있으니、辰土를 얻고 天干에 原神(金)이 透出하면 生金하여 癸水에 대한 發水의 根原이 되므로 좋다는 말이고 무릇 十干이 辰을 얻었다면 그 化神이 반듯이 天干에 透出하여야 造化를 부릴 수 있는 것이다。또 不愁火土란 말은 柔弱한 癸水가 火土를 많이 보게 되면 從化하여 근심될게 없다는 말이고 또 不論庚辛이란 말은 柔弱한 癸水가 金氣를 洩氣시킬 능력이 부족하므로 金이 많으면 반대로 濁水가 되여 꺼린다는 말이며 또 「合戊見火면 化象斯眞이라」는 것은 陰이 極에 달하면 陽을 生하는 法에 따라 柱中에 戊土가 있으면 合化火하게 되니 이때 火의 原神이 天干에 透出하여 眞格이 된다는 말이다(戊土는 두터운 燥土이므로 癸水로서는 極에 달한 상태이니 오히려 合化火한다。 秋冬金水旺地에 生한 癸水는 辰龍을 얻은 것과 같은 理致이니、丙、丁、火가 透干하여도 從化의 이치가 없으니、자세히 살필 것이다。

地 支

◎ 陽支 動且强 速達顯災祥 陰支靜且專 否泰每經年。

陽支는 動이요、强하니 災祥이 速히 나타나고 陰支는 고요하고 순전하며、通하고 通하지 아니함이 매양 해를 지나서야 알게 되는 것이다。

【原 註】 子寅辰午申戌陽也 其性動 其勢强 其發至速 其災祥至顯 丑卯巳未酉亥陰也 其性靜 其氣專 發之不速 而否泰之驗 每至經年而後見。

子寅辰午申戌은 陽이니、그 성질이 動하고 그 勢가 强하여 그 發生함이 至速하며 그 災祥이 속히 나타나며、**丑卯巳未酉亥**는 陰이니、그 성질이 고요하고 그 氣가 순전하여 發生이 速하지 못하고 通하고 닫히는 증험을 매양 해를 지난 후에야 볼수 있는 것이다。

【解 說】 陽支라 하면 子에서 巳까지를 양이라 하고 午에서 亥까지를 陰이라 하니 이는 冬至에서 陽이 生하고 夏至에서 陰이 生하는 理致를 따른 것이고 寅에서 未까지를 陽이라 하고 申에서 丑까지를 陰이라 한것은 木火를 陽으로 金水를 陰으로 나눈 것이다。

命家들은 **子寅辰午申戌**을 陽이라 하고 **丑卯巳未酉亥**를 陰이라 한다。즉 支地의 子는 天干에 癸水의 本氣이니 癸를 따르고 午는 丁의 本氣이니 丁火를 따르는 것이다。또 巳는 天干丙火의 本氣이며 丙火를 따르고 亥는 壬水

의 本氣이니 壬을 따르는데 이것은 본시 陽은 陰에 陰은 陽에 本氣를 所藏하고 있음이니 잘 分別하여 取用하라。

무릇 四柱는 天干에 나타남이 중요하며 剛、柔、建、順의 이치가 모두 天干에 있는 것이다。다만、地支에 어떻게 뿌리를 뻗고 있는가를 支藏干을 통하여 알지니、生剋制化의 이치가 多端한 것은 한 地支에 所藏하고 있는 天元이 二 혹은 三의 두종류가 있으니、이때 本氣를 우선 하여 살피고 다음을 中氣餘氣를 살피라。

예를 들면 寅은 먼저 반듯이 甲의 本氣로 보고 다음으로 丙火가 되며、申은 먼저 庚의 本氣로 보고 다음으로 壬水가 되는 것이며 다른 支藏干도 마찬가지다。그럼 本論으로 들어가서 陽支의 性質은 動하며 强하고 吉凶의 효험이 速빠르며 外部로 나타내고 陰支의 性質은 靜하며 弱하고 禍福의 효험이 늦으며 안으로 숨길려고 하는 性質이 있다。

◎ 生方怕動庫宜開 敗地逢冲子細推。

生方은 動함을 두려워 하고 庫地는 열리는 것을 좋아하는 것이니 敗地가 逢冲함을 仔細히 추리하여라。

【原 註】 寅申巳亥生方也 忌冲動 辰戌丑未四庫也 宜冲則開 子午卯酉 四敗也 有逢合而喜冲者 不若生地之必不可冲也 有逢冲而喜合者 不若庫地之必不可閉也 須仔細詳之。

寅申巳亥는 生方이니、冲動함을 두려워 하고、辰、戌、丑、未는 四庫地이니 마땅히 冲해야 열리는 것이다。子午卯酉는 四敗地이니 逢合함이 있으면 冲을 기뻐하나、生地가 아니면 冲이 不可하고 冲이 되면 合이 즐거우나 庫地가 아니면 閉合이 不可하니 자세히 볼 것이다。

【解 說】 生方怕動이란 말은 四長生 즉、寅、申、巳、亥를 말하는 바 冲을 하고 傷함이 있으면 不可하다는 말이다。寅申이 冲이 되면 申中에 暗藏되어 있는 庚金이 寅中甲木을 剋하고 申中壬水가 寅中丙火를 剋하지만 寅中丙火는 申中庚金을 剋하지 못하고 寅中戊土는 申中壬水를 剋하지 못하기 때문에 冲을 꺼리게 되며 庫宜開란 말은 **辰戌丑未**의 四庫地를 말하며 庫地는 冲하여 마땅히 열려야 庫中에 所藏된 用物을 쓸수 있다는 말이다。그러나

此論은 格局에 따라 冲이 不可할 때도 있으니 庫中에 숨어 있는 原神이 忌神일 경우 이 害神이 뛰어나와 用神을 害치기 때문이니、자세히 살펴야 한다。敗地逢冲子細推란 말은 敗地는 子、午、卯、酉를 말하며 金水를 用할 때는 冲됨이 기쁘지만 木火를 用할때는 冲하면 木火用神이 損傷되여 不可한 연고이다。그러나、한가지 理論이나 한 部分을 보고 판단함을 옳치 못하며 四柱의 짜임과 旺相休囚를 자세히 살펴보고 分別할 것이며 또 舊說에 말하기를 金水는 木火를 능히 冲破하지만 木火는 金水를 冲去하지 못한다 하였는데 이 理論 역시 天干에는 해당되는 말이나 地支에 있어서는 不可한 말이다。즉 地支에 所藏된 木火가 旺勢를 잡고 있을 때는 다르다。

甲寅
壬申
癸巳
癸亥

癸酉 甲戌 乙亥 丙子 丁丑 戊寅 己卯 庚辰

此造는 西方金水旺相地에 生하여 水가 重重하며 木火가 休囚되고 또 冲까지 당하고 있으므로 木火用神이 제 구실을 못하므로 비록 四猛格이나、매우 부족하다。日支에 巳火 역시 囚이며 亥로 부터 冲破당하여 群劫爭財하고 있으며 運路가 西北金水地로 흘러 연속하여 用神을 극하므로 三剋妻에 無子하였으며 破家精神異常까지 하였다가 戊寅己卯에 用神을 도와 형편이 좀 피였었으나、庚運에 甲木을 制剋하고 群劫만 생하고 또 酉年을 만나 用神巳火를 合去하니 死亡하였다。

癸巳
癸亥
甲寅
壬申

壬戌 辛酉 庚申 己未 戊午 丁巳

本命造는 甲寅日柱가 孟冬에 生하여 寒局에 火를 用함이 옳다。四水가 用神을 必傷할 것 같으나 妙한 것은 寅亥가 冲中逢合으로 巳火가 건전하다。이어서 初年西方金運에 倏倏風霜을 다 겪고 流離他鄕에서 전전긍긍하다가 四旬後부터 南方運에 火土가 병을 제거시켜 數萬의 富財가 되었고 娶妾하여 계속 네명의 아들을 두었다。

印綬格이 逢財면 禍가 불소하고 財星을 쓰지 않으면 發福最大다。

辛卯
丁酉

丙申 乙未 甲午 癸巳 壬辰

本命造는 戊土가 金旺節에 生하여 辛金이 透出한바、眞傷官格이다。俗論에 土金傷官에는 官星을 꺼린다。하였으나、本命造는 卯酉가 冲破되여 天干에 火土가 허탈한 상태에 있으므로 印綬를 用神으로 하고 木을 藥神으로 하여야 되는 바 本文에 子、午、卯、酉가 木火를

戊子
戊午 辛卯 庚寅

用할때는 沖을 꺼라고 金水를 用할 때는 沖을 꺼리지 않는다는 理致에 따라 木火가 沖破됨이 不美하다。運路는 木火로 나가지만 원국에 병이 중한 고로 爲人이 風流를 좋아하였으며 學文도 중단했고 經榮 제사가 고르지 못했으며、끝내는 發福을 못했음은 天干에 水가 不透인 연고이다。

戊辰
壬戌
辛未
己丑

癸亥 甲子 乙丑 丙寅 丁卯 戊辰 己巳

本命造는 滿局이 印綬로 土多金埋되고 있다。壬水用神이 완전히 傷剋되고 있으며、未와 辰에 乙木이 비록 所藏되여 있지만、沖破되여 쓸수 없게 되었다、(或 無傷이면 可用됨) 剋妻無子하였으니 四庫格은 必要沖破란 말은 部分的으로 해당되는 것이지 此造와 같이 天干에 藥神을 고루 얻지 못하였을 때는 해당이 안되며 四柱가 偏枯하고 병이 많을 때는 沖하여 忌神이 引出되니 옳치 않다。

◎ 支神只以沖爲重 刑與穿兮動不動。

支神은 沖을 重하게 여기고 刑과 穿은 動하나 動이 아닌 것이다。

【原 註】 沖者必是相剋 及四庫兄弟之沖 所以必動 至於刑穿之間 又有相生相合者存 所以有動不動之異。

沖은 相剋을 말하며 四庫의 沖은 兄弟의 沖이니、반듯이 動하는 것이다。刑이건 穿이건 間에 相生과 相合이 있는 것이니、所以로 動하고 動하지 않음이 다른 것이다。

【解 說】 무릇 四柱에서 地支에 沖을 만나면 天干을 剋하게 되니 그 强弱과 喜忌를 잘 살펴 보아야 한다。

지금까지 四墓庫의 沖은 發福한다고 전하여지고、있으나 이는 土가 用神이 될때 즉 庫中에 司令한 者를 쓰지 않고 土가 蓋頭되고 土를 用神으로 쓸때는 動則發生 하지만 그 외에는 沖動則不利한 것이다。庫地의 沖이 좋다고만 함은 後學者들이 잘못 판단한 것이다。

墓라 함은 墳墓를 말하고 庫라 함은 뿌리에 所藏하고 있음을 말하는바、天干의 木、火、金、水가 地支의 墓庫

에 通根하고 있나면 冲動할 때 약하게 뻗은 뿌리를 傷하게 되니 어찌 冲되어 福될게 있다고 보겠는가?

예를 들어보면、三月辰庫속에 乙木이 司令하고 있는데 戌이 冲하게 되면 戌中의 辛金이 辰中의 乙木을 剋하여 버리고 六月의 未庫에 丁火가 司令하고 있는데 丑의 冲을 만나면 丑中癸水가 未中丁火를 능히 剋하여 버리는데 어찌冲을 좋다고만 보겠는가?

무릇 庫中에 숨어있는 者는 透出한 者가 剋을 못하지만、冲動되여 庫門이 열리면 透出한 者가 능히 剋할수 있는 것이다。

三月의 乙木과 六月의 丁火는 비록 根氣를 만나고 있으나、木火가 天干의 司令하였다면、가히 用할 수 있으나 冲動則傷하게 되니 用하기에 不足한 것이다。

刑과害에 있어서도 그릇된 점이 많음을 알수 있다。무릇 刑은 子卯가 一刑이요、寅巳申이 二刑이요、丑、戌、未가 三刑인데、그밖의 自刑은 巳刑寅、午刑午、未刑戌、申刑巳、酉刑酉、戌刑丑、寅刑申、卯刑子、辰刑辰、亥刑亥、子刑卯、丑刑未등인데 여기서 착안할 바는 午刑午、酉刑酉、辰刑辰、亥刑亥와 戌刑未、丑刑戌등은 모두 同氣이며 寅刑巳、卯刑子등은 서로 相生되는데、어찌 相刑된다고만 볼수 있겠는가? 또 寅、申과 丑未는 이미 相冲이 되니、어찌 다시 刑을 取할 수 있겠는가? 모두 애매하게 전해진 말들이니、推命함에 비중을 두지 말 것이다。

穿은 즉 害를 말하는바 나와 合하는 자를 다시 冲하는 者를 말하니、合을 못하도록 방해하니、서로 친할 수가 없다는 이치도 전하여졌으나、害도 역시 丑과 午의 害、寅과 巳의害 등은 서로 相生이 되니 꼭 害로만 따지지 말것이다。대체로 刑과 害의 作用은 相生되거나 同氣가 되면 미약하니 論할 바가 없으며 害는 刑보다 다소 强하게 作用한다。

다음의 刑에 四柱實例를 들어보자。

丙子
辛卯

壬辰
癸巳
甲午
乙未

四柱가 子卯兩刑을 끼고 있다。俗論에 子卯는 無禮之刑이라 하였고 또 傷官에 羊刃이 刑을 만나면 반드시 傲慢하고 無禮하고 凶惡하다 하였으나、本命造는 地支에 두 羊刃이 있고 天干에 辛金과 癸水가 튀어나와 있으며 四柱全體에 土가 없다。또 丙火가 絶地에 있으며

壬子　丙申
癸卯　丁酉

辛金과 合化水하고 있으니 、全局이 水木傷官四柱가 되였다。 여기서 기쁜 것은 二月의 卯木이 旺剛하여 범람하는 旺水를 능히 洩氣시키고 있으므로 秀氣精英하다。 그러므로 爲人이 예의바르고 出衆한 人物에 和氣가 넘쳤으며 甲運에 木의原神이 發露하야 科甲하였으며 午運에 支地에로 오는 午火라 卯木이 旺水를 洩氣하여 生火하므로 順勢되여 무난하게 넘겼고 乙未、丙申、丁酉까지 官運이 赫赫하고 平生을 順順하게 살았다。 따라서 子卯刑이 作用을 못함을 알 수 있다。

辛未
乙未
庚辰
丁亥

甲午 癸巳 壬辰 辛卯 庚寅 己丑

庚辰日柱가 秀夏에 生하니、金의 進氣이고 土가 當權하고 있는데、未中丁火가 透出하였으며、辰中의 乙木이 또 透出하여 生火하니、用으로 不足함이 없다。 결국 財官이 모두 通根하여 有氣하다。 다시 기쁜 것은 亥水가 조후하고 日柱를 보호하며 木을 生하여 주니 四柱에 결함(缺陷)이 없다。 運路 또한 동남을 행하니、木火가 實하여 一生無凶無險하며 辰運 中 午年에 財官印이 生扶하니、中鄕榜에 올랐고 丑運에 수를 다하였다。

辛丑
乙未
庚辰
丁丑

甲午 癸巳 壬辰 辛卯 庚寅 己丑

本命造는 前造와 비슷하나 年月이 相冲하고 있다。 俗論에 墓庫는 冲開하여야 名利가 兩全한다고 하였으나、그릇됨을 알수 있다。 역시 財官이 通根을 하고 있으며 前造는 丁火가 司令하였지만 本造는 己土가 司令하고 生時가 丑時이니、丁火가 熄滅하고 있다。 또 乙木은 辛金에 受傷하고 未는 丑과 冲開하니 未中에 약하게 뻗은 木火의 뿌리가 역시 상해버렸다。 결국 財官이 있으나、전부 損傷을 받아 原局에서 破格을 이루고 있으니、運路가 아무리 좋아도 볼게 없다。 甲午 初年에는 부모의 蔭德으로 자못유여했으나、癸巳로 바뀌들며 丁火를 傷하고 巳는 丑과 半合하여 合化金하므로 刑喪、破耗하였으며 壬辰運에는 처와 아들을 모두 잃고 破家하였으며 의지할 곳도 없이 되여 삭발하고 중이 되였다。

◎ 暗冲暗會尤爲喜　彼冲我兮皆冲起。

暗冲과 暗會는 더욱 기쁜 것이요。彼가 我를 冲함은 다 冲起하는 것이다。

【原　註】如柱中無所缺之局 取多者暗冲暗會 冲起暗神 而來會合暗神　比明冲明會尤佳 子來冲午 寅與戌會午是也 是日爲我 提綱爲彼 提綱爲我 年時爲彼 四柱爲我 運途爲彼 運途爲我 歲月爲彼 如我寅彼申 申能剋寅 是彼冲我 我子彼午 子能剋午 是我冲彼 皆爲冲起。

가령 柱中에 缺陷이 없으나、取할 바가 많은 것은 暗冲暗會인 것이다。冲하여 起하는 것이 暗神인데 다시 暗神이 나와서 會合하면 明冲明會라 하여 더욱 아름다운 것이다。

子가 午를 冲하는데 寅이나 戌로 午를 會合하는 경우가 이것이다。日이 我이면、提綱을 彼로 하고 提綱이 我이면、年時를 彼로 하고 四柱가 我이면、運途를 彼로하고 運途我이면 歲月을 彼로 하는 것이니、가령 寅이 我이고 申이 彼이면 申이 능히 寅을 剋하는 것이니、이것은 相對가 나를 冲하는 것이요。我가 子이고 彼가 午라면 子는 능히 午를 剋하는 것이니、이는 내가 相對를 冲하는 것이니 이를 冲起라 한다。

【解　說】本文은 冲과 合의 理致를 설명한 것으로서 冲破됨은 대개는 不美하지만、旺함이 有餘한 자는 冲去하여도 無防하고 衰弱하여 不足한 者는 會合하여 도와 주어야 吉하다。

무릇 四柱八字는 缺陷이 많고 中和됨이 적으니、木火가 旺盛하면 金水가 缺乏하게 되고 金水가 旺하면 木火가 衰弱하게 되는 것이다。

冲은 내가 相對를 克하는 경우가 있고 相對가 나를 克하는 경우가 있는데 相對와 我를 區分하는 方法으로는 지금까지 原局을 我로 歲運을 彼方으로 보고 또原局에서는 年柱와 時柱를 相對方으로 보고 月柱와 日柱를 我方으로 본다고 전하여 진바가 있으나、뚜렷이 근거를 들수는 없으니、喜神을 我方으로 하고 忌神을 彼方으로 보는 것이 가장 타당하다。

그러나、我方인 喜神이 彼方인 忌神을 克함은 可하고 彼方인 忌神이 我方인 喜神을 克去하면 不可하다。

가령 喜神이 午인데 子의 冲克이 있다면 忌神인 子가 有氣하여 我方인 喜神午를 冲去하니、禍患이 일어난다。

이때 寅이나 戌이 있어(原局이든 歲運이든 可함) 會合해 주면 吉하고 반대로 喜神이 子인데 午와 沖을 한다면 내가 有氣하여 相對를 克去하니, 좋은데 寅이나, 戌이 있어 午와 會合하면, 沖을 방해하니 불가하다.

결국, 喜神이 忌神으로 부터 沖克當하면, 大凶하고 忌神이 喜神으로 부터 沖克하게 되면 病을 除去하니 益發하게 됨이니, 지금까지 말한 刑沖破害의 모든 이치가 喜神인 我가 有氣하여 沖動을 능히 감당하여 나간다면 오히려 發生하고 반대일 경우는 불리하다. 또 喜神이 子인데 申이 나 辰이 있어 會合하여 주면 吉하고 喜神이 亥인데 未卯가 있어 會合하면 不吉한 것이니, 같은 理致이다.

庚戌
乙酉
甲寅
庚午

丙戌 丁亥 戊子 己丑 庚寅 辛卯

此造는 金旺節에 生하여 兩殺이 透出하고 支地에 寅午戌이 會局하여 剋도 甚하고 洩氣도 심하다 庚金이 銳盛하여 制克함이 옳을 것 같으나, 乙木이 庚金과 合함이 妙하다. 이때 火가 日柱를 洩氣하여 庚金을 制克함은 忌하니 火가 病이 되였다. 運路子運中辰年에 天下를 呼令하였으니, 午火를 克去하고 子水가 殺印相生하였음이다.

丁丑
癸丑
丁卯
丙午

壬子 辛亥 庚戌 己酉 戊申 丁未

丁火가 비록 季冬에 生하였으나, 比刦이 重重하고 癸水가 透干하였으나, 退氣를 만난 癸水가 無力하니 用하기에 不足하다. 丑中辛金으로 爲用함이 옳다. 이어서 丑土는 旺火를 洩氣하여 生財하니, 丑土로서 藥神으로 삼는것이 옳다. 本造에서 卯未은 病이 되어 早年戌運에 病인 火를 會合하여 주므로 妻子를 刑傷하였고, 壬子辛亥에는 食祿은 有餘하였다.

이어서 己酉年부터 金局을 짓고 卯木病을 제거하니, 發財하여 大富가 되었다.

즉 暗沖이 忌神이고 暗會가 喜神이면, 發福이 크고 暗冲이 喜神이고 暗會가 忌神이면 그 禍가 가볍지 아니하니, 原文에 暗冲暗會의 理致를 알수 있다.

庚寅
辛巳

壬午 癸未 甲申 乙酉

丙火가 火旺節에 生하여 地支에 寅卯木을 보고있어 火가 乘權을 잡고 있다. 비록 三財星이 透出하였으나, 뿌리가 없는게 欽이다. 初運壬午癸未의 水도 역시 午未위에 앉아 無根하며 弱한 金氣만 洩氣하고 있다. 비록 祖業은 넉넉하였으나, 早失을 면치 못하였고 甲은 地

丙寅　丙戌
辛卯　丁亥

支에 申이 있어 본래 大患은 없는 運이나、木火로 돌아가면 亦是 刑妻克子 하게 되며 申運은 寅木病神을 暗冲하여 주고 空中에뜬 虛財의 通根을 하여주므로 枯苗得雨하여 크게 發財하였고 乙酉까지 十五年은 益發하였다。(申運은 驛馬가 財物을 만남이니 出外大利한 것이다) 이어 丙戌大運은 凶하며 風病으로 눕게 되였으니 比肩이 爭財하고 衰地가 되여 사망한 것이다。

◎ 旺者冲衰衰者拔 衰神冲旺旺神發。

旺한 것이 衰한 것을 冲하면 衰한 것이 꺽이고 衰神이 旺한 것을 冲하면 旺神이 發하는 것이다。

【原 註】子旺午衰 冲則午拔不能立 子衰午旺 冲則午發而爲福 餘倣此。

子가 旺하고 午가 衰한데 冲하면 午가 꺽여 일어서지 못하고 子가 衰하고 午가 旺한데 冲하면 午가 發하여 福이 되는 것이니、나머지도 이에 倣하라。

【解 說】本文은 旺神이 衰神을 冲破하면 衰神이 拔(꺽일패)하고 衰神이 旺神을 冲破하면 旺神은 傷함이 없다는 말인데、十二地支의 相冲을 說明한 것으로서 예를 들어 보면 日柱가 午인데 喜神도 午라면 他地支에 午를 돕는 寅、卯、巳、未、戌등이 있으면 子의 冲이 있어도 소위 衰神이 旺者를 冲하였으니、傷함이 없으나、他地支에 午 喜神을 害하는 申、酉、亥、子、丑、辰등이 得旺하면 子의 冲이 大禍를 불러 일으킨다。소위 旺者가 衰者를 冲하였기에 그러하다 他冲도 같은 理致이며 다만 辰、戌、丑、未、冲은 朋冲이니、他冲보다는 가벼운 점이 있다。다만 四庫中에 蓄藏하고 있는 原神이 四柱原局을 어떻게 작용하는가를 살펴보고 土가 害神일 경우는 不利하다。

※暗冲=歲運에서 原局을 冲破함을 말하며

※明冲=原局內의 冲을 말한다。

戊辰　壬戌
辛酉　癸亥
　　　甲子

丙午日主가 財旺節에 生하여 年柱戊辰습토가 洩氣가 심하여 日元이 弱한데、主中에 印綬가 全無하고 時支가 비록 祿地이기도 하지만 月令酉金과 合化金局하니、도움이 되지 못하

丙午　癸巳　　乙丑 丙寅 丁卯 戊辰

고 있다。子運에 이르러 日坐를 冲하니、旺者冲衰、衰者拔하는 원칙에 따라 破家亡身하고 이어서 行運丙寅이후로 名利兩面으로 發展하였다。

庚寅　壬午　丁卯　癸卯　　癸未 甲申 乙酉 丙戌 丁亥 戊子 己丑

丁火가 健祿地에 生하고 支地가 모두 陽暖하니、반대로 用神인 財官은 허탈하다。行運甲申乙酉에 用神을 돕고、衰神冲旺、旺神發하는 원칙에 따라 大發하였으니、原局은 비록 부족하나、運路가 吉한연고이다。

干支總論

◎ **陰陽順逆之說 洛書流行之用 其理信有之也 其法 不可執一。**

陰陽順逆의 說은 洛書流行의 用이니、其理致를 믿을만 하다고 하나、그 법은 한 부분만을 잡고 말함이니、옳치 않은 것도 있다。

【原 註】 陰生陽死 陽順陰逆 此理出於洛書 五行流行之用 固信有之 然甲木死午 午爲洩氣之地 理固然也 而乙木死亥 亥中有壬水 乃其嫡母 何爲死哉 凡此皆詳其干支輕重之機 母子相依之勢 陰陽消息之理 而論吉凶可也 若專執生死敗絶之說 推斷多誤矣。

陰이 生地이면 陽은 死地가 되는 것과陽順陰逆의 理致는 洛書에서 나온 것이다。

五行의 流行함과 쓰임이니、믿을만한 바가 있다고 하나、甲木이 午에서 死地가 됨은 午火는 洩氣하는 곳이니 理致에 맞는다고 할 수 있으되 乙木이 亥에서 死地가 됨은 亥中에 壬水가 있으니、壬水는 嫡母인데 嫡母가 있는 곳을 어찌 死地라 하겠는가? 무릇 이는 다 干支의 輕重과 기틀과 母子의 相依하는 勢와 陰陽消息의 理致를 자세히 살핀후에 吉凶을 論하여야 할 것이다。

【解 說】 陰陽의 順逆說은 洛書에서 나와 流行하여 쓰이고 있으니、陽柱를 모아 기준함에 不過하다 양이 進이면 陰은 退로 하였고 陰이 進이면 陽은 退로하였고 陰은 逆으로 가게하였다。

만약 命理를 論한 즉 順逆만을 의지해서는 아니되고 모름지기 日主의 衰旺을 보고 生時의 淺深을 살피고 四柱의 用神을 연구하고 吉凶을 論함이 당연한 것이다。十二運星의 이름들은 하나의 形容辭에 불과한 것이다。長生은 사람으로 비유할때 처음 生한 상태요 沐浴은 처음 생한 사람을 때를 벗기고 沐浴시키는 것이요。帶는 점점 자라서 옷을 입고 띠를 매고 관을 쓰는 것과 같고 冠은 커서 旺함이니、벼슬길에 오르는 것이요。帝旺은 壯盛함이 極에 達함이니、出世를 크게 함이요。衰는 盛이 極에 達하면 衰하는 것이니、物의 初變함이요。病은 衰가 甚한 것이요。死는 氣가 다하여 餘氣가 없음이요 墓는 造化를 收藏함이니 흙속에 매몰하는 것이요。絕胎는 앞의 氣가 끊어진 후에 다시 將續하여 氣가 結胎됨이요。養은 어머니 배속에서 養育되는 것과 같은 것이니 다시 生地로 循環하여 그치지 않는 것이다。

日主가 月令에서 休囚되고 반듯이 祿旺이나 生地를 만나지 않는다고 하여도 年日時中에 長生이나、祿旺을 얻으면、약하다고만 할 수 없는 것이요。庫葬地에 通根됨은 冲을 해야 열린다고 함은 俗書의 그릇됨이다。古法에 단지 四長生이 있을 뿐인데 子午卯酉는 陰의 長生地로 하는 것은 따를 수가 없는 것이며 水生木은 申을、天關으로 하고 亥를 天門으로 하니、天一에서 生水하여 生生不息하는 고로 木은 陰陽을 不問하고 亥에서 長生하고 午에서 死함은 午는 火旺地이니、木이 午에 이르면 洩氣가 다하는 고로 午를 死地라 하니、나머지도 같은 것이다。

五陽은 生方에서 育하고 本方에서 盛하고 洩方에서 斃하고 剋方에서 盡하는 것은 理致의 順行이지만 五陰에는 洩方에서 生하고 生方에서 死하는 것은 理致에 爲背되는 것이다。이것들은 모두 왜곡된 잘못들이니、子、午、卯酉、之地에서는 產金產木의 道가 없어야 하고 寅、申、巳、亥、地에는 滅火滅木의 道가 없어야 할 것이다。

古人이 格을 取할때 丁이 酉를 만남은 財로써 論하였지 生地로 하지 않았으며 乙이 午를 만나는 것과、己가

酉를 만나는 것과、辛이 子를 만나는 것과 癸가 卯를 만나는 것등은 食神이니 洩氣로써 말하였지、生地로 하지 않았으며、乙이 亥를、癸가 申을 만나는 것은 印綬로 말하였지 死로 말하지 아니 하였으며、또、己가 寅을 만남은 所藏된 丙火를、辛이 巳를 만남은 所藏된 戊土로 역시 印綬를 論함이요 死地로 하지 아니하였으니、이들을 미루어 볼때 陰陽이 같은 자리에서 生하고 같은 자리에서 死하는 것을 가히 알수가 있다。 만약 陽陰과 順逆을 정하여 잡고 陽의 生地는 陰의 死地로 하고 陰의 生地를 陽의 死地로 論命함은 크게 그릇된 것이다。고로 命中에 숨어 있는 眞理를 알려면 順逆의 기틀과 理致의 모임이 어떠한 가를 올바르게 알아야 할 것이다。

丙子　己亥　乙亥　丙子

庚子 辛丑 壬寅 癸卯 甲辰 乙巳

乙亥日主가 亥月에 生하야 兩丙火가 透出하고 寒木이 陽順으로 向함이 즐거우나 애석한 것은 己土가 無根이다。水木이 太重한데 行運이 中年까지 水木運으로 가니 局中 火土가 모두 傷하여 뜻을 펴지 못하였으나、기쁜것은 柱中에 金이없어 業은 淸高하였다。만약 本造의 年時가 病地이고 月日이 死地이라면 水木이 害神이 되였겠는가?

戊午　乙卯　癸卯　癸亥

丙辰 丁巳 戊午 己未 庚申 辛酉

本造는、春水가 旺木을 만나 洩氣가 太過하다。또、年干의 戊土와 剋洩을 함께 한다。그러므로 行運 戊午年에 死亡하였는데、陰胞胎法으로 癸水는 卯에 長生하고 亥에 旺地가 된다면 身旺하여 戊午에 死亡하지 않음은 물론이고 名利兩全 하였을 것인데 그렇치 않음은 陰陽胞胎法을 區分함이 그릇됨을 알 수 있는 것이다。

◎ 故天地順遂而精粹者昌 天地乖悖而混亂者亡 不論有根無根 俱要天覆地載。

고로 天地에 順從하고 精粹하면 昌하며、天地가 乖悖하고 混亂하면 亡할 것이니、有根無根을 不論하고 天을 받들고 地에 실려있음을 중요하게 하라。

【解 說】干支의 取用法은『干以載之支爲切이요、支以覆之干爲切이라(天干에 실려있으면 地支는 切이 되고 地支를 덮으면 天干은 切이 되는 것이다)』하였으니。

가령 喜神인 甲乙木이 寅卯亥子에 실려 있다면, 生旺하고 申酉에 실려 있으면 剋敗될 것이다。忌神이 丙丁인데 亥子에 실려 있으면 制伏될 것이고 巳、午、寅、卯에 실려 있으면 肆逞할 것이며、또、喜神이 寅卯면 甲、乙、壬、癸가 돌보아 주면 生旺하고 庚申을 만난 즉 剋敗될 것이며、忌神이 巳午인데、干星이 壬癸면 制伏될 것이고 丙、丁、甲、乙이 개두했다면 肆逞할 것이니 他星辰도 이와 같다。

干星은 地支에 通根하여 地支에서 生扶함을 만나면 堅喜하고 地支에서 冲剋을 만나면 뿌리가 뽑힐 것이다。地支는 天干에서 生扶하여 주는 蔭德을 받아야 盛하고 天干에서 剋하면 地支는 蔭德이 衰弱할 것이니、무릇 四柱干支에 吉神이 나타나 있는 데도 별로 吉하지 아니하고 또、凶神이 確實하게 나타나 있는 데도 별로 凶함이 없는 경우는 다 이와 같은 연고이니、天干一氣와 地支雙清이 모두 天干에서 돌보고 地支에 실려 있음이 중요하다。

己亥　丙寅
丁卯　乙丑
庚申　甲子
庚辰　癸亥
　　　壬戌
　　　辛酉

庚金이 비록 春節에 生하였으나 支坐祿地이고 時柱가 印比가 되니、足히 官星을 用할 수가 있다。官星 또한 卯木財星의 生함을 받고 亥로 부터 生助하니 有情하다。소위 「天地順遂而精粹者昌也」라 하니 歲運이 壬、癸、亥、子라도 己土로 부터 丁火는 보호되고 地支의 卯木이 化生하니 平生凶惡이 不犯이다。少年에 科甲하여 벼슬길에 올랐으니、經에 말하되 「日主最宜健旺이요 用神不可損傷이라」 하였다。

己酉　丙寅
丁卯　乙丑
庚辰　甲子
甲申　癸亥
　　　壬戌
　　　辛酉

此命은 丁火用神으로써 前造와 비슷하나 丁火의 뿌리가 相冲되어서 損傷되었고 柱中에 水가 부족하여 財星이 損傷되고 生함이 없다。비록 시간에 甲木이 있으나、申金위에 있어 支地에 실려 있지 아니 하기 때문에 破耗刑傷하여 戌運에 크게 나빠 견디기가 어려웠다。

庚申　癸未
壬午　甲申
辛酉　乙酉
癸巳　丙戌
　　　丁亥
　　　戊子

此命은 午火用인데 孤立된 게 흠이며 柱中에 木이 없음이 액석하다。巳火는 酉金과 合하여돕지 못하며 申酉兩運에 破家하고 丙戌運에 大得財利하며 亥運에 火氣剋盡하여 破家亡身했다。

庚申
壬午
辛酉
甲午

癸未 甲申 乙酉 丙戌 丁亥 戊子

此命도 前造와 같으나 時만 다른데 운명은 천연지 차 이다。午火用인데 甲木이 生하여 주니 無傷이고 無爭이며 一生이 부귀하였다。

◎ 天全一氣 不可使地德莫之載。

天이 온전하게 一氣라도 地로 하여금 德을 실지 않으면 不可한 것이다。

【原 註】四甲四乙 而遇寅申卯酉 爲地不載。

四甲과 四乙이라도 寅申이나 卯酉를 만나면 地에 실지 못한 것이다。

【解 說】天全一氣란 말은 天干이 모두 같은 것을 말하니、四甲、四乙、四丙、四丁、四戊、四己、四庚、四辛、四壬、四癸들이다。

地支不載란 말은 地支와 天干이 生化됨이 없고 相剋됨을 말한다。天干이 地支를 剋한다거나、地支가 天干를 剋하는 것등은 地支에 不載인 것이다。

地支의 氣運이 上升하고 天干의 氣運이 下降하면 生化流通되어 偏枯하지 않을 것이며 또 歲運 역시 安頓하면 富가 아니면 貴는 반듯이 하게 되는 것이다。반대로 四乙酉、四辛卯와 같이 升降의 情이 없고 冲剋되면 모두 偏枯이니、貧賤을 면할 수 없는 것이다。

甲申
甲戌
甲寅
甲戌

乙亥 丙子 丁丑 戊寅 己卯 庚辰 辛巳

此造는 九月甲木이 休囚하여 旺한 것 같이 보이나、年支申이 寅을 冲去하여 뿌리가 없으므로 불안하며 水木用인데 庚辰運은 大禍가 生하여 破家子傷하였다。

戊子
戊午
戊戌
戊午

己未 庚申 辛酉 壬戌 癸亥 甲子

此命은 火土가 滿局하여 子衰午旺이니、沖則午發이며 己未運에 孤苦하게 살며 온갖 풍상을 다 겪었다。庚申辛酉運에서 성공하여 사업을 이루었으며 壬戌運에 이르러 갖은 풍상과 祝融(화재)의 해로 한가족 5명이 몰살했다。

本命造는 만약 天干에 한 金이 透出하였거나 地支에 한 金이 있었어도 戌에 大凶은 없었을 것이다。

戊申
戊午
戊子
戊午

己未 庚申 辛酉 壬戌 癸亥 甲子

此命은 申金과 子水가 會局하므로 不傷이며 金水가 用神이 된다。申運中 戊辰년에 申子辰水局하여 둥과하였으며 壬戌行運에 이르러 大凶하였다。

辛卯
辛卯
辛卯
辛卯

庚寅 己丑 戊子 丁亥 丙戌 乙酉

此命은 辛이 絶地이며 四木이 當權이며 支地에 不載라 早失父母하고 道士로 離流하였으며 己丑、戊子運은 印綬가 生扶하여 衣食이 充足하나 丁亥運은 火剋金하여 大凶하니 死亡하였다。

身弱無根인데 만약 身强이면 用財可함이다。

◎ 地全三物 不可使天道莫之容。

地支가 온전히 三物이면 天道로 하여금 容納하지 못하게 하니 不可하다。

【原 註】 寅卯辰 亥卯未 而遇甲庚乙辛 則天不覆 然不特全一氣 與三物者 皆宜天覆地載 不論有根無根 皆要循其氣序 干支不反悖爲妙。

寅卯辰이나 亥卯未가 甲庚乙辛을 만난 즉 天이 돌보아주지 아니하는 것이요、一氣와 三物이 온전하지 아니 할 때는 하늘을 받들고 땅을 밟는 것이 마땅하니 有根無根을 不論하고 모두 그 氣序를 따르면 干支가 不悖하여 妙함이 있을 것이다。

【解 說】 地支三物은 寅卯辰、巳午未、申酉戌、亥子丑 등이 모두 있는 것을 말한다。가령、日主가、木이고 地支에 寅卯辰을 모두 얻었다면、天干에 火가 많음을 要하고、日柱가 火이고 地支에 寅、卯、辰을 모두 얻었다면、天干에 金이 旺함을 요하고、日柱가 金이고 地支에 寅、卯、辰을 얻었다면、天干에 土가 旺함을 要하는 것이다。

支全三物이면 其勢力이 旺盛하니 旺神이 提綱에 있다면、天干은 모름지기 其勢에 順氣하며 洩氣함이 可하고 旺神이 別支에 있고 天干에서 억제할 수 있다면、억제하는 것이 可한 것이다。

旺神이 提綱에 있을때는 단지、洩氣함이 마땅하고 억제함은 못 마땅한 것이다。

이때 억제할 수 있는 星辰은 반듯이 絶地가 될 것이니、억제할 수 있는 힘을 얻지 못할 것이므로 反對로 旺神은 激動하여 肆逞할 것이기 때문이다。

旺神은 가령 木方의 提綱은 寅卯를 말하고 制神은 庚辛을 말하는 것이니、寅卯는 庚辛金의 絶地가 된다。

四柱 天干에 庚辛金을 도운다면 可히 억제할 수 있을 것이니、이른바 그 氣序를 따라 調劑、判斷할 것이며 木의 例가 이러하다。그러니、다른 것도 이에 따르기 바란다。

辛	庚	甲	丙
卯	寅	辰	寅

己	戊	丁	丙	乙	甲	癸
丑	子	亥	戌	酉	申	未

此造는 甲木이 正月에 生하여 庚辛金이、絶地가 되어 무력하니、쓸수가 없고 火가 用神이 되는데 초년 己丑운에는 病神인 金을 生하여 파란곡절을 많이 겪고 丙戌大運에 들어와 火가 會局하여、大發하니、丙火가 개두함이 묘한 연고이고 乙酉運에 이르러 庚金이 득지하여 大凶하였다。

庚	庚
寅	辰

辛	壬	癸
巳	午	未

此造역시 甲木이 提綱이니、辰土가 庚金에 得載하여 旺木을 足剋爲用하여 申運에 科甲하여 군수에 이르렀으나、丙戌運에 이르러 벼슬을 내놓고 고향으로 돌아왔다。

甲寅　　甲申
丁卯　　乙酉
　　　　丙戌

◎ 陽乘陽位陽氣昌 最要行程安頓。

陽이 陽位에 있어 陽氣가 昌하면 가장 중요한 것은 行程이 安頓함이니라。

【原 註】六陽之位 獨子寅辰爲陽方 爲陽位之純、 五陽居之 如若是旺神 最要行運陰順安頓之地。

六陽의 자리에 유독히 子、寅、辰을 陽方으로 하는 것이다。

陽位는 純全하여 五陽에 居한다。만약、이것이 旺神이면 가장 중요한 것은 行運이 陰順之地(西北)으로 가는 것이 좋다。

【解 說】六陽이 모두 陽이니、子、寅、辰만을 純陽으로 하는 것은 아니다。陽은 寒陽과 暖陽으로 구분되고 있다。西北의 陽은 寒하고 東南의 陽은 暖하다。申、戌、子등은 모두 寒陽이니 가장 즐거운 行運은 卯巳未등의 陰暖方으로 行함이 즐거운 것이고 寅辰午을 모두 갖추었다면 東南의 陽暖이니 가장 즐거운 行運은 酉亥丑西北 陰寒方으로 가는 것이 좋다。

만약 四柱에 用神과 喜神이 陽火陽土로 되여 있다면 역시 東南方의 陽暖이니、行運도 역시 西北方의 陰寒인 陰水、陰木、陰火라야 喜神과 用神을 도와 中和되니、發生하는 것이다。이때 陰寒도 아니고 陽寒 즉 陽木、陽火를 만난다면、외로운 陽이 生하지 못하여 喜神을 生助함이 있어도 역시 평탄할 따름이지 益發은 없는 것이다。

이상은 陽暖으로 구성된 命造이고 陽寒으로 구성된 命造도 역시 같은 구조이다。

소위 陽의 세력이 강하지만 陰의 강한 세력으로 中和시켜야 發展이 있는 것이다。

癸巳　　乙卯
丙辰　　甲寅
　　　　癸丑

此命은 陽暖地支로 되여 있고 天干에 金水가 無根한 것 같으나、辰습토가 洩火生金하니、金이 用神이 된다。초년운 乙卯甲寅은 孤苦貧寒하였고 癸丑운에 이르러 陰寒之地가 되어

丙午　壬子
庚寅　辛亥
　　　庚戌

出外에 성공하니, 陽暖之地에 濕을 만남은 配合의 아름다움을 알 수 있는 연고이다。

戊寅　丙寅
乙丑　丁卯
丙寅　戊辰
庚寅　己巳
　　　庚午
　　　辛未

丙火가 丑月에 生하였으나, 地支에 三寅木을 만났으니, 月支丑土가 用이 되는데, 行運이 陽暖支地로 行함이 애석하다。따라서 祖業을 모두 破하고 流離他鄕하며 신고환란을 다 겪었고 午運에 이르러 寅과 午가 會局하니, 一生에 아무것도 이루지 못하고 死亡하였다。

◎ 陰乘陰位陰氣盛 還須道路光亨。

陰이 陰位에 있어 陰氣가 盛하면 行路가 光亨(東南)으로 가는 것이 좋다。

【原 註】 六陰之位 獨酉亥丑爲陰方 乃陰位之純 五陰居之 如若是旺神 最要行運陽順光亨之地。

六陰의 자리에 유독히 酉亥丑을 陰方으로 하는 것이다。陰位는 純全하여 五陰에 居하고 만약 이것이 旺神이면 가장 중요한 것은 行運이 陽順之地(東南)로 가는 것이 좋다。

【解 說】 六陰이 모두 陰이나, 酉亥丑만을 陰의 盛으로 하지 않는 것이다。陰은 寒陰과 暖陰으로 區分되고 있다 西北의 陰은 寒陰이요 東南의 陰은 暖陰이다 즉 酉亥丑은 西北陰으로 寒陰이니, 가장 즐거운 것은 東南寅辰午등 陽暖之地로 運行함이고

卯巳未등은 東南暖陰이니 가장 즐거운 運行은 申戌子西北寒陽之地가 된다。만약, 日主의 用神이 혹 陰金이거나, 陰水나 陰土라면 이것은 西北寒陰이니, 行運이 東南陽暖之地인 陽金陽火陽土라야 用神을 도와서 發福하게 되는 것이다。

이때, 行運이 東南으로 흘러도 陰金이나 陰火, 陰土를 만난 즉 不育하니, 厚福하기는 어렵고 재앙만 없이 평탄하게 지낼 것이다。

陰寒이 이러하고 陰暖도 같은 이치이다。

丙子　庚子 辛丑 壬寅 癸卯 甲辰 乙巳
己亥
乙酉
壬午

此造는 丙火用神인데 日主가 衰弱함은 不喜하나、天干이 有情하고 地支午火가 制殺하고 丙火를 도우며 運路가 東南으로 行入하니、陽暖之地가 되여 少年登甲하고 封疆하였으니、다 陰陽配合의 妙이니라。

己亥　乙亥 甲戌 癸酉 壬申 辛未 庚午
丙子
乙丑
壬午

此造는 前造와 비슷하나 日支가 酉가 아니고 丑이다。따라서 丑土는 濕土라 丙火를 洩氣하여 無力하게 만듬이 不利하다。壬水와 丙火가 한자리 가까웁고 子水와 午火도 같다。運行이 陰寒之地로 行함이 不美하니 剋妻無子하며 壬申運에 丙火가 剋盡하여 亡하니 소위 陰乘陰位면 陰氣盛也라。또 十干體象에 말하되 虛濕之地면 騎馬亦憂라 하였음이다。

◎ 地生天者 天衰怕冲。

地가 天을 생하는 者는 天이 衰하여 冲을 두려워 한다。

【原 註】如丙寅戊寅丁酉壬申癸卯己酉 皆長生日主 甲子乙亥丙寅丁卯己巳 皆自生日主 如主衰逢冲則相拔而禍更甚。

가령 丙寅 戊寅 丁酉 壬申 癸卯 己酉등은 모두 長生日主이고 甲子、乙亥、丙寅 丁卯 己巳가 모두自生日主이니 主가 衰한데 冲을 만나면 꺽이고 뽑혀서 禍가 甚할 것이다。

【解 說】地生天者란 말은 日支가 生함을 말하는 바、가령 甲子、丙寅、丁卯、己巳、戊午、壬申、癸酉、乙亥、庚辰、辛丑등이다。日主가 月에서 得令하지 못하고 또 日主를 돕는것도 희소하다면 印綬가 用神이 되는데 冲破

가 있게되면、그 뿌리가 뽑히게 되어 生氣가 끊어지게 되니、그 禍가 重할 것이다。만약 日主가 時에 當令하고 혹 年과 時에 祿旺이 되고 혹 천간에 比刼이 중중하였다면、官星이 衰弱한데 印綬가 洩氣한다면 반대로 두려우니、이것은 不怕冲破라 한다。(冲破를 두려워 하지 않는다)。

총론컨대 日主의 氣勢를 보아 旺相되였으면 冲을 즐거워 하고 休囚되였으면 怕冲이라 하니、大禍가 發生한다。行運冲도 같다。

甲 戊 丙 丙
寅 辰 寅 申

己巳 庚午 辛未 壬申 癸酉 甲戌 乙亥

丙火가 季春에 生하였으나、印綬가 重重하여 태왕하니、時支에 申金이 用神이 된다。中年 壬申癸酉運에 金이 득지하여 大發하였다。

壬 甲 丙 丙
申 辰 寅 申

乙巳 丙午 丁未 戊申 己酉 庚戌

甲木의 뿌리가 兩申으로 부터 甚剋당하고 있다。喜神 壬水가 傷함을 大忌함(壬水가 受傷이면 甲木이 孤함)이며、戊申運에 壬水를 剋하고 三申이 冲寅하니、大凶하다。獨殺用印者는 最忌制殺也이라 하였다。

◎ 天合地者 地旺喜靜。

天이 地를 合한것은 地支가 旺하므로 고요함을 기뻐한다。

【原 註】如丁亥、戊子、甲午、己亥、辛巳壬午 癸巳之類 皆支中人元 與天干相合者 此乃坐下財官之地 財官若旺 則宜靜不宜冲。

가령 丁亥、戊子、甲午、己亥、辛巳、壬午、癸巳 등은 모두 地支中에 人元이 있으니 財官이 만약 旺하다면 마

땅히 靜해야 하고 冲함은 마땅하지 못하다。

【解　說】十干의 合은 음양이 相配되였음을 말한다。五陽은 五陰의 財星과 合이 되는 것이다。陰도 旺하면 陽을 따르지 아니하며 陽이 旺하면 陰을 따르지 아니한다。여기서 비록 合은 되나、不從의 성질이 있으므로 爭合과 妒合、分合등으로도 나눌수 있음은 各己 그 본래의 性質을 간직하고 있기 때문이다。

만약 透出한 天干을 地支中 暗干이 合을 한즉 局에 따라 合이 되기도 하고 分爭과 妒忌를 하기도 하는 것이니 이 節句는 본래의 이치에 따른 것으로서 다만 原注의 부분적인 變通法에 불과한 것이다。

天을 合하는 地支의 三字는 모름지기 가볍게 활용할 것이고 下句의 地、旺、喜、靜의 四字를 중요하게 할 것이다。대개 地旺이 되면 天은 반듯이 衰하게 마련이고、喜靜은 四支에 冲剋하는 것들이 없고 生助하는 神만 있는 것이니、天干은 衰한데도 돕지 아니하며 地支는 旺한데 또、生함이 있으면 天干이 기쁜 마음으로 合할 것이니、만약 合되는 地支元神이 透出함이 있고 天地가 인연을 갖고 升降有情하면 合하여 따르는 것과 다를 바 없다。그러나 財와 合하면 從財하는 것과 같이 보이고 관과 合하면 官을 따르는 것과 같이 보이는 것은 十干의 合化하는 理致와는 다른 것이다。그러므로 靜함은 安居이니、분수를 지켜 나갈 것이요。動하면 反을 찾는 것이 되여 지탱하기 어려운 것이다。天合을 옳게 말함은『戊子』『辛巳』『丁亥』『壬午』四일 뿐인 것이다。

만약 甲午의 日에 午는 반듯이 丁이 먼저이고 己는 뒤인 것이다。己土가 어찌 능히 丁을 제끼고 먼저 나와 甲과 合한다고 할 것이며 己亥日에 亥는 반듯이 먼저 壬이고 후에 甲이니、甲이 어찌 능히、壬을 제끼고 민저 나와서 己와 合한다고 할 것이며 癸巳日에 巳는 반듯이 丙이 먼저이고 후에 戊인데 戊가 어찌 능히 丙을 제끼고 먼저 나와 癸와 合한다고 하리오? 아상 三日은 不論하고、他十干의 合化됨은 응당히 合化格으로 하여 달리 作用이 있는 것이니、合化格의 해석을 참고하라。

己 巳　庚午
　　　己巳
辛 未　戊辰

地支의 火가 맹렬하고 土는 건조하며 衰弱하다。辛金이 生水를 못하고 있어 辛金을 따를 수 없기에 오히려 病이 되고 午中에 丁火를 따라 從化하는 수밖에 없다。(日干의 情이 있

壬午	丁卯
乙巳	丙寅
	乙丑

는 것은 丁火이다) 行運 己巳戊辰은 生金洩火하여 형벌과 損失이 따랐고 丁卯丙寅은 火가 並旺하여 辛金病을 制剋하니、經營發財巨萬하였다。

己丑	乙亥
丙子	甲戌
丁亥	癸酉
庚子	壬申
	辛未
	庚午

本命은 木이 없고 己丑이 晦火하니 虛火가 의지할 곳이 없다。火로 取用하는이가 많으나 亥中壬水로 從官해야 한다。

甲戌運은 生火剋水하니、刑喪破耗하고 가업마저 탕진하였으며、癸酉壬申은 丙火를 剋去하고 財官을 도우니 큰 이익을 보았고 未運은 丙子年에 半財정도를 破去하였으니、比刦이 奪財면 反致大凶이니라。

◎ 甲申戊寅 眞爲殺印相生 庚寅癸丑 也坐兩神興旺。

甲申戊寅은 참된 殺印相生이며、庚寅癸丑은 兩神이 興旺하다。

【原 註】 兩神者 殺印也 庚金見寅中火土 卻多甲木 而以財論 癸見丑中土金 卻多癸水則幫身 不如甲申中壬水庚金 戊見寅中甲木丙火之爲眞也。

兩神이란 말은 殺과 印을 말하는 것이다。庚金이 寅을 보면 寅中에 火土를 殺과 印으로 하고 寅中甲木은 財로 하는 것이요。癸丑에서 丑中土金으로 殺과 印으로 하고、丑中癸水를 幫神으로 하는 것이니、甲木이 申中壬水庚金을 印과 殺로 하고 戊土가 寅中 甲木丙火를 殺과 印으로 하는 것과는 같지 못하다。

【解 說】 兩神이란 말은 殺과 印綬가 같이 있음을 말하는 것인데、庚寅日柱가 寅中丙火는 殺이요 寅中戊土는 印綬이니、殺印相生된다는 것이다。그런데 古坐殺印은 原文의 四日만이 아니고 乙丑辛未壬戌等도 殺印相生이 되는 것이다。

또 癸丑日主에 있어서 丑中에 比肩이 있으며 戊寅日主에도 寅中에 戊土가 있어 比肩이 있다고 보는 것이며、

庚寅日主가 財星이 있으며 甲申日主도 申中戊土가 財星이 되는 것인데 或者는 戊寅에 比肩을 無視하고 甲申에 財星을 無視하는 일이 있는데 殺印相生格의 眞不를 따질 이유가 없는 것이다。

무릇、殺을 用할때는 殺을 도와 주어야하고、殺을 用하지 않을 때에는 殺을 抑制하여야 하며 四柱의 氣勢를 살펴보고 日主가 旺强하고 殺이 淺하면 財星으로 用하여 殺을 도와주고 日主와 殺의 兩勢가 비슷하면 食神으로 制殺하고 殺이 강하고 日主가 약할때는 印綬로써 化殺(殺印相生)하여야 한다。

만약 殺이 重하고 身輕하다면、가난하지 않으면 夭死한다고 하였다。또 制殺이 太過하면 비록 學文으로 成功은 없으나、殺旺地로 運行하여야 하며 다시 殺을 制之하는 運行은 大忌하는 바、身苦患難을 免치 못할 것이다。

壬 己 甲 甲
午 酉 申 子

庚 辛 壬 癸 甲 乙
戌 亥 子 丑 寅 卯

官殺이 當旺한데 時에 子가 있으며 申과 半合水局을 이루어 殺印相生되였으며 去官留殺하였다。

이어 水運에 登甲하여 法官으로 從事하였다。

壬 己 甲 甲
辰 酉 申 子

庚 辛 壬 癸 甲 乙
戌 亥 子 丑 寅 卯

前造와 비슷하나、다만 午字대신 辰字로 바뀐것 뿐이다。午火일때는 酉金을 制壓했으나 辰字는 合官이 되므로 官殺이 혼잡하다。따라서 辰字가 生官하므로 病이 된다。따라서 四柱가 淸한 것 같으면서도 濁이다。水運에는 凶은 없었으나、丑運에 刑厄을 당하였으며 有凶無吉이였으며 寅運에 申과 冲破하여 사망하였다。

◎ 上下貴乎情協。

上下가 貴한 것은 淸協한 것이다。

【原　註】天干地支 雖非相生 宜有情而不反背。

天干地支가 비록 相生은 아니더라도 마땅히 有情하고 反背가 아니 되어야 한다。

【解 說】『上下情協』이란 말은 干支가 서로 背反하지 않고 서로 護衛하여 주거나、비록 相生은 아니 되더라도 有情함을 말하는 것이다。

가령 傷官이 旺하여 官星이 약할 경우 財星이 支地에 得局하였다거나、官旺財多할 때 比劫이 地支에서 得局하였다거나、殺이 重한데 印綬가 支地에서 通關시켜 준다면 情協한 것이다。

무릇 身强한 四柱에는 殺이 淺하게 되는바 이때는 財星이 殺을 도와주어야 情協하며 殺旺身弱할 때 印綬가 通關해주는데 財星이 破印하면 不協이니 大禍가 발생한다。

己巳 癸酉 丙寅 庚寅

壬申 辛未 庚午 己巳 戊辰 丁卯

八月의 丙火이나 兩寅에서 長生을 얻고 또 年支에 祿을 얻어 不弱하여 官星을 用하기에 足하다。官星 역시 財위에 있으며 己土에 損傷되는듯 하나、妙한 것은 巳酉가 拱金을 하여 順勢力하기에 土를 洩하여 生官함이며 一生不凶하고 名利兩全하였다。

癸亥 癸亥 丙辰 甲午

壬戌 辛酉 庚申 己未 戊午 丁巳

此命은 甲木洩水生火가 妙하고 衰木이 亥에서 長生하는게 또 妙하며 丙火가 午에 陽인을 得하였으니 自手成家하여 發財數萬也이다。

甲寅 庚午 乙卯 丙子

辛未 壬申 癸酉 甲戌 乙亥 丙子

乙木이 祿旺인데 甲木도 역시 祿旺地에 있고 時에 子水가 生水하니 비록 失時하였어도 不弱한데 月干庚金이 뿌리가 없음이、애석하며 丙火로부터 損傷됨이다。따라서 丙火를 用하는데 行運이 不利하다。

乙丑 己卯

戊寅 丁丑 丙子

己土財星이 丑에 祿旺한 것 같으나 乙木과 卯木에 剋破당하여 不足하며 初運土에는 遺業이 자못 풍부하였으나、乙亥에 上下가 無情하여 削髮爲僧하고 이어서 얼어 죽었다。

乙亥
壬午

乙亥 甲戌 癸酉

◎ 左右 貴乎同志。

左右가 貴한 것은 同志로 한다。

【原 註】上下左右 雖不全一氣之物 須生化不錯。

上下左右가 비록 一氣가 아니나 모름지기 生化되고 섞임이 없어야 한다。

【解 說】左右同志란 말은 右左가 生扶하여 亂雜되지 아니하고 通關 또는 制化됨을 말함이니、가령 殺이 重하고 身弱하면 羊刃이 있어 合殺하거나 印綬가 있어 通關시키는 경우 同志를 얻은 것이며、身旺殺弱할 경우 財星이 있어 殺을 生助하고 또는 官星이 殺을 도우는 경우 同志이며 身旺殺旺의 경우는 食神傷官이 있어 制之해 줄때는 모두 同志를 얻은 것이다。

무릇 日主의 喜神은 가깝게 透露하여야 하며 殺이 喜神일 경우는 財星을 즐거워 하고 殺이 忌神인 경우에는 食傷을 즐거워 하며、印星이 忌神일 경우는 財星을 얻어야 하며 財星이 忌神일 경우는 比劫이 있어야 하며 日主의 喜神은 閑神이 生助하고 爭妒를 아니하며 日主의 忌神은 閑神이 制伏하여 肆逞하지 아니하게 하면 이는 모두 日主의 同志가 되는 것이다。

壬申
丙午
庚午
庚辰

丁未 戊申 己酉 庚戌 辛亥 壬子 癸丑

庚金이 五月에 生하여 丙火가 透出하고 坐에 또 午를 얻으니、殺旺하다。그러나、庚金 역시 辰土가 晦火하고、生助하며 壬水가 制殺하니、日主 또한 약하지 아니하다。따라서 辰土를 同志로 하고 壬水을 用神으로 하니、行運이 순탄하여 大發하였다。

壬午　丁未
丙午　戊申
庚申　己酉
戊寅　庚戌
　　　辛亥
　　　壬子

前造와 비슷하나, 壬水가 絶地에 앉고 申金이 時寅과 冲破를 하며, 특히 不吉한 것은 時上戊土가 壬水을 손상시키니, 前造와는 천연지차가 난다. 따라서 左右에 同志를 얻지 못할이니, 一生동안 不發로 끝났다.

◎ 始其所始 終其所終 富貴福壽 永乎無窮。

始作에서 始作하고 끝나는 곳에서 끝나는 것은 富貴와 福壽가 영원히 無窮하리라。

【原　註】年月爲始 日時不反背之 日時爲終 年月不妒忌之 凡局中所喜之神 引於時支 有所歸者 爲始終得所 則富貴福壽 永乎無窮矣。

年月에서 始作으로 하면 日時는 背反하지 아니하고, 日時에서 끝맺음은 年月이 妒忌하지 아니하는 것이니, 무릇 局中의 喜神을 時支에서 이끌어 주어 돌아 가는바 있으면 시작과 끝 끝냄의 順序를 얻은 것이니, 곧부귀수복이 영구하다。

【解　說】始와 終은 干支가 流通되어 接續相生이 구슬을 꿴것처럼 끊어지지 않고 있음을 말하니, 五行을 모두 만족하게 갖추면 혹 合하는 情도 있을 것이고 서로 견제하기도 하고 護衛도 하여 純粹하게 될 것이다。喜神은 生地를 만나고 忌神은 무근하고 剋을 받으며 閑神은 忌物과 作黨하지 아니하고 忌神은 合去하여 功이 되게 하여 四柱干支에 한 字도 버릴것이 없어야 하니, 格을 輔하고 用을 도와서 喜用이 有情하다면 富貴壽福을 아니 할 수 있겠는가?

壬寅　乙巳
甲辰　丙午
　　　丁未

年干壬水에서 부터 始作하여 日支亥水에서 相生이 끝난다。傷官이 비록 당령하나, 印綬가 制之하여 有情하다。

丁亥
己酉

戊申 己酉 庚戌 辛亥 壬子

年、月、日이 背反되지 아니하고 日時가 妒忌하지 아니하여 始終 서로 護衛하여 貴가 二品에 이르렀으며 富百萬에 子女가 창성하였고 수도 八旬이였다。

戊戌
庚申
癸亥
乙卯

辛酉 壬戌 癸亥 甲子 乙丑 丙寅 丁卯 戊辰

年柱에서 시작하여 月柱를 生하고 月柱는 日柱를 생하고 日柱는 時柱를 接續相生하며 爭妒함이 없고 戊中財星이 妙하며 官淸印正이 分明하며 子가 十三名에 富貴하고 壽가 九旬이 넘었다。

甲子
丙寅
己巳
辛未

丁卯 戊辰 己巳 庚午 辛未 壬申 癸酉 甲戌

年支子水에서 時干辛金까지 접속상생되며 天地가 有情하다。科甲聯登하여 貴가 一品에 이르렀으며、자손이 모두 科甲하여 貴와 富를 兼全하고 수가 九旬이 넘었다。

形　象

◎ 兩氣合而成象 象不可破也。

양기가 합하여 象을 이루면 그 象은 破됨이 不可하다。

【原　註】 天干屬木 地支屬火 天干屬火 地支屬木 其象則一 若見金水則破 餘倣此。

天干이 木에 속하면 地支는 火에 속하고 天干이 火에 속하면 地支는 木에 속하여 그 象은 하나가 될 것이니, 만약 金水를 만나 破하면 不可하니 나머지도 이와 같은 것이다。

【解 說】 兩氣雙淸은 유독히 木火二形만을 말하는게 아니고 土金、金水、水木、木火、火土등의 相生됨이 각각 半으로 成象됨을 말하며 五局의 相剋도 역시 같은 것이니, 즉 木土、土水、水火、火金、金木등의 각각 半으로 相敵되였음을 말한다。(이 때는 通關하는 것으로 取用한다)

相生은 내가 生하여 줌을 要하니, 秀氣流行이 될 것이고 相剋은 내가 剋함은 要하니, 日主가 傷하지 않게 함이다。

相生은 반듯이 平分되어야 부족하거나, 많거나, 간에 取할 걱정이 없는 것이요。

相剋은 모름지기 均敵되어야 偏重하거나 偏輕하거나 간에 걱정할 바가 없게 되는 것이다。만약 金水를 用한 즉 火土의 混雜됨이 不利하고 水木을 取한 즉 土金이 交爭됨은 不可한 것이다。

木火成象은 金水가 破局함을 가장 두려워 하는 것이고 水火得濟는 土가 止水함을 더욱 꺼리는 것이다。

格이 이미 이와 같이 이루어졌을 때는 運路도 역시 이러하며 淸한 運行이면 벼슬과 祿이 클 것이나, 混亂한 運으로 간다면 職業은 물론 가정까지도 두려움이 클것이다。그러므로 이격이 보는법이 어려워우니, 자세히 살필 것이다。

甲午 丁卯 甲午 丁卯

戊辰 己巳 庚午 辛未 壬申 癸酉

木火가 각각 半半으로 兩氣가 成象되었으니, 丁火傷官을 취용하므로써 秀氣菁英하다 四柱에 金水가 全無하여 純粹하며 行運南方火運에는 名高 財利하나, 西方金運에는 大凶하였다。

丁卯 乙巳

甲辰 癸卯 壬寅

此造는 木火各半으로 양기성상되었으나, 전조와 다른것은 前造는 傷官이 秀氣하고 이 四柱는 印綬가 되어 火勢가 炎上함이 불리 하다, 따라서 金水運이 不利하고 兩氣가 同心이

丁 乙
卯 巳

辛丑 庚子 己亥

니 順勢에 發하고 逆運은 凶하다。

丙 戊 丙 戊
午 戌 午 戌

己亥 庚子 辛丑 壬寅 癸卯 甲辰

火土各半 食神取用하니、秀氣가 流行하다 辛丑에 晦火 秀氣하니 登科甲하여 壬運 壬年에 內火가 水를 激하여 火滅하니 大禍가 發生하여 사망하였다。

右命은 兩戌이 辰으로만 바뀌었어도 燥烈하지 않으니、비록 水運을 만났어도 大凶은 免하였을 것이다。

戊 辛 戊 辛
戌 酉 戌 酉

壬戌 癸亥 甲子 乙丑 丙寅 丁卯

土金各半이 辛金으로서 兩氣가 成象되었으니、取用한다。北方行運에 秀氣流行하여 少年에 登科하였으나、丙運에 들어서서 박탈되었으니、무릇 兩氣成象格은 日主를 생함이 不可하고 食傷이 되어야 英華秀發하고 富貴하는 것이다。 그러나、局이 破損되고 運이 나쁘면 그 禍를 免하기 어려운 것이 그 특징이다。

戊 癸 戊 癸
戌 亥 戌 亥

甲子 乙丑 丙寅 丁卯 戊辰 己巳

水土各半으로 兩氣가 成象이 되였다。日主가 燥土에 通根함이、아름다우며 보기엔 稍寒한 것 같으나、丙運에 이르러 寒土가 逢陽하여 登科甲하고 다시 妙한 것은 亥中甲木이 暗生해 주니 郡守로서 平坦하게 지났다。

癸 己 癸 己
亥 未 亥 未

戊午 丁巳 丙辰 乙卯 甲寅 癸丑 壬子

土水各半인데 殺이 純全하고 제합이 없으니、主가 損傷을 너무 받아 初年 火土運에 忌神이 得地하여 한가로이 앉아 風流나 읊다가 乙卯大運에 制殺化權하여 현령으로서 발탁 되었다。그러니 兩氣成象은 生局은 食傷運이 아름답고 印局에 秀氣가 없으면 아름다움이 부족하고 財局에 身과 財가 균등하면 日主本氣가 無傷이나、運程이 日主를 도우면 아름답다。

※ 모름지기 兩氣成象格은 破局을 大忌하니 만약 破局되면 大禍가 發生한다。

◎ 五氣聚而成形 形不可害也。

五氣가 모여 成形이 되면 그 形은 害함이 不可하다。

【原 註】木必得水以生之 火以行之 土以培之 金以成之 是以成形於要緊之地 或過 或缺 則害 餘皆倣之。

木은 반듯이 水를 얻어 生하고 火로 行하고 土로써 培양하고 金으로써 成器하는 것이니、이렇게 成形함이 가장 緊要하다。혹 지나치고 혹 부족한즉 害가 되는 것이니 다른 것도 이와 같다。

【解 說】木의 成形에 있어서는 食神이 洩氣하면 水로서 生하여야 하고 官殺이 交加하면 火地로 行하고 印綬가 重疊하면、土로서 培하고 財가 輕하고 比劫이 重하면、金이 있어야 이룰 수 있는 것이다。

무릇 成形은 用神이 生地를 얻고 偏枯하지 않으며 病神이 없어야 하니、이때는 어찌 근심이 있겠으며 名利가 따르지 않겠는가? 四柱內에서 이루어 짐이 없으면 歲運에서라도 이루어야 하는데 歲運에서도 成處가 없으면 終身토록 뜻은 있으나、펴지 못할 것이고 凶은 많고 吉은 적을 것이다。

本論이 이러하니、다른것도 이에 준하기 바란다。

壬戌
壬子
甲子
戊辰

癸丑 甲寅 乙卯 丙辰 丁巳 戊午 己未

水勢가 猖旺하여 木浮하는 것 같으나、時柱戊土가 年支戌燥土에 根固하니、爲功이다。만약 辰土만 있고 戊土가 없다면 水蕩할 것이다。戊土가 홀로 百川을 止水치 못할 것이니、火旺地에 이르러 發財數萬이다。

戊寅
乙卯

丙辰 丁巳 戊午 己未

支가 모두 東方木으로 木이 난폭하다、時에 弱金이 成形不足이나 可用이다。初火土運은 木洩土生하여 無凶이나 큰발전은 없었고 庚申辛酉에 益發하여 牧師를 지내다 癸亥에 金生水하여 사망하였다。

甲辰　庚申
辛未　辛酉
　　　壬戌

癸未　甲寅
乙卯　癸丑
甲戌　壬子
乙亥　辛亥
　　　庚戌
　　　己酉
　　　戊申

柱中에 末土가 깊히 감추어졌고 日主가 戌土에 앉았으나、柱中에 火가 없으니、秀氣가 流通되지 않아서 不美스럽다。

行運 역시 逆行하니、일찍 祖業을 탕진하고 剋妻無子하였으니、四柱原局도 중요하지만 行運 역시 소홀히 할수가 없음을 알수가 있다。

◎ 獨象 喜行化地 而化神 要昌。

獨象은(曲直格、炎上格……等)化地로 行함이 즐거우니 化神은 왕성함을 요한다。

【原 註】一者爲獨 曲直炎上之類也 所生者爲化神 化神宜旺 則其氣流行 然後行財官之地方可。하나가 獨이니、曲直格、炎上格등의 類를 말하는 것이다。生하는 것을 化神으로 하니、化神은 마땅히 旺하여야 그 氣가 流行하며 다음에야 財官地로 行하여도 可하다。

【解 說】權은 한사람에게 있는 것이니、曲直格、炎上格 從革格、潤下格 稼穡格等을 말하는 것이다。 化는 食傷을 말하는 것이다。局中에 化神이 昌旺하고 歲運이 化神地로 나가면 名利가 모두 兼全할 것이다。

八字에 五行을 全部갖추면 진실로 合이 마땅하고 獨象이 乘權이면 역시 主는 光亨하리라。木日이 或 方局을 이루고 金의 混雜이 없으면 曲直으로 하고、火日이 或 方局을 이루고 水의 混雜이 없으면 炎上格으로 하고、土日이 四庫를 갖추고 木의 混雜이 없으면 稼穡格으로 하고 金日主가 方이나 局을 이루고 火의 混雜이 없으면 從革格으로 하고 水日이 方局을 이루고 土의 混雜이 없으면 潤下格으로 하는 것이니 이것은 모두 一方의 秀氣로 되고 體質이 自强한 것을 말한다。

가령 木局이 土運을 만나면 비록 財神의 資養이 좋은 것이라고 하지만 四柱中에 食神傷官이 반듯이 있어야 分爭의 염려가 없는 것이고、火運을 만나면、引通되여 英華發秀하지만 原局에 財星은 있고 印綬는 없어야 反剋의 災殃을 방지 할수 있는 것이고、金運을 만나면、破局이 되니 凶多吉少하고 水運을 만나면 原局에 火가 없어야 强神을 生助하니 主는 光亨하는 것이다。그런 까닭으로 從强說은 生旺地로 나가야 아름다운 것이다。

만약 四柱에 合함이 먼저 있으면 반듯이 主身은 凶禍에 臨할 것이며、가령 原局이 微伏되고 破神하면 운로에서 合이나 沖이 있어야 妙하게 되며 만약 本主가 失時되고 得局이면 반듯이 運路에서 生旺한 鄕을 만나야 功名이 있게된다。구차하게 조금 온 運이 破地를 우연히 다시 만나면 獨象은 바로 凶災를 보게 될 것이다。만약 局中에 食傷의 反剋이 강하게 있으면 어느 運이든 害는 없을 것이다。

총론컨대 天干은 領袖가 되는 神이나 陽氣는 强으로 하고 陰氣는 弱으로 하며 地支는 會格物이기 때문에 方의 힘은 重으로 비교 할수 있고 局의 힘은 輕으로 비교 할수 있는 것이다。獨象은 비록 아름다운 것이나、단지 運路에서 破局됨을 싫어하고 合象이 비록 雜이라 하나 喜神으로 制化하면 성공이 있는 것이다。

※ 方=寅卯辰、巳午未、申酉戌、亥子丑、等四時方。

局=亥卯未 寅午戌 巳酉丑 申子辰等 三合局。

甲寅
丁卯
甲辰
丙寅

戊辰 己巳 庚午 辛未 壬申 癸酉

地支에 寅卯辰 東方의 一氣를 갖추고 丙丁의 雜神이 洩氣菁華하니、少年에 登科하고 일찍 벼슬길이 光亨하였으며、財地로 行하여 나쁠것 같으나 原局에 食傷이 化刦의 功으로 吉하였고 金運에 가서 丙丁이 剋金하는 고로 凶함이 없었으며 壬運에 이르러 秀氣인 丙火를 破하여 降職歸하였다。

己未
丁丑

丙子 乙亥 甲戌 癸酉

天干戊己가 丁火印綬를 만나고 地支에 丑未가 重重하고 子丑이 合化土하니、眞稼穡格이 되였다。그러나、丑中辛金이 引出되지 않음과 局中에 二丁火로 부터 暗傷하여 生化의 妙를 얻지 못함이 부족하다。그러므로 子息을 두지 못하였다。만약 天干에 한 金이 透出하고 地

戊子 己未

壬申 辛未 庚午

支에 申酉金이 있었다면、多子할 수 있었다。

丙寅 甲午 丙戌 乙未

乙未 丙申 丁酉 戊戌 己亥 庚子 辛丑

支地가 全火局하고 天干이 木火이니、炎上格이 되였다。 그러나 애석한 것은 木이 旺하여 剋土하니、秀氣가 損傷됨이다。 그러므로 學問이 不足하여 武官으로 出身하였으며、水運에 이르러 木會局하며 剋土가 甚하니、降職하고 庚子運에 月令을 冲破하니 軍中에서 사망하였다。

庚申 乙酉 庚戌 庚辰

丙戌 丁亥 戊子 己丑 庚寅 辛卯 壬辰

乙庚合化金하고 申酉戌이 全하니 從革格이 되였다。 아까운 것은 柱中水가 없어 肅殺의 氣가 太銳하니 學問을 못하고 죽음 또한 아름답지 못하였다。 조그마한 武官으로 寅運에 戌과 會局하여 旺神을 거역하니 死亡하고 局中에 食傷이 없어 化氣流通이 되지 못한 연고이니라。

壬子 辛亥 癸丑 壬子

壬子 癸丑 甲寅 乙卯 丙辰 丁已

潤下眞格이 되었는데 行運이 順順하여 學問을 충분히 하였으므로 甲寅年에 登科하고 벼슬길이 순탄하였으니、原局에 食傷이 없어도 行運에서 得地하면、역시 秀氣流行됨을 알수 있다。

◎ 全象喜行財地 而財神要旺。

全象은 財地로 行함을 기뻐하니 財神이 旺함을 要한다。

【原 註】 三者爲全 有傷官而又有財也 主旺喜財旺 而不行官殺之地方可。

三者온전한 것은 傷官과 財星이 갖추어져 있는 것을 말하는 것이다。主가 旺하여 財旺을 기뻐할때는 官殺地로 가지 아니하는게 可하다。

【解 說】三者가 온전하다고 하는 것은 오로지 傷官과 財星만을 가르키는 것이 아니다。傷官生財하고 財官이 아울러있다면 이는 어찌 온전하다고 아니하겠는가? 傷官이 生財하고 日主가 旺相하면 財運이 마땅히 좋으나 이에 얽메이지 말고 사주에 比劫이 많고 財星이 比劫으로 부터 피해를 입으면 官運이 반듯이 아름답고 傷官運도 다시 아름다우니、局의 意向에 따라 定하여야 할 것이다。

日主가 旺하고 傷官이 輕하고 인수가 있으면 財星은 좋아하지만 官運은 좋지 아니하며 日主가 旺하고 財星이 輕하고 比劫이 있으면 官星은 좋아하나、財星은 꺼리는 것이며 財官이 並見하고 日主가 旺하면 財는 좋으나、官은 꺼리는 것이며 官印이 相生하고 日主가 休囚되면 印綬는 즐거우나 比劫은 꺼리는 것이니 무릇 論命함에 있어 한부분만 잡고 말하는 것은 옳지 아니하니、全局의 짜임새와 日主가 요구하는 쓰임새를 정확히 관찰할 것이다。

戊 申
丙 辰
丁 卯
甲 辰

丁巳 戊午 己未 庚申 辛酉 壬戌

丁卯日生이 季春에 生하여 傷官이 生財하나、木이 盛하고 土는 虛하여 學問을 못하였으며 辰土는 會合水하여 丙火로 하여금 爭財를 못하게 하니、庚申、辛酉運에서 大發하며 巨富가 되었다。

己 庚
辛 未
丙 午
丁 酉

庚午 己巳 戊辰 丁卯 丙寅 乙丑 甲子

丙火가 未月에 生하여 地支가 南方을 얻으니 太旺하다 火土傷官이 生財하나 丁火羊刃이 干透한 것이 不美하며 局中에 濕氣가 全無하고 比劫이 肆逞하니、祖業이 없고 부모가 일찍 사망하여 어려서부터 孤苦하게 자랐고 中年에도 餘寒하였으니 行運이 東南으로 가는 연고이며、妻、財、子、孫등에 아무것도 순한게 없다가 丑運에 이르러 晦火生金하고 會合金

局하니 發福하여 사업은 날로 번창하고 늦게 얻은 처에게서 두아들을 두고 九旬까지 처와 복을 함께 누렸으니, 어찌 運을 論하지 않을 수 있으랴。!

◎ 形全者宜損其有餘 形缺者宜補其不足。

形이 온전한 것은 남아 돌아가는 것을 마땅히 덜어야 하고 形象이 缺한 것은 부족함을 마땅히 補해야 한다。

【原 註】 如甲木生於寅卯辰月 丙火生於巳午未月 皆爲形全 戊土生於寅卯辰月 庚金生於巳午未月 皆爲形缺 餘倣此。

가령, 甲木이 寅卯辰月에 生하고 丙火가 巳午未月에 生하면 이 모두가 形全이 되는 것이며, 戊土가 寅卯辰月에 生하고 庚金이 巳午未에 生하면 이는 모두가 形缺이니 나머지도 모두 이에 준한다。

【解 說】 形全은 宜損이요 形缺는 宜補라는 말은 子平書에 旺則宜洩傷하고 衰則喜幫助한다는 것과 같은 것으로서 命書가 數萬卷이 전하여지나, 이 두 句節 四字를 벗어나지 못하는 것이니, 旺한것을 다루는 法은 딱 두가지 방법밖에 없으니 하나는 食神傷官으로 「洩氣」시키는 것이고, 또 하나는 官殺로서 制壓시키는 것이니, 이를 「傷」이라 하며 旺한 것을 取用하는데 이 두가지외에 다른 方法이 없는 것이다。

또 弱한 것을 다루는 법도 단 두가지 방법이 있으니, 하나는 比肩刦財로서 「幫助」하는 것이고 또 하나는 印綬로서 「生助」하는 것이니, 약한 것을 돕는데는 이 두가지 방법밖에 있을 수 없다。

그러면 「洩」「傷」「幇」「助」이 네가지 방법을 구분하여 설명해 보면,

「洩」해야할 경우는 日主가 旺相하고 柱中에 財星이나, 官星이 없거나, 있어도 無氣하여 쓸수 없을 때는 그 勢에 順從해야 하니 傷則害요, 洩則吉한 것이다。

「傷」해야할 경우는 日主가 旺相하고 比刦이 重重한데 柱中에 官星이 약할 때는 洩하면 약한 官星이 더욱 損傷되니, 반듯이 「傷」(官殺로 억제함)해야 한다。

「幫」해야 할 경우는 日主가 衰弱한데 財星이 重重하면 印綬로 生助하면 旺財가 激動하니 比劫으로 幫해야 하며

「助」해야 할 경우는 日主가 衰弱한데 官殺이 많으면 印綬로서 通關해야 한다。

※ 本文은 重要하므로 뒤의 體用章에 별도로 만들어 놓은 도표로 완전히 숙지하기 바란다。

丁丑
庚戌
庚子
甲申

己酉 戊申 丁未 丙午 乙巳 甲辰

秋金이 銳利하고 官星이 虛脫하나、戌庫에 通根되므로 버릴수는 없다。따라서、本造는 傷則吉이요、洩則官星이 損傷되니、불길하다。初年 金운은 火의 絶地임과 동시에 晦火가 되므로 凶하였고 이어서 火木運에 家業이 나날이 발전하였고 부와 貴까지도 兼하였다。

戊申
壬戌
庚申
乙酉

癸亥 甲子 乙丑 丙寅 丁卯 戊辰

此造는 乙木이 合化金하고 柱中에 官星이 없으며 壬水가 透出하여 유력하니 洩則吉이요、傷則不吉하다。初年水運에는 壬水가 得地하여 하는일이 마음먹은 대로 착착 잘 진행되여 크게 부자가 되었으나、丙寅運에 이르러 旺神을 거역하니 祝融의 (火災)害를 입고 점점 기울어져 衣食마저도 연명하지 못하고 끝내는 自殺로서 一生을 마쳤다。

庚申
辛巳
丙辰
乙未

壬午 癸未 甲申 乙酉 丙戌 丁亥 戊子

丙火가 巳月에 生하니、祿地가 되어 旺한듯 하나 庚辛金이 兩透하고 得地하였으며 印綬를 損傷시키니 弱함을 쉽게 알수 있다。따라서 財多身弱이니 幫則吉이요 助則不利함을 쉽게 알수 있다。그러나 行運이 不利하여 심한 곤란을 겪다가 丙戌運에 조금의 발전은 있었다。

壬子
癸丑

甲寅 乙卯 丙辰

丙火가 丑月에 生하고 官殺이 多透하니、殺多身弱하다。따라서、幫則凶이요。生助則吉하다。

丙午 丁巳
壬辰 戊午 己未

方局 上

◎ 方是方兮局是局 方要得方莫混局。

方은 方으로 하고 局은 局으로 하는 것이며 方은 반듯이 方을 얻어야 하며 混局은 하지 말아야한다。

【原 註】 寅卯辰 東方也 搭一亥或卯或未 則太過 豈不爲混局哉。

寅卯辰은 東方이니 亥卯未本局이 더 있으면 太過할 것이니 어찌 混局이라 아니 하리오。

【解 說】 十二支地에 寅卯辰을 東方으로 하고 巳午未를 南方으로 하며 申酉戌을 西方으로 하고 亥子丑을 北方으로 하는 것이니、무릇 方三字는 온전히 成方이 되는 것이다。가령 寅卯辰이 온전하면 그 力量이 亥卯未木局보다 強力한 것이다。戊日이 寅月을 만나 方三字를 얻으면 殺로 보는 것이고 卯月을 만나 方三字를 얻으면 官으로 하는 것이다。己日은 反對가 되며 辰月을 만나면 寅卯의 勢를 보아 그 力量의 輕重을 比較하여 官인지、殺인지를 분별할 것이다。

그 나머지도 이에 준할 것이다。만약 二字를 얻음은 해당되지 않는 것이니、混方局의 理致를 따지지 말아라。

木方에 亥字를 얻으면 生旺神으로 하고 未字는 剋物이니、財가 되고 또한 木의 盤根地이니 害가 없는 것이다。곧 三合木局을 쓰임에 어찌 土가 섞였다고 損害가 있겠는가? 따라서 작용하는 정도는 局의 쓰임은 많으나、方의 쓰임은 狹少한 것이니、方을 따지지 말고 달리 궁리하라。

甲寅 戊辰 己巳

成木方인데 未字가 들어 있으며 未字가 있으므로 戊日主에 虛脫을 막고 있는데 甲木이

丁卯	庚午 辛未 壬申 癸酉 甲戌
戊辰	
己未	

透出하여 作殺하고 있으니, 官으로 取급함은 不可요 殺이 된다。 따라서 身과殺이 兩旺하니 貴命이다。 비록 官殺이 混雜된 것 같으나、 이때는 混雜되도 無妨이니라 一品벼슬에 이르렀고 이러한 때는 混局이라하지 않는다。

丙辰	辛卯 壬辰 癸巳 甲午 丙申 丁酉
庚寅	
乙卯	
丁亥	

支地가 木方成局하였는데 庚金이 透出하였으나、 丙火에 損剋됨으로 庚金이 病神이 되였다、 本造는 木火通明으로서 時支에 亥水가 妙하다 運路西方金運에 大凶할 것 같으나、 亥水가 通關하므로 極凶은 免하고 落職만 하였다(一品벼슬)。

◎ 局混方兮有純疵 行運喜南 或喜北。

局이 方과 섞이면 純粹한 病이니、 行運이 南이나、 또는 北으로 가는 것을 기뻐한다。

【原 註】 亥卯未木局 混一寅辰則 太强 行運南北 則有純疵 不能俱利。

亥、卯、未、木局에 寅이나、辰이 섞이면 太强하니、 行運이 南北으로 가면 純粹한 病이 되여 利로움을 갖출 수 없다。

【解 說】 地支가 三合이 되면 成局이 되고 亥卯未木局 寅午戌火局 巳酉丑金局 申子辰水局등이며 모두 生地와 旺地와 墓地가 모여 三合會局이 된 것이니、 이는 一氣가 시작부터 끝까지의 자리인 것이다。

柱中에 이 三字가 合勢하면 吉凶의 힘이 비교적 크다。 그중 二字만 모여도 局이 成立되지만 旺地로 위주하는 것이다。 다시 말하면 亥卯未 三合局에 있어서 卯字가 들어있는 二合을 말하니、 亥卯와 卯未를 말하는 것이고、 亥未는 그 작용이 적은 것이다。

무릇 會局은 冲을 꺼리는 것이니, 가령 亥卯未局에 酉나 丑이 섞여 있음을 말하고 특히 바싹 붙어있으면 더욱 나쁜 破局이 되는 것이다.

또 二字의 會局은 건너 뛰어서 있는 것보다 바로 옆에 붙어있는 것이 좋고 冲을 만나면 역시 破局이 되는 것이다.

다른 글자를 사이에 두고 건너뛴 冲은 無力한 것이니. 모름지기 天干에 투출한 것을 보고 가히 用神을 잡을 것이다.

또한 寅子를 얻으면 同氣가 되는 것이고 辰字를 얻어도 이것이 東方습토이니, 餘氣가 되어 능히 木神을 生하는 것이니, 얽혀져 있은들 어찌 損이 되리요?

行運을 南北으로 나누어 말한 것은 모름지기 局中의 意向을 보고 取用할 것이니, 가령 本局에 日主가 甲乙이고 四柱가 純木이면 다른 字의 混雜이 아니니, 行運이 南으로 가야 秀氣가 流行할 것이요, 行運이 北으로 가면 强神을 다시 生助하니, 病될게 없으나, 혹 天干에 火가 있을 때는 北方行이 凶하다. 木論이 이러하니 다른 것도 이에 준한다.

甲寅 乙亥 乙卯 癸未

丙子 丁丑 戊寅 己卯 庚辰 辛巳 壬午 癸未

亥卯未木全局에 寅字가 있고 四柱에 金이 없다. 따라서 從强格인데 東南北이 다 利롭고 西方金運만 不吉인데, 中年運인 庚辰辛巳에 刑喪하였고 壬午癸未에 名利兩全하였으며, 少年에 科甲하였다.

甲丁 庚卯

戊辰 己巳 庚午

木局에 寅字가 섞여 있으며 丁火食神이 透出하니 前造와 같이 從强이 될수 없다. 巳運에 이르러 登科하고 庚午辛未運요 金의 敗地인고로 體와 用이 不傷하니 平坦하였고 壬申運에

乙未 辛未、
丁亥 壬申

木火가 모두 傷하니 破局이 되여 軍中에서 死亡하였으니 앞의 四柱는 從强格이 되여 南北이 모두利로우나 本四柱는 火가 透出했으므로 西北이 모두 害가 되니이로서 局에 方이 섞임은 重害임을 알수 있다。

方局下

◎ 若然方局一齊來 須是干頭無反覆。

만약 方과 局이 함께 오면 모름지기 天干이 反覆되지 말아야 한다。

【原 註】 木局木方全者 須要天干全順得序 行運不背乃好。

木局과 木方이 온전한 者는 모름지기 天干이 順氣되는 것을 要하고 行運이 背向하지 아니 하여야 좋다。

【解 說】 方은 寅卯辰、巳午未、申酉戌、亥子丑등을 말할이며、局은 亥卯未、寅午戌、巳酉丑 申子辰을 말하는 것이다。

「一齊來」란 말은方에 局이 섞여 오거나 局에 方이 섞여옴을 말하니、

예컨데 寅、卯、辰、東方에 亥未가 있거나、亥、卯、未、木局에 寅辰이 섞여 있고 巳、午、未、南火方에 寅、戌이 섞여 있거나、申酉戌西方金에 巳丑이 섞여 있거나、巳酉丑金局에 申戌이 섞여 있고 亥子丑北方水에 申辰이 섞여 있고 申、子、辰、水局에 丑亥가 섞여 있다면 一齊來가 되는 것이며、「干頭無反覆」이란 말은 方이나 局에 齊來 하여 其氣가 旺盛하면 天干에도 順氣勢를 要하고 剋傷됨은 不可하다는 말이다。

예컨대 地支가 寅卯辰木方인데 他支에 亥未가 있거나、또는 亥卯未木局인데、他支에 寅辰이 있고 日主가 木이라면、方局의 本氣가 透出되여 順氣勢가 되었음이니 이때는 金이 없어야 無反覆이요、金이 있으면、反覆이 되여 破格이 된다。왜냐하면、旺木을 金으로서 剋傷不能이 되는 연고라 하겠다。他方局도 이에 準하기 바란다。

무릇 方局이 成格이 되었을 경우에는 洩氣시키는 것이 秀氣가 流行하여 名利가 兩全할 것이요。印綬는 透出한 食傷을 剋하는 연고로 不美스럽다。만약 食神傷官이 透出됨이 없고 印綬가 透出되었나면 從强格이 될 것이니、이때는 旺神에 順氣勢되여 印綬도 吉한데 洩氣運은 더욱 吉하다。

총론컨데 方局이 成立되었다 해서 專旺格은 아니니 區別을 잘 해야 할 것이다。方局의 경우 天干에 食神傷官이 透出했다면 用이 되며 洩則吉이요、生助(印綬)則 凶이라 하겠다。

癸	乙	丁	甲
未	亥	卯	寅

甲戌 癸酉 壬申 辛未 庚午 己巳 戊辰

上命은 亥卯未木局에 寅이 섞여있고 日主 또한 木이니 局에 寅方이 齊來하였다。따라서 月干丁火가 用이 되는데 時干에 癸水가 透出하여 傷火하니、결함이라 하겠다。만약 癸水가 아니고 火土가 透干하였더라면 名利가 兩全하였을 것이다。

乙	甲	甲	丁
亥	寅	辰	卯

丁酉 戊戌 己亥 庚子 辛丑 壬寅 癸卯

木方에 水가 없으며 丁火가 透出하였으니、貴命이 되었다。行運이 西北行이라 섭섭하나、壽와 富貴를 누렸으니、原局에 病이 없음이라 하겠다。前造는 水透火傷이요 本造는 水藏火秀함이다르다。

◎ 成方干透一元神 生地庫地皆非福。

方을 이루었는데、天干에 한 元神이 透出하면 生地이건 庫地이건 모두福이될 수 없다。

【原 註】寅卯辰全者 日主甲乙木 則透元神而 又遇亥之生 未之庫 決不發福 惟純一火運略好。

寅卯辰이 모두 있는데 日主가 甲乙木이고 또 元神이 透出하고 生地인 亥와 庫地인 未를 얻으면 發福할 수 없는 것이요 火運으로 가는 것은 吉하다。

【解　說】「成方干透元神」이란 말은 日主가 方의 元神이 됨을 말하니, 가령 寅卯辰木方에 日主도 木이거나, 巳午未火方에日主로 丙丁火라면 元神이 透干된 것이다.

「生地庫地皆非福」이란 말은 元神의 生地이거나 庫地를 막론하고 福이 될수 없다는 말이니, 方旺者가 生助地에 아름다울 수가 없으며,

方旺者가 庫地를 만나면 合成局하여 幫助되니, 太旺하여 福이 될수 없음을 쉽게 알수 있다.

年、月、日、時干에 財官이 혼잡되지 아니하고 比劫이나 印綬가 있으면 從强格이 될 것이니, 生地庫地가 다 吉하고 洩氣運도 吉하나, 年月時干에 財官이 無氣力한데 다시 生旺地나 庫藏地로 行한다면 禍患이 연속되고 刑耗가 극심할 것이다.

癸卯	乙卯
丙辰	甲寅
甲辰	癸丑
丙寅	壬子
	辛亥
	庚戌

身旺用財格으로 癸水가 病이 되였다。遺業이 重厚하였으나, 運路가 背向하여 계속 실패하다가 亥生地運에 凍餓死하였다。

무릇 成方成局한 四柱는 먼저 財星과 官星을 살필 것이니, 만약 財星이 有氣하고 食傷이 도울때는 財星으로 用하고 洩星이 없고官星이 있는데 財星이 도운다면 官星으로 用을 삼을 것이다。

◎ 成局干透一官星 左邊右邊空碌碌。

局을이 루었는데, 한 官星이 天干에 透出하면 左거나 右이거나간에 용열하고 텅비게 될 것이다。

【原　註】甲乙日 遇亥卯未全者 庚辛乃木之官也 又見左辰右寅 則名利無成 詳例自見 甲乙日 單遇庚辛 則亦無成。

甲乙日干에 亥卯未가 모두있고 庚辛金이 透出하고 또 寅이건 辰이건 간이 있다면 名利 모두 無成이고 庚辛兩金이 透出하였더라도 역시 無成이리라。

【解 說】地支가 木會局일때 日柱가 木의 元神인 甲乙木日이라면 木成局이 되었으니、他干頭에 庚辛戊己等財官이 透出하였다 하더라도 虛脫하고 無氣力하므로 地支中 申酉丑等이 있어야 財官이 通氣되여 貴命이 된다。그런데、反對로 申酉丑이 없고 寅辰等 木方이 다시 있다면、木勢가 太盛하고 金氣는 더욱 衰하여 질 것이니、終身토록 空碌할 것이고、名利가 無成할 것이다。이때 行運이 官殺鄕으로 간다면 若간의 發達은 있겠으나、다만 柱中에 食神傷官이 無力할 때이고 柱中에 食神傷官이 有力하다면 行運 官殺地가 不美스럽다。他成局도 이에 準하기 바란다。

辛未
辛卯
乙未
丁亥

庚寅 己丑 戊子 丁亥 丙戌 乙酉 甲申

本命造는 木局에 乙木日主인데 辛金이 無根하고 虛脫한데 時干丁火가 透出하였으니 用하는데、(만약 丁火가 無透하였다면、行運이 西方行이어야 될 것이다。)

初年土金運은 奔走하나 未達이요 丁亥運에는 生木制殺하여 軍將校로 上昇하고 丙戌運에 大發하였음은 病인 辛金을 剋한 연고이며 酉運에 破職되였으니、辛金病이 得祿하여 月令을 冲破하였기 때문이다。

辛未
辛卯
乙未
戊寅

庚寅 己丑 戊子 丁亥 丙戌 乙酉

本造는 三土兩金이므로、얼핏 보기에는 官星이 旺한듯 하나、根氣가 없어 虛脫하다。時干財星이 生官할듯 하나、역시 木이 太旺하므로 無力하니、初年 土金運엔 家業이 豊裕하였으나、丁亥運에 行入하여 制殺會局하므로 刑妻剋子하고、禍患이 連속 하다가 丙運에 反逆罪로 刑死하였다。本命造는 柱中에 食傷이 無力하여 官星用됨이요、前造는 食傷이 有力하여 설기시키는 星神이 用이 됨이라 하겠다。

庚寅
己卯
乙亥
癸未

庚辰 辛巳 壬午 癸未 甲申 乙酉

本命造는 成局에 財官星이 無根하여 虛脫하다。財를 用神으로 하고저 하나、財星이 會局하여 劫局으로 되니、己土가 虛脫하고 用官코저 하나、絶地에 臨하여 無力하고 食傷도 無透하였으니、用할 星神이 마땅하지가 않다。

따라서 爲人이 변덕이 많고 조잡해서 친구가 없으며 家業을 탕진하고 卜術業과 地理學을 하였으나、 신통치 않아 전전하다가 辛未年에 削髮하고 중이 되였다。

八 格

◎ **正財、偏財、正官、偏官、正印、偏印、食神、傷官、是也、財官印綬 分偏正 兼論食傷八格定。**

八格은 正財格、偏財格、正官格、偏官格、正印格、偏印格、食神格、傷官格을 말한다。
따라서、財官印綬는 偏과 正으로 나누고 아울러 食神傷官格을 合하여 八格이라 한다。

【原 註】 自形象氣局之外 而格爲最 格之眞者 月支之神 透於天干也 以散亂之天干 而尋其得所附於提綱非格也 自八格之外 若曲直五格 皆爲格 而方局氣象定之者 不可言格也 五格之外 飛天合祿 雖爲格 而可以破害刑冲論之者 亦不可言格也。

形象氣局外의 것을 말하는 것으로 이 八格을 格의 으뜸으로 하는 것이다。
眞格은 月支에 해당하는 神이 天干에 透出한 것으로 한다。 만약 天干에 透出하였으나、散亂하고 他神이 提綱되였으면 그것으로 取格함이 마땅하다。 八格外에 曲直五格도 格으로 하는 것이나、方局과 氣象은 格으로 말하지 않고 또 五格외에도 飛天合祿格도 비록 格으로 치나、破、害、刑、冲을 말함은 역시 不可하다。

【解 說】 지금까지 전하여지고 있는 命書들 중에 여러가지 格이 많으나、唐宗代以來로 諸位學者들 께서 實驗하여 言明한 바 正格과 變格으로 나누는데 正格은 八正格(正官格、偏官格、正印格、偏印格、正財格、偏財格、食神傷官格을 말하며 近來에는 羊刃格과 建祿格을 合하여 十格이라고도 하며 이 十格이 五行의 常禮인 것이다) 또 變格으로는 專旺五格(木曰曲直格、火曰炎上格、土曰稼穡格、金曰從革格、水曰潤下格)과 從格및 從化五格과 兩氣成象格을 말하며 其外諸格은 약 五十여 格이 있는 것으로 알려져 있으나、有形無形하여 學問的으로 立證이 되지 않으므로 正論이라고 할 수 없다。 가령 예를 들어 본다면 壬辰日을 壬騎龍背라 하고 壬寅日을 壬騎虎背라

하는데 그러면 壬午日을 壬騎馬背로 壬申日을 壬騎猴背로 壬戌日을 壬騎犬背로 壬子日을 壬騎鼠背로 하지 않는 理由는 무엇이겠는가? 또、六辛日에 逢子時면 이것을 六陰朝陽格이라、하는데 五陰이 다 陰인데 왜? 독특하게 辛金만 朝陽이라고 하는가? 또 六乙日에 逢子時면 鼠貴格이라 하는데 鼠는 耗(어지럽고 지저분함)인데 어찌 貴라 하며 또 貴格은 모두 時支에 있는 것으로 되어 있는데 他干支는 貴가 없을 수 있겠는가? 이、외에도 얼마든지 말할 수 있으나、모두 屬談謬說에 不過하니。後學者들은 혼동하지 않기 바란다。

무릇 五行의 正理之格法에 따라서 眞假格과 清濁을 살핀 연후에 분별하는 것이 順理라 하겠다。

格局잡는 法으로는 첫째 月令의 本氣가 天干에 透出하였나를 보고 透出하였다면 此格으로 보아야 마땅 하며、

둘째 月令의 所藏된 人元이 天干에 透出하였나를 보고 透出하였다면 此格으로 取用할 수 있으며

셋째 月支가 他支와 合함이 있고 合化된 本神이 天干에 透出하였다면、此格으로 取用할 수 있으며

넷째 他支의 本氣가 天干에 透出하여 有力하거나、他支의 合化된 本神이 透出하여 有力하면 此格으로 取用할 수 있으며、

다섯째 月令이 祿이나 刃이 되었다면、우선 此格이 되겠으나、可히 取할 格이 없을 때는 日主의 喜忌를 따져 天干에 透出하고 根深한 神으로 取格하면 되겠다。대체로 以上과 같은 法이 있으나、주의해야 할것은 日主의 喜忌를 深察하여 取格하여야 할 것이다。

庚辰 癸未 乙未 癸未

甲申 乙酉 丙戌 丁亥 戊子 己丑 庚寅

此造는 日主가 四支에 通根하고 兩癸水가 秀出하였다。潤土生金하니 庚金官星이 清하여、正官格을 取格하기에 섭섭함이 없다。初年酉運에 科甲하여 一生을 官界에 從事하고 安和하였다。

己丑

辛未 庚午

此造는 얼핏 보기에 官星이 清하여 貴格인 것 같으나、年上의 己土가 晦火剋壬하니 官星이

壬申
丁未
丙午

己巳 戊辰 丁卯 丙寅

損傷됨이 애석하며 柱中에 木이 透出함이 없어 前造에 比하면 그릇이 많이 작으며、運路 또한 火木運行이라 貴發은 못했으나、爲人이 깨끗하고 寒士로써 戊辰까지 지내다가 末年寅卯運은 자못 信望이 두터워 少貴는 누렸다。

癸未
乙卯
丙午
辛卯

甲寅 癸丑 壬子 辛亥 庚戌 己酉 戊申

此造는 官星이 淸하나、旺印이 洩氣深하여 비록 才가 뛰어나고 人品이 出衆하였으나、功名은 어정청하여 大才小用 하였다、原柱에 官星이 太弱하니、運路의 받침도 無用이였기 때문이다。

辛卯
丙申
癸卯
壬戌

乙未 甲午 癸巳 壬辰 辛卯 庚寅

此造는 印綬格이니 辛金爲用이다。따라서 丙火가 病이 되겠는데、時干에 壬水가 妙하여 藥이 되었다。

運路 癸巳에 金水逢生하여 科甲하고 壬辰運에 大發하였으며 辛卯庚寅運은 金이 蓋頭하였으므로 木이 生火不能이라 名利兩全하였다。

辛卯
丙申
癸卯
甲寅

乙未 甲午 癸巳 壬辰 辛卯 庚寅

前造와 비슷하나、다만 時柱만 다르다。亦是 印綬爲用하고 丙火가 病이 되는데 本造는 丙火를 抑制치 못하고 오히려 生하여 주니、有病無藥이라、애석하다。柱中에 官星이 없어 生印不能인데다가 寅木이 遙冲까지 하니、木多金缺하여 用神이 孤弱하다。그러나、格局이 正眞하고 印星이 秉令한 연고로 氣象이 높고 學問이 높아 八斗才誇하였으며 意氣가 晋의 元龍을 능가하고 文章이 漢武帝時人司馬를 능가하였으나、功名은 未能하였다。初年南方火運은 財散人離하고 壬은 衣食걱정은 아니하였으며 辰運에 幫身去病하여 小康財裕하였으며、辛卯庚寅에는 金이 無根하여、역시 未發이였다。

◎ 影響遙繫 既爲虛 雜氣財官 不可拘。

그림자와 소리가 멀리 매여 있는 것은 이미 虛한 것이니、雜氣財官을 고집함은 옳치 않은 것이다。

【原 註】飛天合祿之類 固爲影響遙繫而非格矣 如四季月生人 只當取土爲格 不可言雜氣財官 戊己日生於四季月者 當看人元透出天干者 取格 不可槪以雜氣財官論之 至於建祿月刦羊刃 亦當看月令中人元透於天干者取格 若不合氣象形局 則又無格矣 只取用神 用神又無所取 只得看其大勢 以皮面上 斷其窮通 不可執格論也。

『飛天合祿等』과 같은 類는 멀리 매여있는 그림자와 소리의 울림과 같아서 格이 될 수 없다。가령 四季月生人은 마땅히 土의 格으로 할 것이요、雜氣財官格으로 하지 말것이며、戊己日生이 四季月에 生한자는 그 人元이 天干에 透出한 것을 보아 取格할 것이고、이르러 建祿과 月令의 羊刃은 마땅히 月令中의 人元이 天干에 透出한 것으로서 取格할 것이며 만약 氣象形局이 不合한 즉 無格이니 다만 用神만을 取할 것이요、用神이 또、取할 만한 것이 없거든 그 大勢를 보아 表面上으로 窮通할 것이요、반듯이 格을 잡을려고 하지 말아라。

【說 解】『影響遙繫』란 말은 暗冲暗合等格을 말함이니、所謂飛天祿馬格을 이르는 것이라、此格은 正理에 어긋나는 俗된 說이므로 可히 따를 바가 없다는 것이다。

가령 庚子日、壬子日 辛亥日 癸亥日主가 他支에 子字나、亥字가 多數(三個이상)있을 경우에 飛天祿馬格이 된다 하는데、財官이 原局에 없어야 함을 要하고 있다。此『祿馬格』은 子字가 虛空으로 부터 午字를 冲來하여 庚日主에는 官星을 삼고 壬日主에는 財星을 삼는다고 한다。또 乙卯日主에 他支에 卯가 三個以上있을 때 卯는 戌을 暗合하여 財星으로 삼는다고 한다。

원래 冲은 散亂함이요、合은 化生함인데、어찌하여 冲來함을 取할 것인가?

또 四柱에 財官이 原存하여 貴格이되는 것인데、財官이 없어야 된다고 하겠는가?

또『雜氣財官格』도 畫蛇添足이라、아니 할 수 없다。四季月에 生함을 雜氣財官格으로 하고 있는데 辰戌丑未는 各各 三干을 所藏하고 있기 때문에 雜氣라 하니、寅申巳亥도 亦是 三干을 所藏하고 있으니、雜氣일진대 왜 財官格이라고 하지 않으며 四季月은 庫地이니、庫中餘氣는 取하면서 生地인 寅申巳亥中의 餘氣는 取하지 않는가?
本氣가 土이기 때문에 建祿이나 **羊刃은 될지언정** 雜氣財官格이라 함은 不可하다。따라서 四季月의 本氣나 혹은

所藏하고 있는 人元이 天干에 透出하였나를 보고 取格함이 可하니 혼동함이 없기를 바란다。

또 雜氣財官格은 冲을 좋아한다고 하였는데、더욱 理致에 어긋나는 말이다。예를 들어 본다면 甲木이 丑月에 生하였다고 하면、未의 冲을 즐겁다고 하니、丑中辛金官星이 튀어나와 作用을 하는 연고라 한다。이때 丑未冲을 할 경우 未中己土는 丑中 癸水를、未中丁火는 丑中 辛金을 傷하게 되어 破損될텐데 왜雜氣財官格은 冲을 좋아한다고 한겠는가?

무릇 學者들은 論命取格함에 있어서 五行의 正理를 따라야 할 것이다。理致와 正道대로 철저히 根源을 살펴보면 窮、通、天、壽가 自明하게 나타날 것이다。

格局이 正實하고 用神이 淸眞한데 行運이 安頓하면 一生 富貴가 兩全할 것이요、行運이 背行하면 有志難伸할 것이다。格이 破되고 用이 損됨은 無格에 無用이라 할 수 있으니、運路에서 補助할 때 小榮을 할 수 있으나、一生不發이요、運路마저도 背向한다면 가난하지 않으면 賤할 것이다。

또 格은 破되었으나、用神이 有力하거나、用神은 濁하나 格이 正實하다면 有病이니、行運에서 病을 제거해 줄 때 깊히 병든 사람이 좋은 약을 얻은 것이니、貴는 못하나 富는 할 수 있는 것이다。

己巳
庚午
丙午
甲午

己巳 戊辰 丁卯 丙寅 乙丑 甲子 癸亥

本造가 俗論에 飛天祿馬格이다。丙午日主가 三午를 支에 갖추었으며 柱中에 官星이 없으며 行運이 또한 中年까지 官星이 없으니、名利兩全할 것인데、실제의 人物은 그렇치 않았다。此造를 깊히 살펴보면、午中己土와 巳中庚金元神이 天干에 透出하였으니、火土傷官眞格이 되였다。初運 己巳戊辰運은 洩火生金하여 遺業이 豊厚하였고、丁卯丙寅木火運은 土金이 共히 損傷되여 妻와 四子를 잃고 家業을 破盡하였으며、刑厄까지 數次 당하다가 丑運에 이르러 北方濕土가 晦火生金하고 年支와 合化有情하여 크게 益發하여 大富生子하였으며 甲子癸亥北方運에 調候와 潤土가 養金하여 大財벌로 이름을 날렸으니、飛天祿馬格이라면、水運에 大忌하였을 것이니、俗談謬說임을 알 수 있다。

丁丑
癸卯
乙卯
己卯

壬寅 辛丑 庚子 己亥 戊戌 丁酉 丙申

此造는 乙卯日主가 三卯를 갖추었으니、飛天祿馬가 되었으나、己亥戊戌丁運에 大發하였으니、亦是 正理가 아니였음을 알 수 있다。

本造는 木이 極旺한 중에 年干의 丁火가 透出하였으니、秀氣精英하여 즐거운 중 癸水가 干透하여 火傷하고 있음이 애석하다。時干己土가 剋破할 것 같으나、絶地에 있는 己土로서는 癸水를 剋去할 능력이 없다。

初年 水運에는 刑喪破家하였고 戊戌丁運에 大富하였으니、만약 飛天祿馬格대로 한다면、戊戌丁運에 反對로 大敗하였을 것이다。

丁未
癸丑
甲辰
甲戌

壬子 辛亥 庚戌 己酉 戊申 丁未 丙午 乙巳

此造는 俗論에 雜氣財官格으로서 四庫冲을 하였으니、貴命이 되었어야 할텐데、甲木이 未辰中에 微弱하나마 通根하고 있는데 冲破損傷되었으니、財多身弱하며 月干癸水는 旺土가 冲動하므로 必傷하여 구제불능이 되었다。따라서 行運이 比刼行이라면、病中有藥이라 吉할 텐데 初年 壬子辛亥運은 그런대로 蔭庇有餘하였으나、庚戌以後에 財殺이 並旺하여 刑妻剋子하고 家產破盡하였으니 正理인 十正格과 變格十五格을 앞으로 硏究할 문제가 아닐 수 없다。

丁亥
癸丑
甲子
辛未

壬子 辛亥 庚戌 己酉 戊申 丁未 丙午

本造는 甲子日主가 丑月에 生하여 支元神 官印이 모두 透出하였으니、格局이 淸하고 中和를 이루었다。丑과 未가 冲할 것 같으나、柱中에 水勢가 乘權하고 遙隔되었으므로 冲不能이다。

따라서 本造는 土金水運이 모두 生化의 情이 있으나、格局이 寒한게 흠이라 學者로써 名聲은 있었으나、權力은 부족하였다。

以上 兩命造中 앞의 命造는 冲을만나 官印이 모두 傷하였으며、此造는 不冲하여 成名하였음을 알 수 있으니、墓庫逢冲必發이란 말이 옳지 않음을 알 수 있다。

體用

◎ 道有體用 不可以一端論也 要在扶之抑之得其宜。

道에는 體用이 있는 것이니, 하나를 잡고 論함은 不可한 것이다。 그 마땅함을 얻는데는 扶하고 抑하는데 있는 것이다。

【原 註】有以日主 爲體 提綱爲用 日主旺 則提綱之食神財官 皆爲我用 日主弱則提綱 有物幫身 以制其强神者 亦皆爲我用 提綱爲體 喜神爲用者 日主不能用乎提綱矣 提綱 食傷財官 太旺 則取年月時上印比 爲喜神 提綱印比太旺 則取年月時上食傷財官 爲喜神而用之 此二者 乃體用之正法也 有以四柱爲體 暗神爲用者 必四柱 俱無可用 方取暗沖暗合之神 有以四柱爲體 化神爲用 四柱 有合神 即以四柱爲體 而以化合之神可用者 爲用 有以化神爲體 四柱爲用 化之眞者 即以化神爲體 以四柱中與化神相生相剋者 取以爲用 有以四柱爲體 歲運爲用 有以喜神爲體 輔喜神之神 爲用 所喜之神 不能自用 以爲體用輔喜之神 有以格象爲體 日主爲用者 須八格氣象及 暗神 化神 忌神 客神 皆成一個體段 若是一面格象 與日主 無干者 或傷剋日主太過 或幫扶日主太過 中間 要尋體用分辨處 又無形迹 只得用日主自去引生喜神 別求一箇活路爲用矣 有以日主爲用 有用過於體者 如用食財 而財官食神 盡行隱伏 及太發露浮泛者 雖美 亦過度矣 有用立而體行者 有體立而用行者 正體用之理也 如用神不行於流行之地 且又行助體之運則不妙 有體用各立者 體用皆旺 不分勝負 行運 又無輕重上下則各立 有體用俱滯者 如木火俱旺 不遇金土則俱滯 不可一端定也 然體用之用 與用神之用 有分別 若以體用之用 爲用神 固不可 舍此以別求用神 又不可 只要斟酌體用眞了 於此 取緊要爲用神而二三四

五處用神者 的非妙造 須抑揚其重輕 母使有餘不足。

日主로서 體로 하고 提綱을 用으로 하는 것이다。 提綱된 食傷財官이 나의 用이 될수 있는 것이요。 日主가 弱하면 幇身하는 神이 提綱되어 나를 害하는 强神을 抑制하면 이는 모두 나의 用이며 提綱을 體로 하고 喜神을 用으로 하는 것은 日主의 用이 提綱됨이 없기 때문이다。 提綱이 食傷財官인데 太旺하면 年、月、時、上의 印綬나 比刦으로 取하여 喜神으로 하고 提綱이 印綬나 比刦인데 太旺이면、年、月、時、上에 食傷이나 財官을 取하여 喜神으로 쓸것이니、위의 두 法은 體用의 正法인 것이다。

四柱로서 體로 하고 暗神으로서 用으로 함이 있는데 이것은 반듯이 四柱에 用으로 쓸 것이 없는 때이니 방편책으로 暗冲暗合을 取하는 것이며 또 四柱를 體로하고 化神을 用으로 하는 경우가 있는데 이는 四柱의 合神이 있으면 곧 四柱를 體로 하고 化合神이 可用일 때 쓰는 것이며、또 化神으로서 體로 하고 四柱로서 用으로 하는 경우가 있는데 이는 化의 眞者 즉 化神이 體가 되고 四柱中에 化神이 相生이거나 相剋된 것으로서 用하는 것이며、또 四柱로서 體로 하고 歲運을 用으로 하고 喜神으로서 體로 하고 喜神을 돕는 것을 用으로 하는 경우가 있으니、이는 喜神이 스스로 用이 될수 없을 때이다、體用을 돕는 것을 喜神으로 하며 또 格象을 體로 하고 日主를 用으로 하는 경우가 있으니 八格氣象및 暗神 化神 忌神 客神이 모두 한개의 體段을 이루어 一面의 格象이 天干에 透出하지 아니 한 때이다、혹 日主를 傷剋함이 太過하고 혹 日主를 幇扶함이 大過하면 中間에 體用이 되는 것을 分辨하여 찾음이 중요하고 形迹이 없더라도 用을 얻어 日主가 自去하고 喜神이 이끌어 生할땐 한 活路의 用神을 별도로 求하여 쓸것이며、또 日主를 用하여 用이 體보다 過度할 때도 있으니 이것은 가령 用이 食傷이나 財가 되면 財官食傷이 隱伏될 때와 크게 發露하여 浮泛할때 인데 이때는 비록 아름다우나 역시 過度한 것이며、또 用을 세우고 體로 할때와 體를 세우고 用으로 할때가 있으니 이것은 옳바른 體用의 理致인 것이다。

가령 用神 運으로 流行하지 아니하고 體를 돕는 運으로 가면 不美한 것이다。 또 體와 用이 各各 달리 있을 때가 있고 體用이 各各旺하면 勝負을 나눌수 없을 때와 行運에 上下의 輕重이 分明치 않을 때가 있으니、이것은 體用이 또한 各立한 것을 말한다。 또體用이 함께 滯한 것이 있으니 가령 木火가 함께 旺하나 金土를 만나지 아니 하면 俱滯가 될 것이다。

따라서 한 부분만 잡고서 端定하는 것은 不可한 것이다。

그러나、體用에 있어서 쓰임이 用神과 分別되는 것이니、만약 體用의 쓰임을 用神으로 한다면、역시 不可한 것이다。이로써 달리 구하는 用神도 不可하니、다만 중요한 것은 體用의 眞을 찾는 것과 用神을 取하는 일이 緊要한 것이다。이어서 二개、三개、四개、五개의 用神은 妙造가 될수 없으니 모름지기 抑揚과 그 重輕을 보고 有餘와 不足을 살펴라。

【解 說】體란 말은 形象氣局을 말함이니、四柱八字에는 格을 構成하고 있는 個體가 있으니、各其個體五行의 配烈을 分別하여 格을 잡게 되는 것이다、日主를 體로 하여、他干支의 個體五行들의 喜忌를 보아 日主를 돕는 者를 用神으로 하고、用神을 돕는 者를 喜神으로 하며、日主를 해치는 者를 忌神으로 하고、忌神을 도우는 者를 害神으로 하며、其外者들은 閑神으로 區分하면 될 것이다。

本文末句에「要在扶之抑之得其宜」라 했으니、用神이 得所하고 透出하여야 함은 의심할 여지가 없는 것이다。旺한 者는 抑之로 하고 弱한 者는 扶之해야 함이 正法이라 고는 하나 動中에 靜이 있고、靜中에 動이 있으며、不易中變易이 있음이 또한 五行의 眞理인 것이다。

따라서 旺한 者는 抑之해야 하나、旺이 極에 達하여 抑之不能일 때는 反對로 扶之해야 하며 弱者는、마땅히 扶之해야 하나 弱이 極에 達하여 扶之不能일 때는 反對로 抑之함이 命理의 妙用인 것이다。極旺者를 抑 하면 反對로 激動하여 폭발하니、有害할 것이니、마땅히 그 强勢에 順從해야 하고 極弱者를 扶之할려면 이미 强勢에 順從하고 있음이 無功이 될 것이니、大禍가 發生하게 되므로 抑之해야 되는 것이다。

무릇 別格이 아닌 이상 用神의 取함을 총론컨대 日主가 提綱(祿旺)되여 旺하면 損者인 財星、官星、食神傷官中에서 用神을 取함이 可하고 日主가 休囚되어 衰弱할때는 幇助者인 比刼이나 印綬中에서 用함이 可한 것이다。

가령 十正格은

日主가 旺하고 印綬가 多할 때는 財星이 用이요、

日主가 旺하고 官殺이 輕하면 財星이 用이요、

日主가 旺하고 比劫이 많은 데財星이 없거나、있어도 無力하면 食神傷官이 用이요、

日主가 旺하고 官星이 輕하고 印綬가 旺하면 財星이 用이요。

日主가 弱하고 官殺이 旺하면 印綬가 用이요、

日主가 弱하고 食傷이 多할 때는 印綬가 用이요、

日主가 弱하고 財星이 重하면 比劫이 用이요、

日主가 弱하고 財官이 旺할 때는 幇助者나 制化者를 찾아 用하고

日主와 官殺이 比等할 때는 食傷이 用이요、

日主와 財星이 比等한 때는 印比가 用이요、

또 從化五格에 있어서는

日主가 無力하고 他干과 合됨이 있으면 合化格이 되니、合化된 五行이 體가 되며 合化된 體가 旺盛하면 食傷이 用이요、

合化된 體가 不足하면 化神을 生助하는 것으로 用하고、

또 從格에 있어서도 從한 强神이 體가 되며 用神은 從化格과 同一하다。

또 方局專旺五格에 있어서는

日主가 全局의 元神이 될 것이니、此格이 體가 되며 生助氣象(印、比劫、食傷)으로 用함이 可하며、或 食傷이 有力할 때는 財星으로 用할 때도 있으나、官殺이 用神이 됨은 없다。

四柱가 無格無局에 用神마저도 取할 것이 없고 어정쩡한 경우가 있는데、가령 用神이 될 者를 合去、冲去、剋去、하였거나格을 合去冲去剋去 했을 때인데 이러한 때는 用神이 日主를 도울 수도 없고 日主도 用神을 돌볼수가 없기 때문에 大運이나 歲運에서 損傷되고 있는 神을 구제해 줄때 小榮은 있으나 대체로 凶多吉少한 것이다。

原主에 말하기를 二、三、四、五用神者는 的妙造라 했는데 誤謬된 말로 생각된다。

四柱八字에는 用神은 하나뿐이요、다만 있다면、喜神은 될지언정 다른 방법이 또 있겠는가? 깊히 살펴서 정확한 一字를 取用함이 正理인 것이다。

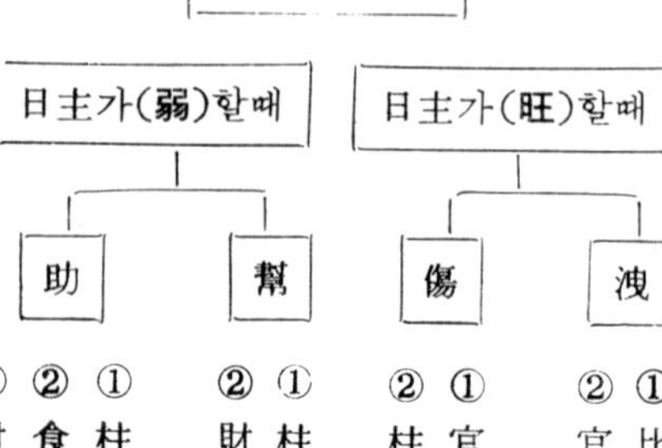

洩

① 比劫이 많고 財官이 無力할때는 食傷이 用神이고、

② 官殺과 日主의 勢力이 比等하고 印綬가 없을 때 食傷이 用神이다。

傷

① 官殺이 有力하거나、無力해도 損傷이 없으면 財또는 官星이 用神이며、

② 柱中에 印綬가 太旺할 때는 財星이 用神이다。

幫

① 柱中에 財星이 太旺하면、比劫이 用神이고、

② 財星과 日主가 勢力이 比等한데 官星이 없으면、比劫이 用神이다。

助

① 柱中에 官殺이 太旺하고 食傷이 無力하면 印綬가 用神이 되고、

② 食傷이 太旺하면 印綬가 用神이 된다。

③ 財星과 日主의 勢力이 比等한데 官星이 있으면 印綬가 用神이다。

癸丙甲丙
巳午午寅

辛庚己戊丁丙乙
丑子亥戌酉申未

本造는 午月의 丙火가 羊刃과 祿을 얻었는데、甲寅木이 生火하니、時干癸水로서는 強勢에 從하는 수 밖에 없다 따라서 順勢運인 木火土가 모두 吉할 터이데 섭섭한 것은 運이 西北金水地로 行하므로 申酉運에 刑厄과 破耗가 多端하였으며 亥運에 旺火가 激動하여 사망하였으니、旺極者를 抑之하면 反대로 凶함을 알수 있다。

戊庚丙丙
寅申申申

辛壬癸甲乙丙
酉戌亥子丑寅

此造는 丙火가 年支寅에 通根한 것 같으나、三申이 冲去하여 丙火의 뿌리가 뽑혔다。陽干은 勢力에 不從하는 것이나 一점 衣待할 곳이 없으므로 從하는 수 밖에 없다。運路가 順하여 乙丑까지 貴는 不足하였으나 富는 크게 하였으며、丙寅運에 망하였으니、剋弱者를 扶助하여 大禍가 發生함을 알수 있다。

精 神

◎ 人有精神 不可以一偏求也 要在損之益之得其中。

사람에게는 精神이 있는 것이며、한쪽으로 치우쳐 求함은 不可한 것이고 중요한 것은 損하고 益함에 있는 것이니 그 가운데서 얻을 것이다。

【原 註】 精氣神氣 皆元氣也 五行 大率以金水 爲精氣 木火爲神氣 而土所以實之者也 有神足不見其精而精自足者 有精足不見其神而神自足者 有精缺神索 而日主虛旺者 有精缺神索 而日主孤弱者 有神不足而精有餘者 有情不足而神有餘者 有情神俱缺而氣旺 有精神俱旺而氣衰 有精缺得神以助之者 有神缺得精以生之者 有精助精而精反洩無氣者 有神助神而神反斃無氣者 二者皆由氣以主之也 凡此皆不可以一偏求也 俱要損益其進退 不可使有過不及也。

精氣와 神氣는 모두 元氣이다。五行에 있어서 대체로 金水를 精氣로 하고 木火로서 神氣로 하고 土는 實로 하는 것이다。神은 足하게 있고 精은 없는데도 精이 스스로 足한 것이있고、精은 足하고 神은 없는데도 神이 스스로 足한 것이있는 것이고、精은 있는데 神이 缺하면 日主가 虛旺하고 精은 있는데 神이 缺하면 日主는 孤弱하고 神은 있으나、不足하고 精이 有餘한 것과 精은 있으나、不足하고 神이 有餘한 것과 精과 神이 함께 缺한데 氣는 旺하고 精과 神이 함께 旺한데、氣가 衰하고 精이 缺한데 神을 얻어 돕고 神이 缺한데 精을 얻어 生함이 있고 精이 精을 돕고 있으나、反對로 洩하여 無氣하고 神이 神을 돕고 있으나、反對로 斃하여 無氣한 것등은 모두 氣로써 主를 하는 것이다。

무릇 이들은 모두 한쪽으로만 치우쳐 求함이 不可한 것이다。損益과 進退를 함께 중요시 하여 過不足을 살필 것이다。

【解 說】精이라 하면 나를 生한 神이요、神이라고 하면 내가 生한 神이며 氣라 하면 精과 神을 一貫하여 일커르는 말이니 日主가 된다、精이 足하면 氣가 旺하고 氣가 旺하면 神 또한 旺하게 되는 것이다。五行에는 물론 사람에게도 精神氣가 根本이 되는 것이며 身體는 精神氣를 所藏하고 있는 體에 不過한 것이다。따라서 五行이 고루 流通生化되어 損과 益이 適當하면 精神氣가 모두 健全하니、貴命이 될 것이다。

氣가 壯하고 神이 淸한 것은 五行이 고루 生化流通됨이요、偏枯하고 雜亂함은 精과 神이 마르고 흩어져 버리니、爲人이 믿을 수가 없고 별덕이 많으며 疾病等으로도 辛苦하게 될 것이다。

그러므로 水泛木浮하면 木이 無精神이요、

木多火熾하면 火가 無精神이요、

火焰土焦하면 土가 無精神이요、

金多水弱하면 水가 無精神이 되는 것이다。

本文末句에 要在損之 益之得其中이라 하였으니、有餘하면 損해야 되고 不足하면 補益하여 損과 益의 그 가운데를 얻어야 된다는 말인데 有餘가 太過하면 그 旺勢力에 順應하여 洩氣하거나 오히려 補함이 옳은 것이요。損함은 不可하니 激怒하여 반대로 반항하게 되는 緣故라 하겠다。또한 不足이 太過하면 마땅이 補益하여야 되겠으나 補益하여도 받아들일 能力이 없기 때문에 반대로 制剋함이 옳은 것이니、이미 順從하고 있음이 無功이 되는 관계이다。이것이 損益의 妙用인 것이며 不可一偏求也라 하였으니、한 부분만 가지고 따지지 말 것이다。

또 原注에 金水로서 爲精氣하고 木火로 爲神氣하라。한말은 推命五行을 말하는 것이 아니고 人體의 五藏을 말하는 것이다。즉 金水는 肺와 腎이니 金水相生으로 속(裏)을 간직하니 精氣가 되고、木火는 肝과 心이니 木火相生으로 겉(表)이 되니 神氣가 되며、土는 脾臟이니 實(氣)이 되여 腎肝心脾로서、한 體를 刑成하는 것이다。

癸 酉　癸亥
甲 子　壬戌
　　　辛酉

本命造는 甲木이 精이 되며 戊土가 神이 되는데、甲木은 癸水로 부터 滋潤을 받고 寅祿에 通根有氣하며 戊土는 支戌에 通根하고 寅戌合化生土하며 日主 또한 甲木의 生을 받고

丙寅 庚申
戊戌 己未
戊午

寅戌通根有氣하니 精神氣가 모두 온전하다 하겠다。五行이 모두 生化流通되니 貴命이 되겠으며 行運이 東西南北 그 어느 곳에서도 不悖하며 一生을 貴와 富壽를 다 하였다。

癸未 甲寅
乙卯 癸丑
丙辰 壬子
庚寅 辛亥
庚戌
乙酉

本造는 五行이 모두 相生되고 있으며 四柱가 純粹하여 貴格인 것 같으나、자세히 살펴보면 偏枯하다。地支가 모두 東方木인데 비해 財官이 뿌리가 없고、虛弱한게 애석하다고 하겠다。日主는 木多火熾하고 있으며 辰春土는 庚金을 生하기에 부족이며 癸水는 生을 받지 못하고 洩氣만 되고 있으니、氣弊하고 神은 枯한 중 行運이 北方水라 木精氣만 돕고 있으니、終身 未發하고 말았다。

戊戌 甲子
乙丑 癸亥
丙辰 壬戌
己丑 辛酉
庚申
己未

此造는 女命으로서 四柱가 모두 土이니、마땅히 從兒格이 될 듯한데·乙木이 辰中에 通根하여 從도 不能하여 精神氣가 모두 枯涸하여 戌運中辛未年에 사망하였다。

月 令

◎ 月令乃提綱之府 譬之宅也 人元爲用事之神 宅之定向也 不可以不卜。

月令은 提綱의 府이니(곳집) 비유컨대 宅이요 人元은 用事의 神이니、宅의 定向인 것이다。가리여 쓰지 아니함은 不可하다。

【原 註】令星 乃三命之至要 氣象得令者吉 喜神得令者吉 令其可忽乎 月令 如人之家宅 支中之三元 定宅中之向道 不可以不卜 如寅月生人 立春後七日前 皆値戊土用事 八日後十四日前者 丙火用事 十五日後 甲木用事 知此則可以取格 可以取用矣。

令星은 三命에 있어서 지극히 중요한 것이니、氣象과 得令을 한 者는 吉하고 喜神이 得令한자도 吉하니 令을 소홀히 할수 있으랴? 月令은 가령 사람의 家宅과 같아 支中의 三元이 宅中의 向道를 定하는 것과 같으니、따지지 아니함은 不可한 것이다。가령 寅日生人이 立春後七日前까지는 戊土가 用事하고 八日後 十四日前까지는 丙火가 用事하고 十五日後는 甲木이 用事하리니、이를 알게된 즉 取格도 할수 있고 取用도 능히 할수 있으리라。

【解 說】 月令은 四柱推命에 있어서 가장 중요한 자리이며 氣、象、格局、用神이 모두 이 月令의 提綱司令에 지배를 받는 것이다。집으로 비유 해보면 月令은 家宅이요、司令人元은 向道라고 말할 수 있는 것이니、人元用事를아는데는 月令을 따지지 않을 수 없는 것이다。

地理元氣에 宇宙의 大關會는 氣運을 爲主로 하고 山川의 眞性情은 氣勢를 爲先한다고 하였으니 天氣가 위에서 動함에 따라 人元이 이에 應하고 地氣가 아래에서 動함에 따라 天氣가 이에 從하게 된다는 것이다。

따라서 地支司令人元은 반듯이 天干에 透出하여 引助함을 얻어야 하고 天干의 神은 반듯이 地支에 司令함을 要하는 것이니、天地가 서로 相應함이 重要하고 妙한 것이다。

가령 寅月生 戊土日主가 天干에 火土가 透出하였다면、寅中甲木은 비록 得時하였지만、戊土에 미치지 못하니 이를 가리켜 門衰地旺라 하고 天干에 水木이 透出하였다면 戊日主가 孤弱하니 이를 가리켜 地衰門旺이라 하여 이러한 때는 行運에서 衰神의 힘이 되어 주어야 吉하다。또 寅月生 戊土가 天干에 丙火가 透出하고 水의 損傷이 없다면 寒木이 火를 얻으니、門旺地旺이라 하여 繁華하고 福力이 범상하지 않을 것이다。

또 寅月의 戊土日主가 天干에 水木이 透出하고 支에 藏하면 門衰地衰하니 禍患이 百端으로 일어날 것이다。他月도 이에 準한다。

甲戌
丙寅

丁卯 戊辰 己巳 庚午 辛未

戊寅日主가 寅月生에 生하고 甲木이 透出한 중 日支 또한 寅木이라 殺旺身弱인 듯하나 兩丙火가 透出한 중 寅戌半合火局하니 殺印相生하여 弱中不弱하다。柱中에 金水가 全無하니、四柱가 清하여 少年 登甲하여 一生을 富와 貴를 兩全하였다。

戊寅
丙辰

壬申
癸酉

甲戌
丙寅
戊辰
庚申

丁卯
戊辰
己巳
庚午
辛未
壬申
癸酉

本命造는 얼핏보기에 앞의 四柱보다 좋은것 같은데 자세히 살펴 보면 時柱가 庚申이라 申辰水局하여 丙火를 損傷시키고 庚金은 日主를 洩氣하며 甲木을 損傷시키니、爲人이 배짱은 커서 일을 저질러 놓기만 하고 처리 不育이라 半平生을 형무소에서 옥살이를 하고 一生不發하였다。

生時

◎ 生時乃歸宿之地 譬之墓也 人元 爲用事之神 墓地定方也 不可以不辨。

生時는 歸宿地이니 비유 하건대 墓와 같은 것이고 人元은 用事의 神으로 하는 것이니、墓의 方을 定하는 것과 같으니、辨을 하지 않음은 不可하다。

【原 註】子時生人 前三刻三分壬水用事 後四刻七分 癸水用事 評其與寅月生人 戊土用事 何如 丙火用事 何如 甲木用事何如 局中所用之神 與壬水用事者何如 癸水用事者何如 窮其淺深 如墳墓之定方道 斯可以斷人之禍福 至同年月日而百人 各一應者 當究其時之先後 又論山川之異 世德之殊 十有九驗 其有不驗者 不過此則有官 彼則子多 此則多財 彼則妻美 爲小異耳 夫山川之異 不惟東西南北逈乎不同者 宜辨之 即一邑一家 而風聲氣習 不能一律也 世德之殊 不惟富貴貧淺 絕乎不侔者 宜辨之 即同門共戶 而善惡邪正 不能盡齊也 學者察此 可以知其興替矣。

【原 註】子時生人은 앞의 三刻三分은 壬水가 用事하고 後四刻七分은 癸水가 用事하는 것이니、寅月生人이 戊土

가 用事할 때는 어찌할 것이며 丙火가 用事할 때는 어찌 할 것이며、甲木이 用事할때는 어찌할 것인가?

또 局中에 用으로 쓰이는 神이 壬水가 用事할 때는 어찌할 것이며、癸水가 用事할 때는 어찌할 것인가?

窮通컨대、그 淺深이 墳墓의 方道를 定하는 것과 같으니 사람의 禍福을 斷定하는 것이라 하겠다。

同年、同月、同日에 生한 사람 百人이 있다면、各各 一應者일 것이나、마땅히 그 生時에 선후를 窮究하여야 하고 또 出生한 山川의 차이와 世德의 다름을 살펴 보면 十中九는 증험할 수 있는 것은 한쪽은 官에 있으면 다른 한쪽은 子多할 것이고、또 한쪽은 多財하면 다른 한쪽은 부인이 아름다울 것이니、조그마한 차이에 지나지 않을 것이니라。

또 山川의 차이는 東西南北이 같지 아니하고 迥이 같지 아니한 차이를 마땅히 辨論해야 하는 것이다。즉 한마을 한집에서 라도 風聲氣習이 一律일 수는 없을 것이며、世德의 차이와 富貴貧賤을 생각하지 않을 수 없고 絕이 같지 아니할 것이니、마땅히 辨論해야 할 것이다。

즉 同門共戶라도 善惡邪正이 같지 않을 것이니、學者들은 깊히 살펴보면 興替을 可히 알수 있을 것이다。

【解 說】 原注에 子時前三刻은 壬水가 用事하고 後四刻七分은 癸水를 用事하라 고 하였는데、子時前 三刻壬水는 亥中餘氣를 말하며 소위 밤子時를 말하며 月令에서 大雪 十日前은 壬水用事함과 같다。

生時 역시 月令人元用事의 支配를 받으며 서로 相附되는 것이니、日主의 喜時가 됨을 要하고 日主의 忌時가 됨은 不吉한 것이다。

비유컨대 生時의 喜忌는 墳墓의 穴道이고 所藏人元의 用事는 墳墓의 朝向과 같으니、그릇되게 判斷하지 말 것이다。따라서 穴은 吉한데 向이 凶하면 그 吉함이 減少되고、穴은 凶한데 向이 吉하면 그 凶함이 減少되는 것이다。

예를 들어 본다면、丙日主에 亥時生이라면 亥中壬水는 丙火의 煞이 되는 것이니、甲木을 얻어 用事할 경우 亥時 位置는 凶하고 亥中甲木은 吉하니、穴은 凶하고 向은 吉이 되며 또 辛日主가 未時生이라면、未中己土는 辛金의 印綬이니、丁火를 얻어 用事할 경우 位置는 吉하고 未土中 丁火는 辛金의 煞이므로 凶하여 穴은 吉하고 向

은 凶이라고 할수 있는 것이다。

理論은 비록 이러하나、陰宅에서 靑龍白虎가 天然的으로 잘 調和가 되어 있고 穴이 좋다면 向은 저절로 따르게 마련이고 藏風得水도 저절로 되게 마련이듯이 四柱에서도 五行이 고루 中和가 되어 있고 干支가 相應提綱되었다면 저절로 精神氣가 살게 마련이고 富貴또한 자연히 오게 마련인 것이다。

무릇 命造가 淸雅하고 偏枯함에 따라 人品 또한 厚하고 簿하고 端正하고 또는 私邪하게 되는 것이니、마땅히 형편과 상태를 잘 推斷할 것이다。

衰 旺

◎ 能知衰旺之眞機 其于三命之奧 思過半矣。

衰旺에 참된 기틀을 능히 알게 되면 그 三命의 깊은 이치를 알게 될 것이다。

【原 註】 旺則宜洩宜傷 衰則喜幇喜助 子平之理也 然旺中有衰者存 不可損也 衰中有旺者存 不可益也 旺之極者 不可損 以損在其中矣 衰之極者 不可益 以益在其中矣 至於實所 當損者而損之 反凶 實所 當益者而益之 反害 此眞機皆能知之 又何難於詳察三命之微奧乎。

旺하면 마땅히 洩氣하거나 傷해야 하고 衰則 幇助를 기뻐하는 것은 子平之理이나 旺한 가운데 衰한 것도 있는 것이니、이것은 損함이 不可하며 衰한 가운데 旺한 것도 있는 것이니、이것은 益함이 不可한 것이며 또한 旺이 極에 달한 것을 損함은 不可한 것이니 損이 그 가운데 있기 때문이다。

衰가 極에 달한 것은 益함이 不可한 것이니 益이 其中에 있기 때문이다。

이르러 實하여 마땅히 損해야 될것 같지만 損하면 反凶하고、極實하여 마땅히 益해야 될것 같으나、益하면 反對로 害가 되는 경우가 있으니、참 기틀을 능히 알게 되면 어찌 三命의 세밀하고 깊은 이치를 어렵다고 하리오。

【解 說】四柱를 推命함에 있어서 衰旺을 確實히 分別할 수 있다면、半以上을 공부 했다고 하듯이 가장 먼저 알아야 할 중요한 문제가 아닐 수 없는 것이다。

五行의 旺相休囚는 四時의 흐름에 따르는 것이니、衰旺을 分別하는 데는 月令을 其準하는 것이 정리인 것이다。그러나 月令에서 비록 失時하였더라도 弱하다고만 볼수만은 없는 것이니、年、日、時에 根深하고 祿旺되면 오히려 太旺도 될수 있으며 능히 財官을 감당할 수도 있는 것인데、春土나、夏水、秋木、多火등은 有根無根을 따지지도 아니하고 弱하다고 하는 이가 있는가 하면 庫地通根은 전혀 無視하고 심지어는 庫地를 沖破하여야 吉하다고 하는 것등은 크게 그릇된 판단이 아닐 수 없다。

가령 春木이 비록 强하나 柱中에 金이 太重하면 역시 春木이라도 위태롭고 庚辛金이 地支에 申酉等 祿旺을 얻었다면 火를 얻어서 制金하여야 하는데 火가 없고 오히려 土가 있어 生金하면 必夭하는 것이다 通根은 同氣同類에 하는 것이니、長生地나 祿旺地가 가장 根重한 곳이고 墓庫나 餘氣에는 通根이 輕한 것이며 天干에 한개의 比刦이 地支의 墓地나 餘氣에 通根함만 못하고 天干에 두개의 比刦이 支地에 한개의 長生이나 祿旺에 通根함만 못한 것이니、착오없기를 바란다。比肩은 朋友의 相扶와 같고 通根은 家宅에 依託함과 같으니 干多가 根重만 못하다는 것을 쉽게 알수 있는 것이다。

木이 太旺하면 그 성질이 金과 같이 억세게되니 **火**로서 煆煉하여야 吉하고、
木이 旺極하면 그 성질이 火와 같이 치솟으니、**水**로써 억제하여야 吉하고
火가 太旺하면 그 성질이 水와 같으니 **土**로써 止水해야 吉하고
火가 極旺하면 그 성질이 土와 같으니、**木**으로써 소토함을 기뻐하고
土가 太旺하면 그 성질이 木과 같아지니、**金**으로써 剋해야 吉하고
土가 極旺하면 그 성질이 金과 같으니、**火**로써 煉함을 기뻐하고、
金이 太旺하면 성질이 火와 같으니、**水**로서 濟함을 기뻐하고、
金이 極旺하면 그 성질이 水와 같으니、**土**로써 止水함을 기뻐하고、
水가 太旺하면 그 성질이 土와 같으니、**木**으로 制함을 기뻐하고、

水가 極旺하면 그 성질이 木과 같으니、金으로 剋해 줌을 기뻐하며、
木이 太衰하면、그 성질이 水와 같으니、金으로서 마땅히 生하여야 하고、
木이 極衰하면、그 성질이 土와 같으니 마땅히 火로서 生해야 하고
火가 太衰하면 그 성질이 木과 같으니、水로서 生함이 마당하고
火가 極衰하면 그 성질이 金과 같으니、마땅히 土로서 生해야 하고
土가 太衰하면 그 성질이 火와 같으니、木으로써 마땅히 生해야 하고
土가 極衰하면、그 성질이 水와 같으니、마땅히 金으로써 生해야 하고
金이 太衰하면 그 성질이 土와 같으니、마땅히 火로써 生해야 하고
金이 極衰하면 그 성질이 木과 같으니、마땅히 水로써 生해야 하고
水가 太衰하면 그 성질이 金과 같으니、마땅히 土로써 생해야 하고
水가 極衰하면、그 성질이 火와 같으니、木으로 生해야 하는 것이다。이는 五行의 根本이요、참된 기틀이니
學者들은 마땅히 그 根元의 妙를 상세히 연구하여라。

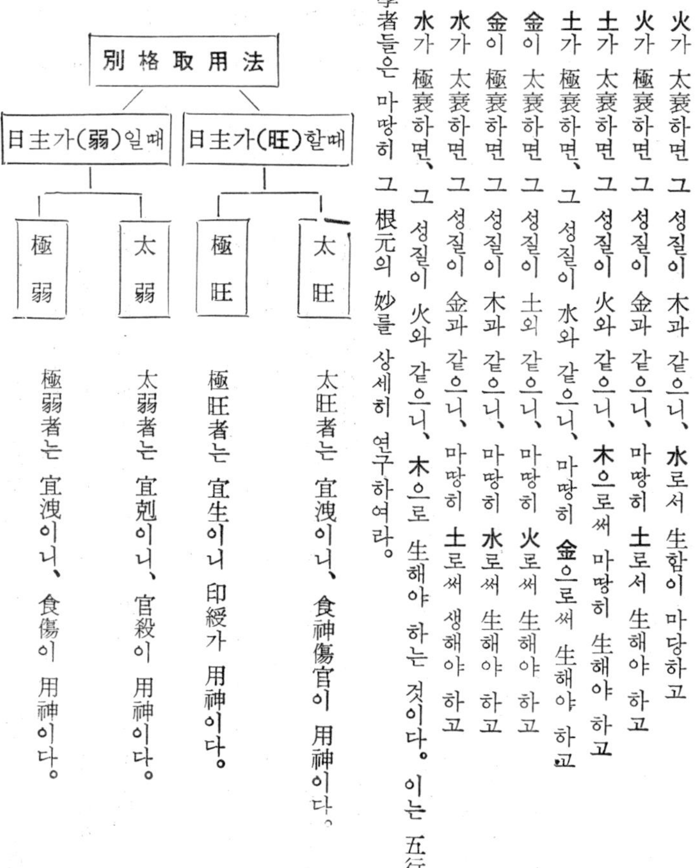

太旺者는 宜洩이니、食神傷官이 用神이다。

極旺者는 宜生이니 印綬가 用神이다。

太弱者는 宜剋이니、官殺이 用神이다。

極弱者는 宜洩이니、食傷이 用神이다。

甲辰
丁卯
甲子
戊辰

戊辰 己巳 庚午 辛未 壬申 癸酉 甲戌 乙亥

甲日主가 卯月에 生하고 兩辰餘氣와 卯辰東方을 갖추었으니、太旺하다 木이 太旺이면 金의 성질과 같으니 火로서 煆煉하라 했으니、火가 用이 된다 運路가 南方火라 各利兩全하였고 庚辛金運은 夫婦離別하고 모함은 받았으나、支가 南火라 大患은 없었으며 壬申運에 金水가 齊來하여 刑妻剋子를 또 하였으며 破難重重하였다。

癸卯
乙卯
甲寅
乙亥

甲寅 癸丑 壬子 辛亥 庚戌 己酉

四柱가 全木에다 水의 生을 받으며 他氣가 별로 없으니、極旺하다。木極旺이면、火의 성질과 같은 것이니 水로서 억제하라 하였으니、水가 用이 된다。初年에 遺業이 豊富하였고 丑運에 禍患을 입었으며 이어 壬子辛亥에 巨富가 되었고 庚戌에 破財하고 망하였다(辛運은 支가 水라無事하였다)

乙丑
甲申
甲申
辛未

癸未 壬午 辛巳 庚辰 己卯 戊寅

木日主가 比刧이 透出했으나、支地가 모두 土金이며 木根이 不足한 중 辛金元神이 透出하였으니、木이 太弱하다。太弱하면 水의 성질과 같아지므로 金으로 生하여야 한다하였의니 金이 用이 된다。初年 火運에는 破難을 겪겠으나、水가 蓋頭하였으므로 大患은 없었고 辛巳庚辰에는 金이 生地를 만나 自手發財하여 大富가 되었으며 己卯運은 土가 無根한데 木이 得地하니 破財가 重하였으며 寅運에 死亡하였다。

己巳
己巳
乙酉
丙戌

戊辰 丁卯 丙寅 乙丑 甲子 癸亥

木造는 火土가 太旺하고 柱中에 水氣가 전혀 없으니、木이 根衰하다 極衰하면、마땅히 洩해야 한다하였으니 火가 用이 된다。初運丁까지 富家에서 豊厚하게 지냈으며 卯運은 一敗하였으며、丙運에 大發하였고 寅運은 木運이라 剋妻하였으나、戌과 半合火하므로 大患은 없었으며 乙丑運에 巳酉丑金局하므로 火土를 兩洩하고 絶地가 되므로 가산을 破產하였고 이어 辛苦하다가 亥運에 死亡하였다。

乙丑 壬午 丙戌 甲午

辛巳 庚辰 己卯 戊寅 丁丑 丙子

丙火日主가 月、時에 羊刃을 얻었으며 壬水가 無根한 중 甲木이 洩氣生身하니、太旺이다 太旺할 때는 마땅히 洩해야한다고 하였으니 土가 用神이다。初運辛巳庚辰은 金의 生地이며 蓋頭한 金이 生壬水하므로 辛苦하다가 己卯運부터 一路上昇하고 戊寅丁丑에 大發하였고 子運에 壬水의 旺地이며 午冲하여 사망하였다。

戊寅 丁巳 丙寅 甲午

戊午 己未 庚申 辛酉 壬戌 癸亥 甲子

丙火가 巳月에 生하고 羊刃을 얻은 중 兩長生을 또 얻었으니、極旺하다。極旺하면 마땅히 生하여야 한다고 하였으니 木이 用이다。初運은 비록 木運은 아니나 火運이라 衣食 이 유여하고 讀書千卷하였으나、庚申以後로 愛嬉好遊하고 방탕한 生活을 하다가 破家亡身하였는데、만약 本造가 東南으로 運行하였다면 名利兩全하였으리라。

辛巳 丁酉 丁酉 辛丑

丙申 乙未 甲午 癸巳 壬辰 辛卯

丁火가 八月 金旺節에 生하여 全局이 金이라 火가 太衰하다 火가 太衰하면 마땅히 剋해야 吉하다 하였으니 水가 用神이다。初年 南方火는 辛苦患難이 重重하였고 癸巳로 부터 發福하여 海外로 進出하고 壬辰運에 大富가 되었다。

辛亥 壬辰 丙申 己亥

辛卯 庚寅 己丑 戊子 丁亥 丙戌

丙火日主가 衰極하다。天干에 壬水가 透出하였고 月日支에 半合水局한 중에 兩亥가 年時에 並旺하니 丙火日主가 極衰하다 衰極宜洩이니 土가 用이 된다。

初運辛卯庚寅은 東方木運이라 食少事頻하였으나、己丑運에 經榮大發하였으며 丙戌運에 亡하였다。

戊辰 戊午

己未 庚申 辛酉 壬戌

戊申日主에 主가 厚重하니、太旺하다 太旺者는 宜洩이니 金이 用이 된다。初午부터 辛酉年까지 小年登科하여 大貴하였으나、壬戌運中 丙午年에 사망하였으니 用神金을 剋함이다。

己 戊
未 申

乙甲癸
丑子亥

己己丙戊
巳巳辰戌

癸壬辛庚己戊丁
亥戌酉申未午巳

己日主가 柱中에 모두 火土이며 金이 없어 洩氣하지 않으니 極旺하다。旺極者宜生이니、火가 用이다。遺業이 豊厚하였으며 午運에 登科하여 富貴하다가 庚申辛酉에 家產이 점점 쇠퇴하다가 壬運에 礎聯하였다。

癸戊辛壬
丑子亥辰

戊丁丙乙甲癸壬
午巳辰卯寅丑子

戊日主가 水旺節에 生한 중 支干이 모두 金水라 土가 太衰하다。太衰者宜剋이니、木이 用이다。運路甲寅乙卯에 名利雙全하였고 丙運에 刑妻剋子하였으며、丙運中 丁丑年에 火土가 體用을 傷하여 得風疾하여 사망하였다。

壬戊甲癸
子子子酉

戊己庚辛壬癸
午未申酉戌亥

戊日主가 水旺節에 生한중 支干가 모두 水이니、衰極이다、衰極者宜洩이니 金이 用이 된다。初年壬戌에 壬水가 無根하고 戊土가 得支하여 刑喪敗家하였고 辛酉庚申에 白手로 發財를 크게 하며 巨富가 되었으며 己未에 損財半하고 未運中에 사망하였다。

己 壬
酉 申

甲癸壬辛庚
寅丑子亥戌

庚子日主가 金旺節에 生하여 木火全無하니、太旺하다。太旺者는 宜洩이라 했으니、水가 用神이다。行運亥에 科甲하여 癸丑까지 富貴를 최고로 누리다가 甲寅乙卯運은 病神이 土를 制去하니、名振四方하였으나、丙辰運에 사망하였다。

庚子
庚辰

乙卯 丙辰

庚申
乙酉
庚戌
庚辰

丙戌 丁亥 戊子 己丑 庚寅 辛卯 壬辰

庚戌日主가 支地에 모두 西方이며 火氣가 太弱(없거나)하니, 極旺하다. 旺極者는 宜生이라 하였으니, 土가 用이 된다.

初運丙戌丁亥는 火가 蓋頭하여 祖業을 破하고 辛苦하였으며, 戊子에 大發하였고 科甲하여 己丑庚運까지 名利兩全하고 人生으로서 願없이 살다가 寅運에 들어서서 좌절당하고 卯運에 破職되었으며, 壽까지 九旬에 이르렀다.

己卯
庚午
辛卯
甲午

己巳 戊辰 丁卯 丙寅 乙丑 甲子 癸亥

辛卯日主가 支地에 모두 財殺이니, 太衰하다. 太衰者宜剋이라 했으니, 火가 用이 된다.
初運戊辰己巳는 用神을 晦火生金하니, 매사가 多滯하였으며 丁卯丙寅二十五年에 大發하였으며 승승장구 利名長長하였으며 財旺身旺하였으나, 丑運에 生金洩火하여 破職되었다.

己亥
丁卯
庚寅
丙子

丙寅 乙丑 甲子 癸亥 壬戌 辛酉

庚寅日主가 四面에 모두 財殺이니 衰極이다. 衰極者는 宜洩이라, 했으니, 水가 用神이다. 初運 乙丑에 金이 暗旺하여 家業破盡하고 이어 甲子癸亥壬運까지 出仕成功하여 名利를 떨쳤으며 財 또한 豊裕하였고 戌運에 水絶地하여 破職되었다.

壬寅
辛亥
壬子
辛丑

壬子 癸丑 甲寅 乙卯 丙辰 丁巳

壬水日主가 水旺絶에 生하여 全局이 金水가 太旺하다. 太旺者宜洩이니 木이 用이다. (寅木이 없다면 極旺일 것이다) 初運이 順하여 少年에 文章이 뛰어났으며, 乙卯運까지 계속 財官兩全하였고 丙辰運에 亡하였다.

癸亥 癸亥 壬子 庚子

壬戌 辛酉 庚申 己未 戊午 丁巳 丙辰

四柱가 全局이 水이며 剋이나 洩이 전혀 없다。 極旺者宜生이니 金이 用神이다 初年 戊에 刑喪하였으나、壬水가 蓋頭하여 大禍는 免했고 辛酉庚申 二十年間은 名辰四海하고 五福을 兼備하였으나、己未運에 妻子兩傷하였고 家業破盡하였으며 戊午에 極貧을 견디다 못해 卒하였다。

丙辰 乙未 壬午 癸卯

丙申 丁酉 戊戌 己亥 庚子 辛丑 壬寅

壬水日主가 全局이 無金이며 火土가 乘權하고 木이 生火하니 太衰이다。 太衰則宜剋이라 했으니、土가 用이 된다。 初運 丙申丁酉는 비록 金運이나、火가 蓋頭하여 生水를 못하므로 財裕하였고 戊戌運에 이르러 大發하였고 己亥運은 壬水가 祿이 되여 逆했으나、亥卯未木局이 되어 大禍는 免했으며、庚子에 破家亡身하였다。

癸卯 戊午 壬寅 丙午

丁巳 丙辰 乙卯 甲寅 癸丑 壬子

壬水가 全局이 木火이며 癸水는 戊土가 合化火하니、極衰이다 極衰者宜洩이니 木이 用이 된다。 初運 火土는 衣食이 裕足하였고 乙卯甲寅에 大發하여 名利兩全하였고 癸丑運에 爭官奪財하여 死亡하였다。

※ 旺中有衰者存과 衰中 有旺者存이란 말은 以上의 太旺과 太衰의 경우를 말하는 것이다

※ 旺之極者不可損과 衰之極者不可益이란 말은 極旺과 極衰의 경우를 말하는 것이다。

中　和

◎ 旣識中和之正理 而于五行之妙 有全能焉。

中和의 正理를 이미 알게 되면、五行의 묘함에 全能하게 되리라。

【原 註】中而且和 子平之要法也 有病方爲貴 無傷不是奇 擧偏而言之也 至於格中如去病 財祿兩相宜 則又中和矣 到底要中和 乃爲至貴 若當令之氣數 或身弱而財官旺地 取富貴不必於中也 用神强取富貴 不必於和也 偏氣古怪 取富貴而不必於中且和也 何也 以天下之財官 止有此數 而天下之人材惟此時爲最多 皆尙於奇巧也。

中과 和는 子平의 중요한 법이니라 病이 있어 貴한 것과 傷함이 없어 奇하지 아니한 것은 한 부분으로 치우친 말인 것이다。 格中에 病을 制去하고 財祿兩相이 마땅한 즉 中和라 하는 것이니、참된 中和에 이르게 되면 貴가 되는 것이다。 만약 當令한 氣數가 身弱하고 財官이 旺地가 되면 富貴함이 中和가 아닌 것이고 用神이 강하면 富貴를 取함에和에서 비롯된다고 아니하는 것이다。 偏氣古怪로 富貴를 取하나 中和에서 비롯된다고 할수 없는 것은 어떤 연고인가? 天下의 財官은 此數에서 그치는 것이나、天下의 人材는 오직 此時를 最多로 하니、이는 모두 奇巧인 것이다。

【解 說】中和는 命理에서 바라는 바 正理이니、中和의 正氣를 얻었다면、一生동안 無凶함은 말할 나위도 없는 것이다。

가령 사람에게서도 病이 없고 四肢가 健壯하다면 事業에도 調和함이 있고 行止가 단정할 것이며 精神氣가 살아 있고 모든 일에 平安함이 있을 것이다。

그러나 中和되지 않고 偏枯氣怪하다면、妻子財祿이 不足함은 勿論이고 辛苦患難을 겪게 되리니、

가령 財星이 輕한데 比劫이 重重하다면、妻運이 不利하고、

官殺이 衰弱한데 食傷이 旺하다면 子運과 名利가 부족하게 되고

官殺은 旺盛한데 制殺함이 弱하다면 財運이 不足하게 될 것이다。

일반적으로 四柱中에 病이 重하면 取用도 쉽게 나타나며 運路에서 病을 制去해 주는 藥을 얻으면 旱災中에 甘雨를 만난 格으로 大發하게 되며 病도 없고 藥도 없으면 取用함도 어려우며 一生 極凶은 없으나 平凡한 사람에 不過한 것이다。

따라서 大富貴한 사람들의 四柱를 보면 모두가 主中에 病이 重함을 쉽게 알수 있으며 氣却이 分明하고 恩怨이 確實함을 알수 있다。

辛巳
甲午
癸卯
癸亥

癸巳 壬辰 辛卯 庚寅 己丑 戊子 丁亥

癸卯日主가 亥時에 生하여 柱中에 土가 없으니、氣가 살아 있다。 財旺節이나 生官은 스스로 되고 있으며 妙한 것은 巳亥遙沖이 되어 辛金을 火속에서 구제하고 있으니 印星取用함이 可하다。 本造는 中和純粹하여 精神氣가 모두 살아있다。 따라서 爲人이 그릇이 크고 智識이 深沈하고 재주가 탁월하며 庚運以後에 크게 발전하여 名利兩全하였다。

己酉
丙子
癸未
戊午

乙亥 甲戌 癸酉 壬申 辛未 庚午 己巳

癸日主가 子月에 生하여 旺한 듯 하나 柱中에 火土가 太旺하니 變弱이 되었다。 또 四柱에 木이 없어 旺土를 소토치 못하니、財官勢를 감당하기 어려우므로 混濁하다。 그러므로 爲人이 欲心과 심술이 많았으며 權謀術手와 才幹이 出衆하였으며 癸酉運에 陰地發福하여 佐貳벼슬에서 부터 觀察使를 지냈고 호화奢侈하였으며 未運에 禍를 면치 못하였으니、欲心을 버리지 못하여 자기의 함정을 자기가 파고 亡하였다。

源 流

◎ 何處起根源 流到何方住 機括此中求 知來亦知去。

어느 곳에서 근원이 일어나 흘러서 머무는 곳이 어느 곳인가? 기틀을 분별하여 그 가운데서 求하면 미래를 알수 있고 또한 과거도 알수 있으리라。

【原 註】 不必論當令不當令 只論取最多最旺 而可以爲滿局之祖宗者 爲源頭也 看此源頭流到何方 流去之處 是所喜之神 即在此住了 乃爲好歸路 如辛酉癸巳戊申丁巳 以火爲源頭 流至金水之方即住了 所以 富貴爲最 若再流至木地 則氣洩爲亂 如未曾流到吉方 中間 即遇阻節 看其阻住之神 何神 以斷

其休咎 流住之地何地 以知其地位 如癸丑壬戌癸丑壬子 以土爲源頭 止水方 只生得一個身子 而戌中火土之氣 得從引助 所以僧也。

當令이 되었건 않되었건 간에 論할 필요가 없고 다만 가장 많고 가장 旺한 것을 取論하는 것이다。즉 滿局의 祖宗이되는 것을、源頭라 하는 것이다。원문에 源頭流到何方은 흘러 머무르는 곳의 神이 기쁜 歸路가 될것이니、가령 辛酉、癸巳、戊申、丁巳는 火에서 源頭하여 흘러 머무르는 곳이 金水가 되니、이른바 富貴가 가장 큰 것으로 하는 것이요、만약 다시 흘러서 머무르는 곳이 木地가 되면 氣洩함이 散亂하여 흘러 머무르는 곳은 吉方이라 하지 아니하고 中間에 阻節을 만나게 될 것이니、그곳에 막혀 머무르는 神은 災殃이 될 것이며 흘러 머무르는 곳은 어느 地가 될 것인가?를 알수 있을 것이다。

가령 癸丑 壬戌 癸丑 壬子가 土로써 源頭하여 止水方이 다만 한 개의 戌中火土의 氣운만을 얻어 生助하니、이로써 僧이 되었다。

【解 說】源頭는 四柱中 가장 힘센 旺神을 말하는 것이니、財官、印綬、食傷、比刼등 何神을 不論하고 源頭가 될수 있는 것이다。가장 중요한 것은 流通生化되어야 하고 깨끗하게 局을 거두어 얻음이 아름다운 것이다。

혹 比刼에서 始作하여 財官에서 그치는 것을 기뻐하며 혹 財官에서 시작하여 比刼에서 그치는 것은 꺼리는 것이다。가령 山川의 發脈來龍의 氣는 祖宗을 보고서야 알수 있는 것이고 尊星을 보고 진실된 자식의 氣運을 알수 있는 것이고、主星을 보고 交媾(和合을 말함)의 氣運을 알수 있는 것이고 胎伏星을 보고 胎育이 이루어 지는 氣運을 알수 있는 것이고、胎息星을 보고 煞(殺)을 化하여 權氣함을 알수 있는 것이고 解星을 보고 絶處逢生하는 氣運을 알수 있는 것이고、恩星을 보고 氣勢의 根源을 알수 있는 것이고、흐르는 물로 氣가 淸하여 짐을 알게 되는 것과 같이 源頭가 흘러 머무르는 곳이 즉 山川의 結穴되는 것과 같으니、연구하지 않을 수 없는 것이요、源頭가 막혀 차단 되는 곳이 즉 來龍의 破損되어 끊어지는 것과 같은 것이니、살피지 않을 수가 없는 것이니라。

그 源頭에서 부터 흘러 머무르는 곳이 어느 곳 어느 神인 가를 보아 누가 興하고 누가 替하는 가를 알수 있고 그 끊어져 막히는 神이 어느 神인가를 보고 어떻게 吉하고 어떻게 凶한 가를 論할 수 있을 것이다。

가령 源頭가 年月에서 일어나면 곧 祖父의 蔭德을 욕되게 하고 兒孫의 福을 누리게 될 것이며、혹 年、月에서 일어나는 것이 財官이면 日、時에서 머무르는 것은 傷剋이 될 것이니、곧 祖業을 破敗하고 刑妻剋子하게 될 것이다。가령 日時에서 일어나는 것이 財官이면 年月에서 머무르는 것이 食印이 될 것인니、곧 위로는 祖父로 더불어 빛을 다투고 아래로는 兒孫과 더불어 業을 세울 것이며 혹 日時에서 일어나는 것이 財官이면 年月에서 머무르는 것은 傷剋이 될 것이니、곧 祖業이 형통하기 어려울 것이며 維新을 스스로 창건할 것이다。

흘러머무르는 곳이 年인데 官印이 되면 그 祖上이 清高함을 알 것이요、

傷剋이 되면 그 祖上이 寒微함을 알 것이요。流住되는 곳이 月인데 財官이면 그 父母의 創業함을 알 것이요。이것이 傷剋이면 그 부모가 破敗함을 알것이요、流住되는 곳이 日時이고 이것이財官食印이면 반듯이 自手成家할 것이며 혹妻가 어질고 子는貴할 것이며 流住가 日時이고 이것이 傷剋梟印이면 반듯이 妻陋하거나 자식이 劣勢일 것이고 혹 처로 인하여 禍를 불러 일으켜 破家하거나 辱됨을 당할 것이다。그러나 日主의 喜忌를 확실하게 보고 알게 되면 증험하지 않을 수 없게 될 것이다。가령 源頭에서 流止하는 곳을 보아 막히고 끊어지는 신이 있는데、이것이 偏正印綬가 되면 반듯이 윗사람의 禍로 보는 것이다。이때 柱中에서 財星이 서로 相制 함이 있으면 반듯이 賢妻의 도움이 있을 것이고 가령 비겁이 있어 化함이 있으면 혹 형제의 相扶가 있을 것이고 가령 막히고 끊어진 곳이 比剋이면 반듯이 형제의 累를 입게 되거나 不和가 있을 것인데 이때 官星이 있어 相制하면 반듯이 賢貴함이 있을 것이고、또는 食傷의 化함이 있으면 子나 姪의 도움이 있을 것이고、가령 막혀서 끊어지는 神이 財星이면 반듯이 妻子의 禍가 있을 것이며、이때 桂中에서 比剋의 相制함이 있으면 형제의 덕을 입게 되거나、형제간의 愛敬이 두터울 것이며 官星이 있어 化하게 되면 貴賢하게 이끌어 나갈 것이고 만약 막히고 끊어진 곳이 食傷이면 반듯이 子孫의 累를 입게 될 것인데、柱中에서 印綬가 相制하면 반듯이 윗사람의 福은 있으나、욕되게 할 것이고 親長(父母)의 이끌어 줌이 있을 것이고 財星이 化하여 주면 반듯이 妻의 아름다움이 있을 것이요。또는 中饋多能(현처의 内助가 큰 것을 말함)할 것이요、가령 막히고 끊어지는 곳이 官煞이면 반듯이 官刑의 禍를 만날 것이며、이때 桂中에 食傷이 있어 相制하면 반듯이 子나 姪의 힘을 얻을 것이고 印綬가 있어 化

하면 반듯이 웟사람의 도움을 받게 될 것이다。

그러나 用神의 宜忌를 반듯이 같이 보고 論함을 要하는 것이다。가령 源頭의 流住가 官星이고 日主의 用神이 되면 多貴가 十中의 九는 크게 나타날 것이며 財星이고 用神이 되면 發財가 大端하고 印星이고 用神이면 큰 學者로서 淸高한 名聲을 듣게 될 것이며 食傷이고 用神이 되면 財物과 子孫의 아름다움이 클 것이다。

반대로 源頭의 流住되는 곳이 官星인데、忌神이면 官의 禍로 인하여 가정이 기울어 지게 될 것이며、財星으로 忌神이 되면 財와 身이 敗하고 喪妻함이 될 것이고 印綬로 忌神이 되면 文書로 因하여 傷敗함이 될 것이고 윗사람을 犯하여 災殃을 받기도 하며 食傷으로 忌神이 되면 子孫으로 하여 피해가 크거나 絶嗣(無子)하는 일이 될 것이니、이것이 源流의 正理인 것이니、或書의 그릇됨에 현혹되지 말라。

辛酉 庚子 丙寅 癸巳

己亥 戊戌 丁酉 丙申 乙未 甲午 癸巳

本造는 金이 源頭가 되어 寅木에 머므르니 日主丙火가 有氣有情하다。五行의 흐름이 中和純粹하므로 一生 험란함이 없고 名利雙全하였다。

辛丑 癸巳 戊申 丙辰

壬辰 辛卯 庚寅 己丑 戊子 丁亥

火가 源頭되고 水에서 머무르니、流通生化가 잘 되고 있다。따라서 五福을 다 누렸으며 貴는 二品에 이르고 財產은 大富하였고 一生동안 安過太平한 命造이다。

辛卯 辛卯

庚寅 己丑 戊子

本造는 木이 源頭가 되겠는데 柱中에 土가 없어 阻節되었으므로 金에 이르지 못하고 官星 역시 冲破되어 損傷된 중 旺木의 洩氣를 받으니、流通이 아니되여 初運 庚寅은 부모의

丙子 丁亥
甲午 丙戌
　　 乙酉

陰德으로 편안했고 己丑에 洩火生金하니、財福이 裕餘하였으나、戊子運에 土虛生木하니、刑耗가 많았고 丁亥運에 剋金會木하여 破家 死亡하였다.

庚寅 癸未
壬午 甲申
戊午 乙酉
　　 丙戌
丁巳 丁亥
　　 戊子

火가 源頭가 되었는데 年支寅木이 阻節하고 있으며 流通이 되지 못하고 있으니 初年 西方金運은 同黨으로 大盛하였었으나、丙戌運에 支會火局하고 梟神이 奪食하여 剋妻子하고 破家하였으며、丁亥運에 削髮하고 중이 되었다。

通 關

◎ 關內有織女 關外有牛郞 此關若通也 相邀入洞房。

關內의 織女가 있고 關外에 牛郞이 있으면(막혔음을 말함) 반듯이 그 사이를 通關시켜야 할 것이니、서로 맞아 즐거움이 있을 것이다。

【原 註】天氣欲下降 地氣欲上升 欲相合相和相生也 木土而要火 火金而要土 土水而要金 金木而要水皆是牛郞織女之有情也 中間上下遠隔 爲物所間 前後遠絶 或被刑冲 或被刦占 或隔一物 皆謂之關也 必得引用無合之神 及刑冲所間之物 前後上下 援引得來 能勝刦占之神 能補所缺之物 明見暗會 歲運相逢乃爲通關也 關通而其願遂矣 不猶牛郞織女之入洞房也哉。

天氣는 下降하고저 하고 地氣는 上升하고자 하기 때문에 相合、相和、相生을 願하게 하는 것이다。木과 土가 相剋되면 막혔으니、火가 通關시켜 줌을 要한다。이어서 火金이 막히면 土를 要하고 土와 水가 막혔으면 金을 要하고 金과 木이 막히면 水를 要하게 되는 것이 모두 牽牛와 織女가 만나는 情이 될 것이며、中間、上下가 遠隔되고、前後가 遠絶되고 혹 刑冲하고、혹 刦奪당하고、혹 멀어진 사이에 害하는 물건이 있으면 이를 모두 關하여야 하는 것이다。 반듯이 合이 없고 刑冲사이를 연결 시키는 星辰을 얻고 引用되어야 前後上下가 도움이 되어 刦占하는 神을 能히 이기게 되여 缺함이 補强되는 것이니、이를 모두 通關이라 한다。따라서 通關되면、그 願하는 바대로 따르게 될 것이니、牽牛와 織女가 서로 만나 新房으로 들어가는 것과 같지 않으리요。

【解 說】 通關이라 하면 서로 相剋關係에 있는 것을 和解시킨다는 말이다。

가령 金과 木의 相剋하는데는 水가 通關이요、
土와 水가 相剋하는 데는 金이 通關이요、
木과 土가 相剋하는 데는 火가 通關이요、
水와 火가 相剋하는 데는 木의 通關이요、
火와 金이 相剋하는 데는 土가 通關이다。

이와 같이 通關은 대체로 약한 神을 旺하도록 反生시켜 주는 役割을 한다。

日主는 他神의 通關作用을 아니하며、

① 通關하는 神은 他神이 合하여 通關作用을 못하게 할때에는 合하는 神을 冲할때 發福하고、
② 原主에서 이미 通關하는 神을 冲破하고 있을때는 行運에서 冲破하는 神을 合化시켜 주면 吉하고
③ 通關하는 神이 間隔이 있어 引通不能일 때는 行運에서 引通하여 줄때 大吉한 것이니、 牽牛와 織女가 洞房한 것과 같아 所願을 이루지 않는 것이 없다。

무릇 天氣는 아래로 내리고저 하며 地氣는 위로 오르고저 하는 것이니、陽이 動함은 陰을 만나야 그치게 되고 陰이 靜함은 陽을 기다리는 것이니、陽을 만나야 머무르게 되며 通關에 있어서도 陰陽의 氣交함이 妙하여 天地 動靜이 相和할 때 生育交泰되는 것이다。

癸酉
甲子

癸亥 壬戌 辛酉 庚申

丁火日主가 水旺節에 生하여 癸水가 透干하고 年支金이 生水하니 殺旺한데 日主또한 時에 建祿하고 木이 通關 殺印 相生하니 不弱이라 능히 財官을 감당할 수 있으며 四柱五行이 阻節됨이 없으니 貴命이다、따라서 行運이 水旺地로 行하여도 木이 引通되고 金運으로

丁卯 丙午 / 己未 戊午

行하여도 水가 引通되어 印綬의 傷함이 없으니 早年 科甲하여 一生 富貴하였다。

戊寅 癸亥 丁未 辛亥 / 甲子 乙丑 丙寅 丁卯 戊辰 己巳 庚午

丁火가 水旺節에 生하여 殺旺身弱한 중 年干戊土는 癸水를 合하여 幫身하고 時支亥는 木來殺이나 年支寅木과 日支未와 合化木하여 殺印相生하니 오히려 情協이며 運路 또한 木火地로 行하니、丙寅에 科甲하여 富貴를 一生동안 누렸다。

戊辰 乙卯 辛丑 丁酉 / 丙辰 丁巳 戊午 己未 庚申 辛酉

春金이 時支에 合化金局하나、年柱의 印綬와 間隔이 있는 중 旺木이 破印하니 生金不能이며 四柱가 서로 引通됨이 없고 三勢力이 三相剋하니、初年에 波難이 重重하다가、庚申 辛酉에 行入하여 發福하여 未年은 安過하였다。

己巳 丁卯 辛卯 乙未 / 丙寅 乙丑 甲子 癸亥 壬戌 辛酉

辛金日主가 허탈한데 四柱에 모두 木火가 乘權하고 時支未土印綬는 合化木하고 年干己土는 旺木에 損傷되니 生金不能이라、行運 역시 金洩生木하니、亥運에 이르러 사망하였다。

官 殺

◎ 官殺混雜來問我 有可有不可。

官殺混雜을 나에게 물어 온다면 可함도 있고 不可함도 있는 것이다。

【原 註】殺即官也 同流共派者 可混也 官非殺也 各立門牆者 不可混也 殺重矣 官從之 非混也 官輕矣 殺助之 非混也 敗財與比肩雙至者 殺可使官混也 比肩與刼財兩遇者 官可使殺混也 一官而不能生印者 殺助之 非混也 一殺而遇食傷者 官助之 非混也 勢在於官 官有根 殺之情 依乎官 依官之殺 歲助之而混官 不可也 勢在於殺 殺有權 官之勢依乎殺 依殺之官 歲扶之而混殺 不可也 藏官露殺 干神助殺 合官留殺 皆成殺氣 勿使官混也 藏殺露官 干神助官 合殺留官 皆從官象 不可使殺混也。

殺이 곧 官이니 함께 흐르고 도울때는 混雜이라도 可하고 官은 殺이라 하지 않으며 각각 달리 門、牆으로서 있을 때에는 混雜이 不可하다。殺이 重할 때는 官도 이를 좇게 되니 混雜이라 하지 아니하고 官이 輕하면 殺이 도울 것이니、이때도 混雜이라 하지 아니하는 것이니、財星이 敗絶되고 比肩이 雙至하면 官으로 하여금 殺을 돕게 하니、混雜이라도 可하며 比肩이 刼財를 같이 만났을 때도 官으로 하여금 殺에 混雜되어도 可한 것이며 한 官이 있으나、印綬를 生할 능력이 없을 때는 殺로 도와야 하니、混雜이라 하지 않는다。

또한 殺이 食傷을 만나 弱하면 官을 도와야 하니、混雜이라 하지 않는 것이다。勢力이 官에 있고 官이 有根한데 殺이 官에 의지하고 있을때 歲運에서 다시 官을 돕는 것은 不可하고 勢力이 殺에 있어 殺이 權을 잡고 있으면 官은 殺에 의지하게 될 것이니、歲運에서 殺을 다시 돕는 것은 不可한 것이다。官은 地支에 藏되고 殺은 露出되였으면、天干은 殺을 돕게 되어 合官留殺할 것이니、成殺된 氣運에 官으로 하여금 混雜을 하지 말아야 하며 또 殺은 地支에 藏하고 官은 露出되었다면、天干은 官을 돕고 合殺留官하여 官을 따른 것이니、이때는 殺도 하여금 混雜됨을 不可한 것이다。

【解 說】官殺은 나를 剋하는 것이니、正官을 官이라 하고 偏官을 殺이라 한다。다시 말해서 陽對陽의 剋制는 偏官이니 殺이요、陽對陰이나 陰對陽의 剋制은 正官이 되는 것인데 주의할 것은 正官도 太重하면、殺의 作用을 하는 것이며、偏官도 適當하면、正官의 效力이 있는 것이다。「따라서 官殺은 太重함을 두려워하며 混雜됨도 꺼리는 것이다。」官殺格은 日主가 身旺함을 要하는 바 身旺할 때는 대체로 官殺格이 貴命이 되는데 身弱할 때 官殺은 日主가 감당치 못하므로 가난하지 않으면 夭死하는 것이다。

또 官과 殺은 混雜됨을 싫어 하니 男命에 있어서는 천한 기술자가 되거나 변동이 많고 의지가 약하게 된다。女命에 있어서는 家庭에 근심이 많으니、本男便外에 또 男便이 있는 것과 같은 理致라 하겠다。따라서 官殺이 混雜되면 한쪽을 버리지 못하면 不吉하게 되는 것이니、去官留殺하거나、 去殺留官해야 되는 것이다。다시 말해서 한쪽은 合去、冲去、剋去해서 버리게 되면 混雜으로 보지 않는 것이다。

本文에 官殺混雜은 有可 有不可라 했는데 이것은 官殺이 混雜으로 보지 않는 경우가 있음을 말하는 것이니、

가령

① 身旺四柱에서 年月干에 殺이 透出하고 年月地支에 財星이 있고 또 時上에 官이 透出하였어도 無根일 경우 時上官은 殺을 따르게 되니 混雜이 아니되고、

② 身旺四柱에서 年月干에 官이 透出하고 年日支地에 財星이 生官해 주는데 時上에 또 殺이 透出하였어도 無根이면 時上殺은 官을 돕게 되니、混雜이 아니되는 것이며、

③ 官殺이 兩透하였어도 印綬가 重逢하여 洩氣가 過多할 경우、 官과 殺이 서로 도와 官을 따르게 되니 混雜이 아니되며、

④ 食傷이 旺하여 制殺太過할때는 官을 도와야 하니、混雜이 아니되며、

⑤ 官殺이 兩全하였어도 無根이고 日主가 太旺한다면 混雜으로 보지 않고 財星으로 官을 도와야 되는 것이다。

이상을 총론하여 보면

日主가 旺相되고 官殺이 微弱할 때는 可混이요、

日主가 休囚되고 官殺이 混雜되였을 경우는 不可한 것이다。

또 天干에 甲이고 地支에 卯가 있거나、

天干에 戊가 透出하고 地支에 丑未이거나、

天干에 庚이 透出하고 地支에 酉일 경우는 天干爲主로 하고 地支는 天干을 보필하는데 불과 하기 때문에 混雜으로 아니 보는 것이다。

또、官殺星이 微弱한데 制함이 過多하면、 비록 많이 배워도 成功할 수 없는 것이니、 行運에서 生旺될때 發福

하는 것이다。

己酉
丙寅
庚申
庚辰

乙丑 甲子 癸亥 壬戌 辛酉 庚申

庚申日主가 失令하였으며 丙火가 透出하였으니、약한듯 하나、地支에 祿旺하고 印綬의 生身이 있어 비록 失令하였으나、弱中變旺하니 七殺格이 되여 財官取用함이 옳은데 行運이 逆行이라 섭섭하다。格局은 淸하고 貴格으로 되였으나、大運關係로 一生 未發하였으니、運 또한 重要함을 알수 있다。智慧가 영민하고 修學이 많아 七步成文하였으나、尾官末職에서 初年水運을 지나다가 酉運에 그나마 破職되여 刑耗가 多端하였다。

丙申
庚寅
庚申
辛巳

辛卯 壬辰 癸巳 甲午 乙未 丙申 丁酉

前造와 비슷하나 格局자체는 前造만 못하다。그러나、本造은 行運이 順坦하여 巳運에서 科甲하여 丙運까지 年年昇進하고 名振四海하고 富貴를 누렸으며 申運에 이르러 寅을 冲破하여 解職하였으니、原局도 좋아야 하지만 運路 또한 더욱 重要함을 알수 있다。

戊子
甲寅
戊午
甲寅

乙卯 丙辰 丁巳 戊午 己未 庚申 辛酉

戊土가 衰弱하고 殺이 重하나、日支午火가 通關하여 殺印相生됨이 기쁘며 運路 또한 아름다워 甲年科甲하여 己未運까지 大榮하였으며 庚申運에 破職하였으나 極凶은 없었다。殺重身弱은 印綬가 用神이다。

己亥
丙寅
戊子
甲寅

乙丑 甲子 癸亥 壬戌 辛酉 庚申

前造보다 貴格인 듯하나 日支가 財라 殺을 돕고 運路가 逆行이라 前造만 못하다。前造는 午火가 兩殺을 모두 通關하고 運路가 順行이라 吉하나 此造는 비록 丙火가 透出하였으나、運行이 不吉하여 地方官職에서 근무하다가 壬運에 壞印하여 禍患을 면하지 못하였고 戌運에 合化하여 좋을 듯하나 丙火의 庫地요 壬水蓋頭라 역시 春月秋花라 外面春風하였고、辛

酉運에 木多金缺하고 洩土生水하고 合去丙火하니、망하였다。

戊辰
庚申
甲子
甲子

辛酉 壬戌 癸亥 甲子 乙丑 丙寅

本造는 木涸金鋭한 중에 厚土生金하나、즐거운 것은 支에 全水局이라 化殺生身하여 淸而有情이다。癸運에 科甲하고 一生官運이 平平坦坦하였다。

戊午
丙辰
庚寅
丙戌

丁巳 戊午 己未 庚申 辛酉 壬戌

此造는 殺旺身弱이나、戊土原神이 透出하여 化殺生身함이 즐거웁다。本造는 財星이 未透함이 즐겁다。日支財는 合化火하니、오히려 戊土를 生助하여 주고 있으니、己未運에 科甲하였으며 이어 西方金運에 幫身하여 名利가 兩全하였다。

癸亥
癸亥
丁卯
癸卯

壬戌 辛酉 庚申 己未 戊午 丁巳 丙辰

本造는 三癸가 透干하고 兩亥에 通根하니 殺旺하다。그러나、즐거운 것은 柱中에 無金에다 印綬가 合局生身함이다。四柱가 淸而不悖한데 辛酉庚申運中은 刑耗가 多端하고 凶運이 연속하더니、己未運부터 功多 急進하여 丁巳 丙運까지 富貴兼全하였다。

戊辰
戊午
壬辰
甲辰

己未 庚申 辛酉 壬戌 癸亥 甲子

四柱에 財殺이 太旺한데 壬辰庫中에 通根하였으나、身弱하다。妙한 것은 辰中에 通退한 時上甲木이다。柱中에 金이 없으므로 能히 制土할 수 있어 用이 된다。初年과 中年까지는 西方金이라 甲木을 傷하므로 未發、전전긍긍하다가 癸亥運에 科甲하여 늦게 功名을 하게 되여 甲運까지 縣令벼슬을 지냈고 子運에 衰神이 旺者를 冲하면 旺者發하므로 破職되었고 丑運에 사망하였으니、旺殺을 도운 연고라 하겠다。

庚申 庚辰 甲戌 丙寅

辛巳 壬午 癸未 甲申 乙酉 丙戌

甲木이 辰月에 生하여 通根하고 時에 得祿하였고 兩殺이 透干하고 祿을 얻었으니、殺旺身弱한 것 같으나、申辰水局하여 生身하고 丙火가 透出하여 制殺하니、四柱가 淸하다。午運 甲年에 出世하여 安過하게 지내다가 甲申乙酉에 殺이 得祿하여 刑耗多端하였고、丙戌運에 地方縣令에 當選되였다。

壬子 壬子 丙戌 戊戌

癸丑 甲寅 乙卯 丙辰 丁巳 戊午 己未

丙火日主가 年月에 兩壬子를 만나 殺旺한데 日支庫中에 通退하고 時逢戊土가 根深하여 制殺함이 妙하다。運路가 東南方으로 行하여 扶身하니、乙卯運에 群守를 지냈고 一生 無凶하니、行運이 아름다워 幫助함이다。

癸丑 戊午 丙午 壬辰

丁巳 丙辰 乙卯 甲寅 癸丑 壬子

丙午日主가 兩羊刃을 얻어 太旺한데 年癸水도 丑中에 通退이요 時壬水도 庫中에 通退하여 양습토가 능히 晦火養金하니、官殺混雜이라도 混雜이 되지 않으며 특히 戊癸合火가 이러한 경우는 不化되어 壬水를 도우니 貴命인데、初中年까지 乙卯甲寅은 水洩 生火하니、有志無伸이였으나、癸丑壬子에 대발하여 州牧師를 지냈고 名利兩全하였으며 黃金속에 묻혀 太平末年하였다。

癸巳 戊午 丙午 壬辰

丁巳 丙辰 乙卯 甲寅 癸丑 壬子 辛亥

前造와 다른 것은 丑이 巳로 바뀐것 하나 뿐이다。前造는 丑土가 能히 晦火養金하고 時上壬水를 도우며 戊癸合不化였으나、이 사주는 巳火가 南方火이니 丙火를 도우며 戊癸合化火狂奔하여 破格이 되는데 前造와 此造의 차이는 天地差이다。遺產이 좀 있었으나、祖業을 지키지 못하고 六親이 뿔뿔이 헤어졌으며 하는 일마다 失敗하여 虛送세월만 하였고、初年에 좀 배우던 學問도 중도에서 中斷했으니 原局이 破格이다 癸丑壬子에도 發福하지 못하고、一生을 마쳤다。

戊申 癸亥 丙午 壬辰

甲子 乙丑 丙寅 丁卯 戊辰 己巳

丙午가 支坐羊刃이나、殺旺身弱이다。그러나、妙한 것은 年干에 戊土가 合官하여 去官留殺이며 다시 妙한 것은 行運이 東南向이다。貴命이 되였다。一生을 비록 큰 벼슬은 아니나 官職에 몸담고 자못、富貴를 하였으니、混雜을 막았기 때문이다。

戊午 癸亥 丙戌 壬辰

甲子 乙丑 丙寅 丁卯 戊辰 己巳

前造와 비슷하나、日時支의 冲破가 妙하고 癸水는 戊土가 合去하니 去官留殺하였는데、다시 妙한 것은 柱中에 無金이라 前造보다 局이 크다 早年에 科甲하여 一生을 富貴하였다。

壬申 丁未 丁未 癸卯

戊申 己酉 庚戌 辛亥 壬子 癸丑 甲寅

官殺이 混雜된 듯하나、癸水는 無根이요、丁壬合은 申坐壬水라 不能하니、貴格이 되였다。申金用인데 行運이 西北金水地라 地方考試에 합격하여 年年昇進하고 縣令과 進士를 하고 一生을 安過하였다。

甲辰 己巳 戊辰 乙卯

庚午 辛未 壬申 癸酉 甲戌 乙亥

戊土가 生旺한데 兩官殺이 辰에 通退하였고 殺은 己土와 合去하였고 官星은 支와 得祿하였음이 妙하다。初年은 별 발전이 없었으나、壬申水運에 이르러 登科하여 一生을 官職에 몸담고 末年까지 平安하였다。

丙辰 辛卯

壬辰 癸巳 甲午 乙未

二月의 金日主이나 坐祿印을 얻으니、變旺하다。官殺중 殺을 合去하니、正官을 도와 混雜이 되지 않음이다。運路가 東南火向이라 早年登科하여 名辰하였고 一生을 安過太平하였다。

庚申 丁丑

丙申 丁酉

丙辰 辛卯 乙亥 庚辰

壬辰 癸巳 甲午 乙未 丙申 丁酉

身旺하고 官殺이 弱하다。財用하여 生官함이 吉하다。따라서 官殺이 混雜됨도 꺼리지 않는다。

癸亥 戊午 壬午 己酉

丁巳 丙辰 乙卯 甲寅 癸丑 壬子

戊土가 癸水와 合하나 不化하여 幫助한다。東方木運에 發展하여 北方水運에 大益發하였다。

壬辰 壬子 丙寅 癸巳

癸丑 甲寅 乙卯 丙辰 丁巳 戊午

身弱殺旺한중 混雜이다。日坐에 寅木이 化殺生身함이 吉하여 用이 되며 運路가 北方行이라 喜하나 벼슬은 不利했고 丙運中 己巳年에 去官留殺하여 入祿하여 末年에 官祿之人으로 이름을 날렸다。

甲子 乙亥 己巳 丁卯

丙子 丁丑 戊寅 己卯 庚辰 辛巳

官殺混雜인데 身弱하다。더구나 巳亥冲破印하니 不美하다、亥卯合이 有情하여 科甲하였고 庚辰辛巳運에 制官하여 利名이 兩優하였다。

時	日	月	年
戊寅	庚午	丁酉	丙辰

大運: 戊戌 己亥 庚子 辛丑 壬寅 癸卯

庚金이 酉月生이니、身旺한 것 같으나、日時에 半合하여 殺의 根氣가 견고하니 殺旺이다。年支辰土가 官洩生身함이 吉하고 運路가 北方水行이라 즐거운 것이다。官殺混雜이나 殺印相生이며 非混이다。

時	日	月	年
辛亥	壬申	己未	戊午

大運: 庚申 辛酉 壬戌 癸亥 甲子 乙丑

本造는 官殺이 並旺하나 다행이 日支에 長生을 얻고 時에 祿旺을 얻으니、능히 旺官殺을 감당할 수 있으며 時干의 辛金이 日支에 通根有氣하니、旺財殺을 引通하여 官殺混雜이라도 雜으로 보지 않는 것이다。더욱 다행한 것은 行運이 西北行이라 少年에 科甲하여 一生을 大貴富를 누렸다。

時	日	月	年
己亥	丙辰	戊戌	辛卯

大運: 丁酉 丙申 乙未 甲午 癸巳 壬辰

時支獨殺을 四食傷이 制殺하고 年支卯木이 본래 無力하여 疏土不能인데 辛金이 蓋頭하였음이 不美하고 亥卯木局이 비록 吉하나、用神이 부족하여 行運乙未에 合木하여 地方 장원으로 이름을 날렸다。그러나 甲運에 己와 合土한 중에 己巳運에 破職되였다。

時	日	月	年
壬辰	丙辰	戊戌	辛卯

大運: 丁酉 丙申 乙未 甲午 癸巳 壬辰

前造는 亥時라 合化木이 爲吉이였으나、이 사주는 辰이라 無合하여 破格이다。

時	日	月	年
壬辰	丙午	丙午	壬辰

大運: 丁未 戊申 己酉 庚戌 辛亥

兩殺이 兩透하였으나、柱中에 金이 없는 것이 애석하다。用神金의 祿地인 申運에 登科하고 酉運에 發甲하여 庚運에 三軍을 지휘하고 戌運에 冲破하여 戊辰年에 破職을 하였다。

壬 壬 戊 甲
寅 辰 辰 寅

甲癸壬辛庚己
戌酉申未午巳

士가 비록 當權하였으나、木또한 旺하여 旺殺을 旺制하니 病이 되었다。
壬申運에 木을 剋하니、科甲하고 癸酉까지 二十年간 名利裕旺하고 甲戌運에 不祿하였다。

庚 戊 戊 庚
申 寅 寅 申

甲癸壬辛庚己
申未午巳辰卯

兩寅을 兩庚申이 制殺함이 太過하니、初年에는 不發하고 午運에 補土金去하여 科甲하였다。甲申運에 寅殺을 制去하니、軍中에서 사망하였다。

傷官

◎ 傷官 見官果難辨 可見不可見

傷官이 官을 만나는 것은 分辨하기 어려우니、만나서 可할 때도 있고 不可할 때도 있다。

【原 註】身弱而傷官旺者 見印而可見官 身旺而傷官旺者 見財而可見官 傷官旺 財神輕 有比刦而可見官 日主旺 傷官輕 無印綬而可見官 傷官旺而無財 一遇官而有禍傷官旺而身弱 一見官而有禍 傷官弱而財輕 一見官而有禍 傷官弱而見印 一見官而有禍 大率傷官有財 皆可見官。傷官無財皆不可見官 又要看身强身弱 合財官印綬比肩不同方可 不必分金木水火土也 又曰傷官用印 無財不宜見財 傷官用財 無印不宜見印 須詳辨之。

身弱한데 傷官이 旺한 것은 印綬의 生助를 받아야 하니、官을 만남도 可한 것이고 印綬가 많아 身旺하고 傷官도 旺하면 財를 만남이 좋으니 官을 만남이 可한 것이고、傷官이 旺하고 財星이 輕한데 比刦이 많으면 官을 만남도 可한 것이고、日主가 旺하고 傷官이 輕한데 印綬가 없으면 禍가 되고、傷官이 旺하고 身弱하면 官星을 만남이 禍가 되고、傷官이 弱하고 印綬가 있는데 官을 만나면 禍가 되는 것이다。대체로 傷官에 財가 있으면 대개 官星을 만남도 可하나、傷官에 財가 없으면 官星을 만남이 不可한 것이요、또、身强身弱을 반듯이 볼것이니、財官、印綬、比肩을 合함이 같지 아니한 것이니、金、木、水、火、土를 구분할 수 없는 것이다。가로되 傷官用印인데 財가 없을때는 財를 만남이 不可하고 傷官用財에 印綬가 없으면、印綬를 만남이 不可한 것이니 자세히 살피라。

【解 說】 傷官이라고 하면 命主의 氣力을 빼어(洩氣)가는 者를 말하는 것이다。傷官四柱는 命主의 貴氣인 官星을 害하니 방자하고 오만불손한 性格을 띠며 聰明이 出衆하고 文人學者가 많은 것이 특징이다。

傷官格은 대체로 身弱傷官을 眞傷官、身旺傷官을 假傷官이라 하는데 필자가 경험하건데 가장 誤判하기 쉬우며 많이 나오는 格이니、命理를 하는 사람이면、깊이 익혀 두어야할 重要한 章이라 하겠다。

傷官四柱는 中和되고 淸하면 크게 富貴를 하는데、偏枯하고 濁하면 貧賤한 技術者나 辛苦患難을 많이 겪는 이른바 兩極에 해당하는 사람이 많다。傷官四柱는 大體로 官星이 不吉하고 財星을 用함이 옳은 것으로 전하여 지고 있으나 日主의 旺弱에 따라서 다르니 착오 없기 바란다。

日主가 旺하고 傷官亦是旺하면 財星이 用이 되리니 局中에 比劫이 有旺하면 官星을 만남도 可하다。

傷官四柱에 比劫이 없고 印綬가 있으면 官星이 不可하다。

日主가 弱하고 傷官이 旺하면 마땅히 印綬가 用이 되리니、官星이 吉하나 財星은 不可하다。

日主가 弱하고 傷官이 旺하고 印綬가 없으면 마땅히 比劫이 用이 되리니 財官은 不可하나 比劫과 印綬는 可하다。

日主가 旺하고 財官이 없으면 食傷이 用이 되리니 財星은 可하나 官星과 印星은 不可하다。

日主가 旺하고 比劫이 많은데 財星이 衰弱하고 傷官이 輕하면 마땅히 官星이 用이 되리니 運路의 財官은 可하나 食傷이나 印綬는 不可하다。

日主가 衰弱하여 比劫이 用이 될때는 官星이 不吉하다。 만약 局中에 印綬가 있어 用이 될때는 官星도 害가 없다。

食神도 旺하면 傷官이 되며 특히 女命에 있어서는 傷官格이 男便을 剋하니 不吉한 것이다。

身旺木火 傷官格에 比劫이 많으면 官星이 可하나、身弱木火傷官에는 官星이 不可한 것이다。

金水傷官格은 冬節의 金이 冷하므로 調候를 要하니 官星이 可한데 金水가 弱할때는 官星이 不可하다。

水木、土金、火土、傷官格에는 官星이 不可한데 身旺하고 比劫이 重하여 財星을 剋할때는 官星도 可하다。

총론컨대 傷官四柱는 旺弱을 살펴서 取用할 것인바 대개 身弱 眞傷官格은 官星이 害가 없으며 傷官格에 財星이 없으면 官星이 不吉한 것이다。

傷官用印

己丑 辛未 丙寅 己丑

庚午 己巳 戊辰 丁卯 丙寅 乙丑

季夏의 丙火가 不弱이나 傷官이 太旺하여 寅中甲木이 用이 된다。丁卯運에 登科하여 丙寅乙運까지 富貴하였으니、病中得藥이라 辛金을 制去하고 疏土하였기 때문이었다。

辛酉 丁酉 戊午 辛酉

丙申 乙未 甲午 癸巳 壬辰 辛卯

戊土日主가 傷官太旺하여 印綬가 用神이 되였는데 局中에 財星이 없어 印綬가 보호됨이 즐겁다。따라서 原局이 淸하여 少年에 登甲하였고 名聲을 四海에 떨쳤다。行運이 癸巳壬辰에 印綬를 剋하고 合化金하므로 破職하고 官災까지 겹쳐 末年까지 不發하였다。

壬戌 壬子

癸丑 甲寅 乙卯

前造와 같이 身弱用印四柱인데、局中에 財星이 病이 된다。初運甲寅乙卯까지 患禍가 重重하였고 이어서 丙辰丁巳戊까지 益發하여 官祿裕餘하였으니、이와같이 印綬가 透出하고

庚辰
己卯

丙辰 丁巳 戊午

印綬가 用이 될때는 官逢도 可함인 것이다。午運에 衰神이 旺神을 冲하여 破職하였다。

丙辰
癸巳
乙丑
丙子

甲午 乙未 丙申 丁酉 戊戌

此四柱는 身弱하여 用神이 印綬가 되는데 運路가 섭섭하다。申運에 地方官使로 조금 發福하였으나、丁運에 바로 破職하였으니、原局도 부족한데 運路 또한 背向이라 一生 貧寒한 선비로 끝났다。

傷官用財格

丙申
戊戌
丁卯
乙巳

己亥 庚子 辛丑 壬寅 癸卯 甲辰

傷官用財格으로서 初運庚子辛丑은 遺業豊厚하여 經營하는 일에 大利를 取하였고 寅運부터 財星을 冲破하고 金의 絕地가 되니 敗亡하여 末年까지 不發할 것이다。이는 旺者가 冲衰면 衰者拔하는 연고이다。

癸亥
乙卯
壬申
乙巳

甲寅 癸丑 壬子 辛亥 庚戌 己酉

水木傷官에 日主가 不弱하여 用財이다。運路가 金水向이라 風霜起倒가 많은 命造이며 戌運에 比劫을 制御하고 卯合化成財하므로 經營事業이 成功하여 大財入手하였다。酉運에 冲破卯하므로 大敗하였다。

戊子
辛酉
戊午
丁巳

壬戌 癸亥 甲子 乙丑 丙寅 丁卯

土金傷官格에 日主太旺하여 用財하였고 初年遺業이 조금 있었던 중에 財運이라 大發하였다。

丙寅運부터 火土를 生助하므로 財散人離하여 末年은 禍敗가 연속 하였다。

壬申
辛亥
辛酉
庚寅

壬子 癸丑 甲寅 乙卯 丙辰 丁巳

金水傷官에 日主太旺하여 用財한다。만약 亥水가 없었다면 財星을 群比爭財할터인데 亥水가 寅財를 보호함이 즐겁다。行運 또한 즐거워 巨富가 되였다。巳運에 亥冲하여 사망하였다。

傷官用比刦格

癸亥
辛酉
戊申
己未

庚申 己未 戊午 丁巳 丙辰 乙卯

土金傷官에 傷財가 太重한데 時에 刦財가 즐거워 取用된다。行運이 最吉하여 少年登科하여 一生을 富貴하였다。乙卯運에 我剋하여 망하였는데 局中에 火가 透出하였다면、極凶은 免하였으리라。

癸亥
甲寅
癸亥
甲寅

癸丑 壬子 辛亥 庚戌 己酉 戊申

水木傷官에 月令이 木旺地라 水의 絕地인 중 寅亥合化木하므로 傷官이 太重하다 따라서 比刦이 用이 되며 혹 財를 用하는 경우가 많은데、이치에 맞지 않는다。

戊申
己未
丙戌
己丑

庚申 辛酉 壬戌 癸亥 甲子 乙丑

傷官이 太重한데 丑月이나、戌月이나、辰月에 生하였다면 從兒格이 되겠는데 未月生은 火의 餘氣라 從格도 되지 못하고 未中丁火를 取用할 수밖에 없다。運路가 背向하므로 一生 破難風霜으로 마쳤다。

傷官格食傷用

乙 戊 癸 癸
酉 寅 酉 丑

丁丑 丙子 乙亥 甲戌 癸酉 壬申

癸水가 寅月生이나, 酉丑金局을 지은데다 比肩이 透出하였으니, 太旺하다. 戊土는 絶地에 臨하였으므로 取用不能이여서 寅木傷官을 用하여야 된다. 乙亥甲戌運은 地方考試에 合格하여 편안히 지내다가 酉運에 三酉金이 木剋하므로 破職하였다.

己 庚 甲 丁
卯 午 寅 卯

己巳 戊辰 丁卯 丙寅 乙丑 甲子

木火傷官格이 되었는데 時上丁火가 用이 된다. 年上己土가 마땅히 用이 되어야 하는데, 根氣없는 月上庚金病때문에 火가 用神이 되는 것이다. 만약 庚金이 없다면 己土가 用이 될 것이다.

傷官格用官星

癸 己 丙 癸
酉 未 午 巳

戊午 丁巳 丙辰 乙卯 甲寅 癸丑

火土傷官四柱인데 丙午日主가 太旺한 중 年支酉金財星이 有氣하며 年上癸水 또한 衰弱하나 損傷이 없다 癸水가 透出했기에 酉金이 旺火속에서 濕土의 生을 받을 수 있고 酉金이 健全한 연고로 癸水가 損傷되지 않는다. 따라서 官星癸水가 用이 된다. (傷官格에 官星을 用하는 경우는 흔하지 않으나, 本造의 경우는 그 확실한 例라 하겠다)

戊 戊 丁 乙
申 午 巳 巳

己未 庚申 辛酉 壬戌 癸亥 甲子

火土傷官格이 清하며 年支申金財星이 있음이 妙하고 用神이 된다. 初庚申辛酉에 大發하여 巨富가 되었고 壬戌運은 壬水가 無根하고 乙木이 原局에 透出하여 小凶은 있었으나, 大患은 免했고 亥運에 이르러 冲破되고 支地에 木이 없어 不通爭鬪되므로 破産하였다.

壬子 辛亥 壬子 癸卯

壬子 癸丑 甲寅 乙卯 丙辰 丁巳

水勢가 泛溢한데 時支에 木이 洩氣함이 吉하고 用神이 된다。乙卯運까지 富貴兼全하여 만인의 抑視를 받았으나、丙運에 群比爭財하여 세아들중 두아들이 사망하고 婦大가 함께 망하였다。

丁丑 丙午 己酉 辛未

乙巳 甲子 癸卯 壬寅 辛丑 庚子

火旺節에 己土가 太旺한데、辛金이 透出하여 通根이 堅固함이 吉하다。원국은 淸하나 아까운 것은 運路가 東方行이라 病인 火을 생하고 用神金의 絶地라 有志無伸하여 전전긍긍하다가 辛丑運부터 末年은 名利가 한꺼번에 裕如하였다。局中에 木이 없음이 또한 즐겁고 東方木運에 大凶을 免하였음은 水가 蓋頭하였기 때문이다。

淸 氣

◎ 一淸到底有精神 管取生平富貴眞 澄濁求淸淸得去 時來寒谷也回春。

하나의 맑은 정신이 밑바닥까지 있으면 平和를 낳고 참된 富貴를 取하여 管理할 것이며 濁한 것을 맑게 하여 맑은 대로 가게 될 때가 되면 찬골짜기에 봄이 돌아 올 것이다。

【原 註】淸者 不徒一氣成局之謂也 如正官格 身旺有財 身弱有印 並無傷官七殺 雜之 縱有比肩食神財煞印綬 雜之 皆循序得所 有安頓 或作閑神 不來破局 乃爲淸奇 又要有精神 不爲枯弱者 佳濁非五行並出之謂 如正官格 身弱 混之以煞 混之以財 以食神雜之 不能傷我之官 反與官星不和 以印綬雜之不能扶我之身 反與財星相戕 俱爲濁 或得一神有力 或行運 得所 以掃其濁氣 沖其滯其 皆爲澄濁以求淸 皆富貴命矣。

淸은 一氣로 成局된 것을 말하는 것이 아니라 가령 正官格에 身旺하면 財星이 있고 身弱하면 印綬가 있고 아울러 傷官과 七殺이 混雜함이 없으면 比肩、食神、財煞、印綬등이 混雜이라도 순서를 얻은 바이니、편안함이 될 것이고 혹 閑神이 작당하여 破局하지 않으면 淸奇하고 精神이 있을 것이니、枯弱하지 않으면、아름다운 것이며 濁은 五行의 並出함을 말하는 것이 아니고 가령 正官格에 身弱한데 財星과 食神이 混雜되면 官을 제거하지 못하고 반대로 官星과 不和하며 印綬가 混雜되었더라도 나를 돕지 못할 것이고 반대로 財星끼리 서로 싸움을 하여 모두가 함께 濁하게 될 것이다。혹 有力한 神을 얻고 혹 行運에 得地하여 그 濁氣를 씻어 주고 그 滯氣를 冲하여 주면 모두 탁한 것을 맑은 것으로 만들 것이니、富貴命이 될 것이다。

【解 說】 四柱를 보는데 있어서 가장 어려운것 중의 하나는 淸濁을 分別하는 것이라 하겠으니、命主가 淸하고 有氣하면 精神이 貫足하게 되고 命主가 淸하나 無氣하게 되면 精神이 枯槁하게 되는 것이니、精神이 枯槁한 즉 邪氣가 生하게 되고 邪氣가 있는즉 淸氣가 散하게 되고 淸氣가 散한 즉 가난하거나 賤하게 되는 것이다。

四柱八字에는 대개 淸濁이 있는 것이니、가령 身弱한 正官格에 있어서 印綬가 돕고 있을 때 財星은 꺼리게 되는 것이니、財星이 破印하지 않아야 淸이 되고 財星이 出現되어 破印한다면 濁이라 할수 있는 것이다。그러나 이때 局勢를 보아 財星이 있어도 生官하고 官은 生印하고 印은 生身하여 五行의 源頭가 不絕한다면 財星을 濁으로 보지 않으니、行運의 生旺運에 自然히 富貴發福하게 될 것이다。또한 局中에 五行을 고루 갖추고 있다 하더라도 身弱한 日主를 官星이 剋하는데 印綬가 遠隔되여 生化不能이거나 印星이 無氣力한데 官星이 遠隔되여 生印을 못한다거나 할 경우에는 濁이 될 것이니 行運에서 解消할 때 澄濁求淸이라 하여 解消할수 있는 것이다。

身旺한 正官格에 있어서는 財星이 旺하면 淸이 될 것이요、印綬가 旺하면 濁이 될 것이며 傷官이 旺한데 財星이 遠隔되었어도 弱한 官星을 剋하여 濁이 될 것이다。이때는 運路에서 財星이 들어와 通關하고 生助해 주어야 解消될 것이다。

여기에서 注意하여야 될것은 傷官이 天干에 透出하여 官星을 剋할때 財星이 地支에 出現되었더라도 天干의 官星을 求하는 힘이 미약하고 傷官이 地支에 있어 地支의 官星을 剋할때 天干에 財星이 있다 하더라도 地支의 싸움을 解消하기 어려우니、이는 男子끼리의 싸움을 女子가 말리기 어렵고 女子 끼리의 싸움을 男子가 말리기 어려운 것과 같은 이치이다。 그러나 財星이 强力할 때는 或해소됨도 있으며 行運에서도 天干이든 地支이든 相戰되고 있는 位致로 들어와야 通關되며 또 原局에서 傷官生財하고、財星은 生官하고 있는데 他神이 財星을 合去한다면 官星이 傷官으로 부터 受剋될 것이니、濁格이 되는데 이때는 行運에서 其合神을 冲去해 주어야 濁을 解消할 수 있는 것이다。 이를 澄濁求淸이라 한다。

총론컨대、喜神은 마땅히 得地逢生되고 日主의 가까운 곳에 貼身되어야 아름다우며 忌神은 마땅히 失勢臨絶되고 日主와 遠隔되어야 아름다운 것이다。

이상은 비록 正官格을 例하여 說明하였으나 他格도 같은 理致이니、착오 없기 바란다。

癸酉
甲子
丙寅
乙未

癸亥 壬戌 辛酉 庚申 己未 戊午

丙火가 子月에 生하였으나、坐下에 長生을 얻고 印綬가 透出하여 根深하니 도리어 旺으로 되였다。 즐거운 것은 官星이 透出하고 得氣하였으니、소위 一淸到底 有精神하다 하겠다。 다시 妙한 것은 年支財星에서 부터 財生官하고 官生印하며 印生身하니、五行源流不絶이라 純粹하고 깨끗하다。 初中運 金水에 早年科甲하여 年年昇進하고 榮華를 누렸으나、己土에 凶하였고 未土엔 平하였고 戊午에 傷官하여 解職되었으니 原局의 天干에 財星이 없는 연고라 하겠다。

甲子
丙寅
己亥
辛未

丁卯 戊辰 己巳 庚午 辛未 壬申

正月의 己土가 財官이 太旺하니 身旺正官格이 되였다。 그러나 아름다운 것은 丙火印綬가 干透하여 長生을 얻고 있음이며 地支의 財星이 印綬를 剋하지 못함이요。 時干의 辛金이 遠隔되었으므로 丙火印綬가 能히 化殺生助함이라 하겠다。 따라서、純粹淸格이 되었고 더욱 아름다운 것은 年支財星에서 부터 財生官하고 官生印하고 印生身하니 五行이 源流不悖이며 運路 또한 南方火土行이 라早年科甲하여 一生을 富貴榮華로 지냈으니、淸氣는 貼身되고 濁氣는 遠隔되었음이라 하겠다。 壬運에 이르러 丙火를 剋하므로 凶을 免치 못했다。

癸未
甲子

癸亥 壬戌 辛酉

前造 癸酉生人의 命造와 비슷하다。 그러나 前造는 官星이 財星위에 透出하여 癸水官星을 生助하였으나、此造는 未土傷官위에 官星이 損剋당하고 있으며 官星의 뿌리인 子水마저도

丙寅　庚申
丁酉　己未
　　　戊午

剋하고 있기에 濁格이 되였다。 더욱 불미한 것은 時支의 財星이 官星과 遠隔되여 土水相戰을 말리지 못하고 있음이니、喜神은 貼身이요 忌神은 遠隔되어야 된다는 原則에도 위배 되었을 뿐 아니라 五行의 源流가 絶悖되었음이 애석하다。

初年 水金運은 父母의 餘德으로 家業이 豊裕하였으며、庚申、辛酉에 土水相戰을 通關시켰기 때문에 澄濁求淸하여 大發하였다가 己未運에 行入하여 傷妻剋子하였으며、家産大破하는 등 厄運이 연속되다가 횡사하고 말았다。

濁 氣

◎ 滿盤濁氣令人苦 一局淸枯也苦人 半濁半淸猶是可 多成多敗度晨昏。

滿盤이 濁氣가 되면 그 사람은 괴로운 것이고、一局이 淸枯하여도 역시 괴로운 사람일 것이다。半은 淸하고 半은 濁함이 오히려 可함도 있으니、成함도 많고 敗함도 많으니、아침과 저녁의 구별이라。

【原 註】 柱中要尋他淸氣不出 行運又不能去其濁氣 必是貧賤 若淸 又要有精神爲妙 如枯弱無氣 行運又不遇發生之地 亦淸苦之人 濁氣又難去 淸氣又不眞 行運 又不遇淸氣 又不脫濁氣者 雖然成敗不一 亦了此生平矣。

柱中에 淸氣가 나오지 아니 하였나를 찾는 일이 중요한데 行運에서 그 濁氣를 制去하지 못하면 이는 반듯이 貧賤할 것이다。 만약 淸이 되면 要컨대 精神이 있어야 妙한 것인데 가령 枯弱無氣하고 行運에서 生地를 만나지 못하면 淸枯한 사람인 것이다。 濁氣는 또 制去하기가 어렵고 淸氣는 참되기가 어려운 것이니、行運에서 淸氣를 만나지 못하고 濁氣에서 벗어나지 못하게 된 것은 비록 成敗가 한두번이 아닐 것이고、역시 죽도록 平凡에 不過하리라。

【解 說】濁氣라 함은 四柱가 混雜되고 偏枯함을 말하는 것이다。即正神이 失時되고 邪氣가 乘權되였다면 氣濁이라 할 수 있는 것이다。대개 濁命造는 一生險阻하고 困若하지만 行運이 安頓하여 濁을 除去해 줌이 있으면 起發함도 있으니、行運을 잘 만나야 할 것이다。

濁은 대개 다음과 같이 例를 들 수 있으니、

官旺印喜인데 財星이 壞印하면 財濁이 되고

官衰喜財인데 比刦이 爭財하면 比刦濁이 되고

財旺喜刦인데 官星이 制刦이면 官濁이 되고

財旺喜食傷인데 印綬가 當權하면 印濁이 되고

身强殺淺한데 食傷이 得勢면 食傷濁이 되는 것이니、分別所用해야 할 것이다。

또 濁을 分別할 때는 먼저 枯弱을 살펴야 할 것이니、『枯』라 함은 日主가 無根하고 生氣가 없거나、日主는 有氣하지만 用神이 無氣하면 行運에서 滋助하는 運을 만나도 도저히 發生할 능력이 없을 때를 말하는 것이다。

따라서 日主가『枯』한 者는 가난하지 않으면 夭死하고 用神이『枯』한 者는 가난하지 않으면 孤獨한 것이다。

또『弱』이라 함은 日主나 用神이 연약하나마、有根일 때를 말함이니、이러한 때는 行運에서 扶한 즉 發生하고 助한 즉 旺할 수 있는 상태이니、行運을 잘 만나야 할 것이다。

따라서、清有精神 終必發이요 偏枯無氣 斷孤貧이라、(清한 정신이 있으면 마침내 반듯이 일어날 것이고、偏枯하고 無氣하면 외롭고 가난함을 면치 못할 것이다。)

滿盤濁氣須看運이니 抑濁扶清也可亨이라 하였다。(全局이 濁氣가 되면 모름지기 運을 볼 것이니、濁氣를 억제하고 清氣를 도울때 가히 亨通할 수 있으리라。)

乙 亥
庚 辰

己卯
戊寅
丁丑

戊戌日生이 辰月에 生하고 時에 印綬를 얻으니、身旺한데、食傷을 用할려니、印綬가 旺하여 損傷이 심하고 또한 庚金을 用하기도 乙木이 亥에 根深하여 不從化하여 不足하다。官

戊 戌　丙子
丁 巳　乙亥
　　　甲戌

星을 用할려고 하니、庚金이 合壞하여 또한 不足하다。財星亥를 用할려니 失時를 한중 時支巳火와 遙沖을하니、또한 부족하다。따라서 本命造는 濁이 되였는데 그래도 가장 有力한 用은 財官이므로 運路에서 病인 庚金과 巳火를 除去해 줄때 起發할 것이다。

癸 亥　戊午
己 未　丁巳
丙 午　丙辰
己 丑　乙卯
　　　甲寅
　　　癸丑
　　　壬子

丙午日主가 未月에 生하여 旺盛한 것 같으나、時支에 丑土를 얻어 晦火가 沈하니、旺變爲弱이 되었다。따라서 四主가 濁이 되었는데 初年 三十年간 火土運은 起倒가 多端하였고 乙卯甲寅에 大發하여 富貴를 함께 하였으니、濁土를 疏土하였기 때문이다。

丁 卯　丙午
丁 未　乙巳
庚 午　甲辰
己 卯　癸卯
　　　壬寅
　　　辛丑

庚金이 未月에 生하여 孟烈한 火속에 있고 根氣가 없고 枯弱하다。얼핏 보기에는 財生官하고 官生印하고 印生身하여 五行의 源流가 純粹한 것 같으나、火多土焦하여 庚日主가 매우 脆하다。따라서 原註에 弱濁은 行運을 잘 만나면 發福하나、枯濁은 가난하지 않으면、夭死한다고 하였듯이 一生富屋內貧하였다。그러나 외모는 明月淸風이었으니、이는 五行의 源流가 不絶하였기 때문이라 하겠다。

眞　神

◎令上尋眞聚得眞 假神休要亂眞神 眞神得用生平貴 用假終爲碌碌人。

令위에 眞을 찾아 眞神이 모이면 假神으로 하여 眞神을 어지럽히지 말것이며 眞神이 得用되면 平安과 貴를 생할 것이며、假神이 得用되면 平生 碌碌한 사람이 될 것이다。

【原　註】如木火透者 生寅月 聚得眞 不要金水亂之 眞神得用 不爲忌神所害 則貴 如參以金水猖狂 而

用金水 是金水又不得令 徒與木火不和 乃爲碌碌庸人矣。

가령 木火가 透出했는데 寅月生이면 眞神을 얻어 모은 것이니、金水의 어지러움을 要하지 아니하고 眞神이 得用되고 忌神의 害하는 바가 없으면 곧 貴할 것이요、또 金水가 猖狂하여 用神이 되면 金水는 絶地가 되어 得令하지 아니 하였으니、行運이 木火가 되여 하는 일이 없이 어정거리는 平凡한 사람이 될 것이다。

【解 說】 眞神이라 함은 月令에 得時秉令한 星神을 말하는 것이며 假神이라 하면 失時退氣한 星神을 말하는 것이다。

日主에 所用되는 神이 天干에 透出하고 地支에 提綱司令이 되었다면 眞神을 얻은 것이니 平生富貴할 것이다。

만약 日主의 所用되는 神이 假神이라도 局中에서 合去冲去等의 損傷이 없고 行運이 安頓하면 亦是 小富貴는 할 수 있는 것이다。

그러므로 喜神은 마땅히 生地를 얻어야하고 忌神은 絶地에 臨하여야 함은 당연한 이치이며 行運도 역시 助喜抑忌함을 要하는 것이다。

甲子
丙寅
己丑
甲子

丁卯 戊辰 己巳 庚午 辛未 壬申 癸酉

己土가 寅月에 生하여 寒濕하고 氣虛한데 月上의 丙火가 長生地에 앉아 印綬가 正然하고 甲木官星이 得時하여 淸하니 有力한 眞神을 얻었다 하겠다。따라서 本造는 平生 富貴할 것이며 行運 또한 東南方行이라 少年에 급제하여 一生富貴하였다。

壬申
壬寅
丙子
乙未

癸卯 甲辰 乙巳 丙午 丁未 戊申

壬水殺星이 申金에 長生하고 丙火가 虛弱한데 寅月令에 眞神을 얻고 時干에 乙木本神이 透出하니 亦是 眞神 提綱이라 하겠으나、寅申冲破가 病이 되었나。다행히 行運이 東南方行이라 病을 제거해 주니 平生武官으로서 名聲을 떨치고 富貴하였다。

庚申
戊寅
壬子
甲辰

己卯 庚辰 辛巳 壬午 癸未 甲申

壬水가 坐下에 羊刃을 얻은 중 時支辰과 合水局 幇身하니 弱하지 않다。 즐거운 것은 時干甲木眞神이 透出한 것인데 그러나 年柱庚申假神이 甲寅木을 剋하며 戊土가 또한 假神을 돕는게 病이다。 初年 辛巳運까지는 비록 學問은 하였으나、변변치 못한 生活을 하다가 午運에 이르러 縣令을 하였으며 申運에 이르러 破職되였다。

假 神

◎眞假參差難辨論 不明不暗受迍邅 提綱不與眞神照 暗處尋眞也有眞。

眞神과 假神의 着異를 辨論하기가 어렵다。 보이지도 아니하고 안보이는 것도 아니여서 머뭇거리게 되니 提綱에서 眞神이 나타나지 아니하면 暗處에서 찾으면 眞神이 있을 것이다。

【原 註】眞神得令 假神得局 而黨多 假神得令、眞神得局而黨多 不見眞假之迹 或眞假皆得令得助 不能辨其勝負而參差者 其人 雖無大禍 一生迍否而少安樂 寅月生人 不透木火 而透金爲用神是爲提綱不照也 得己土暗邀 戊土轉生 支地卯多酉冲 乙庚暗化 運轉西方 亦爲有眞 亦或發福 以上 特擧眞假一端言耳 其會局 合神 從化 用神 衰旺 情勢 象格 心迹 才德 邪正 緩急 生死 進退之例莫不有眞假 最宜詳辨之。

眞神이 得令하고 假神은 得局하여 많은 무리를 이루었거나、假神이 得令하고 眞神은 得局하여 많은 무리를 이루었다면 眞假의 자취를 區別하기 어려울 것이며 혹 眞假모두가 得令 또는 得局한 것은 그 勝負의 차이를 論하기 어려우니 그러한 때는 비록 大禍는 없다고 하지만 一生을 決定함이 없이 머뭇거리기만 할 것이고 작은 安樂만이 있을 것이다。

가령、寅月生人이 木火가 透出하지 아니하고 金이 透出하여 用神이 되었다면 이것은 提綱이 不照한 것이다。 이때 己土를 얻어 暗邀하고 戊土가 轉生하고 地支에 卯酉冲하고 乙庚이 暗化한다면、行運이 西方에 이르러야 역시 眞神이 될 것이며 혹 發福함도 있을 것이다。 이것은 眞神과 假神의 한 例에 불과한 것이다。 그 會局、合神 從化 用神 衰旺 情勢 象格 心迹 才德 邪正 緩急 生死 進退等 例가 모두 眞神、假神이 있는 것이니、가장 알맞은 詳辨을 해야 할 것이다。

【解 說】 氣에는 眞假가 있고 先後가 있는 것이니、眞神인 月令의 本氣가 局中에서 失勢하였거나、退氣를 만났다면 眞作假하는 것이며 가령 寅月生이 甲木이 天干에 透出하지 아니하고 庚金이나、戊土가 透出하였는데、年、日、時、支에 申酉金이나 辰戌土等이 있거나 或 酉丑拱金이 되었다면、眞神이 失勢하고 假神이 得局한 것이니、역시 假神이라도 능히 取用할 수 있는 것이다。

또한 四柱에 眞神이 不足하고 假神 또한 虛할 때는 眞神이건 假神이건 主에 대한 喜忌를 따져서 喜神의 本氣大運에 당도하면 眞神을 얻은 것이 되어 大發할 수 있고 忌神의 本氣大運에는 凶禍가 매우 큰 것이다。

무릇 四柱의 짜임새와 쓰임새에 있어서 貴賤이 같지 아니하고 邪正이 항상 같지 아니하니 動靜間에 眞假를 잘 살펴야 할 것이다。무릇 경험하건대 大富大貴者는 用神이 眞神일 경우에 居多하고 假神이 得局하여 用神이 될 경우는 少富少貴하고 或 眞神이 用神이라도 損傷이 되어 있을 때는 行運에서 求함이 있으면 역시 少富少貴를 하는 것이니、局中에 病이 있을때 藥을 만나면 救함이 있어 生하는 것과 같고 眞神도 不足하고 假神로 不足하면 一生 貧賤하니 藥도 없고 病도 없는데 藥을 만나면 능력은 없으면서 欲만 發動하여 死하는 것과 같은 理致라 하겠다。

乙酉
戊寅
壬午
庚戌

丁丑 丙子 乙亥 甲戌 癸酉 壬申

壬水가 正月 立春에 生하여 月令에 甲木眞神이 司令하였으나、天干에 土金假神이 透出하여 地支戌酉에 通根하였으니 이 四柱는 眞神은 失勢하고 假神이 得局하였다。따라서 庚金을 用하여 化殺하니 소위 假作眞이 되였다。柱中에 病은 地支가 合火局하여 庚金을 剋하고 壬水를 灼水하는데 있으나 火가 天干에 不透하고 戊土가 生金함이 다행이라 하겠다。行運이 西北金水行이라 病을 制去하므로 早年登科하였고 德과 温和로서 만인의 抑視를 받는 官使로서 一生을 富貴하였다。

年	月	日	時
庚戌	戊寅	癸未	癸丑

己卯 庚辰 辛巳 壬午 癸未 甲申 乙酉

癸水가 正月에 生하여 甲木眞神이 司令하였으나、天干에 不透하고 戊土假神이 透出하여 丑戌未에 通根하니、假作眞이 되었다。따라서 太旺한 戊土殺神을 감당하기 어렵게 되었으니、年上庚金假神으로 用神化殺하여 殺印相生하여야 할 것이니、假神을 사랑하고 眞神을 증오하는 命造라 하겠다。行運이 南方行이라 生殺壞印하므로 中年後까지 辛苦患難을 겪고 奔馳四方하다가 末年甲申運에 늦게나마 用神이 得地하여 고을 현감을 거쳐 州牧까지 이르게 되었다。

年	月	日	時
丙子	己亥	辛酉	己亥

庚子 辛丑 壬寅 癸卯 甲辰 乙巳

辛金이 亥月에 生하여 壬水眞神이 司令하였으나、天干에 不透하였고 火土假神이 透出하였는데、애석한 것은 假神 亦是 뿌리가 없다。따라서 本造는 眞神도 不足하고 假神도 處脫하니、賤格이 되고 말았다。可히 取用할 것이라고는 日支酉金祿뿐인데、本造를 흔히 寒金이니、火用한다고 하는 사람이 있으나、한점의 生氣도 없는 丙火를 쓸수가 없으며 己土 역시 空中에 떠서 虛脫하여 旺水를 止水 못하므로 쓸수 없는 것이다。初年庚子辛丑에는 糊身하여 부모의 餘德으로 자못 풍유하게 살았으나、壬寅부터 東南木火行에는 火로부터 受傷하여 祖業도 破하고 刑妻剋子하고 家出하여 行方不明이 되었다。

剛 柔

◎柔剛 不一也 不可制者 引其性情而已矣。

柔와 剛은 같지 아니하니 制함이 不可할 때는 그 性情에 따라야 할 것이다。

【原 註】剛柔相濟 不必言也 太剛者 濟之以柔 而不得其情 而反助其剛矣 譬之武士而得士卒 則成殺

伐 如庚金 生於七月 遇丁火而激其威 遇乙木而助其暴 遇己土而成其志 遇癸水而益其銳 不如柔之剛者 濟之可也 壬水是也 蓋壬水 有正性 而能引通庚之情故也 若以剛之剛者 激之 其禍曷勝言哉 太柔者 濟之以剛 而不馭其情 而反益其柔也 譬之烈婦而遇恩威 則成淫賤 如乙木 生於八月 遇甲丙壬而喜則輸情 遇戊庚盛而畏 則失身 不如剛之柔者 濟之可也 丁火是也 蓋丁火 有正情 則能引動乙木之情故也 若以柔之柔者 合之 其弊將何如哉 餘皆例推。

剛柔가 相濟해야 함은 말할 필요조차 없다。太剛者는 柔로서 濟하여야 하는데 그 情을 얻지 못하면 반대로 그 剛을 도와야 하는 것이다。비유컨대 武士가 卒兵을 얻으면 殺伐을 이룰수 있는 것과 같다。가령 庚金이 七月에 生하여 丁火를 만나서 그 威力을 激動하고 乙木을 만나서 其暴함을 돕는 것이 되고 己土를 만나서 그 뜻을 이루게 하고 癸水를 만나서 그 鉛利함을 빛나게 한다면 柔로써 剛과 相濟라 하지 아니하고 濟함이 되는 것은 壬水로써 庚金의 性情을 引通하여야 되는 것이다。만약 剛者를 剛으로써 激하게 되면 그 禍가 나타남이 말로써 어찌다 표현 하리요? 太柔者는 剛으로 濟하여야 되는데 그 情을 이루지 못하면 반대로 그 柔함을 더 하게 하는 것이니、비유컨대 烈婦를 사랑으로서 引導하려고 하면 곧 淫賤하게 될것이니、가령 乙木이 八月에 生하여 甲、丙、壬을 만나면 기쁜 것이니 곧 輸情하고 戊寅의 旺盛함을 만나면 두려운 것이니、곧 失身할 것이며 柔는 剛이 아닌 것으로 濟함이 可한데 이것이 丁火이다。丁火가 蓋頭한 것은 옳바른 情이 있어 곧 乙木을 이끌어 주는 情이 있는 것이다。만약 柔한 것으로서 柔한 것을 合하면 그 弊將함을 어찌、감당할 것인가? 나머지도 이와 같이 추리하라。

【解 說】剛中에는 柔가 있는 것이고 柔中에는 剛을 所藏하고 있는 것이니、剛과 柔는 서로 動하여 相對性은 恒常 부르는 것이다。

다시 말하면、剛은 陽이며 乾(☰)으로 表示되고 乾이 반복(動)되면 坤(☷)이 되므로 剛中에는 柔를 所藏하고 있는 것이고 柔는 陰이며 坤(☷)으로 表示하고 坤이 分離(動)되면 乾(☰)이 되기 때문에 柔中에는 剛이 있는 것이다。

대체로 春木、夏火、秋金、冬水、季土가 得時當令하고 剋制하는 神이 없다면 其勢力이 雄壯하고 그 性質이 剛健할 것이니、順勢하여 洩氣시켜야 하는 것이다。

만약 洩氣시키지 않으면、不情하고、不情하면 不秀하고、不秀하면 어리석게 될 것이다。이때 만약 順勢하지 아니하고 官星으로 剛者를 억제하여 柔를 取할려고 한다면 약한 것으로 강한 것을 當하지 못하니、剛한 者는 激怒하여 더욱 亂暴해져서 大過를 초래할 것이다。

또 春金、夏水、秋木、冬火、仲土가 失時하여 無氣하고 原局에 生助함이 없다면 그 勢力이 유연하고 그 性質이 至弱하여 질 것이니、이때는 官星으로 抑制하여야 하며 만약 억제하지 않으면 不闢하고、不闢하면 不化하고、不化하면 朽物(썩은 물건)과 다를 바가 없는 것이다。이렇게 氣弱할 때 만약 幫助하여 剛을 取할려고 한다면 虛를 더욱 加重시켜 大禍가 發生하게 되는 것이다。

따라서 順勢洩氣할 때는 原局에 生助함이 있어야 하고 太弱하여 의지할 곳이 없어 宜剋이 될 때는 原局에서 受剋을 많이 받아야 妙한 것이다。

또한 庚金이 七月에 生하면 壬水를 要하게 되고 乙木이 八月에 生하면 丁火가 要求되는 것인데 庚金이 七月에 生하였다 하더라도 局中에 壬水가 없거나、地支에 暗藏되어 있는데 木火가 透出하여 無損이면 火를 用하여 抑制함이 옳은 것이요。八月의 乙木도 局中에 丁火가 없거나 暗藏되어 無力할 때는 나타난 印綬나 比劫을 用함이 옳은 것이니、原局의 짜임새(格)와 쓰임새(用)를 잘 살펴야 할 것이다。

甲	庚	戊	壬
申	辰	申	申

甲寅	癸丑	壬子	辛亥	庚戌	己酉

庚金日主가 地支에 三申을 얻고 梟印을 얻으니 太旺하다。年干壬水가 透出하여 申辰에 通根하니 有力하여 능히 洩氣精英하므로 極旺은 않되고 太旺하다。太旺者宜洩이니 壬水가 用神이요 戊土가 病인데、初年 土運에는 刑喪을 겪고 祖業을 破했으나、辛亥運부터 癸丑까지 三十年間 經營하는 業이 興盛하여 大富가 되었다。이 四柱가 初年運이 土金으로 並行하였기 때문에 學問은 不足하였다。

壬戌　己酉
戊申　庚戌
庚寅　辛亥
丙戌　壬子
　　　癸丑
　　　甲寅
　　　乙卯

庚金이 七月에 生하였고 梟神이 太旺하니、太旺한 四柱인데 太旺한 四柱의 用神은 洩氣 아니면 抑制하는 方法外에 없는 것이니 年干 壬水로서 洩氣를 생각해 보면 戊土위에 있는 壬水라 剋을 받고 있는 중 月上의 戊土가 透出하여 壬水는 完全 損傷되고 있다。따라서 다음으로 抑制를 생각해 본다면 時干丙火가 寅中에 長生하고 戌寅半合火局하니、根氣가 堅固하므로 丙火는 能히 庚金을 煆煉할 수 있으므로 用이 된다。

그러나、애석한 것은 運路가 西北金水行이라 爲人이 똑똑하기는 하였으나、萬事不成하여 辛苦患難을 겪다가 末年 甲寅乙卯에 이르러 發福하여 大富가 되었으니、梟印을 制去해준 연고이다。

辛酉　丙申
丁酉　乙未
乙未　甲午
丁丑　癸巳
　　　壬辰
　　　辛卯

八月의 乙木이 兩丁火가 透出하였으니、能히 用이 된다。그러나 애석한 것은 日支未中乙木과 丁火의 微根이 丑未冲으로 因하여 損傷됨이다。丑土는 晦火生金하므로 病인데 初年甲午運까지 三十年間을 祖業이 豊足하여 호위호식하다가 癸巳運에 이르러 巳酉丑拱金이 되고 癸水는 丁火를 損傷하므로 횡액으로 사망하였다。

戊辰　庚戌
辛酉　辛亥
乙亥　壬子
甲申　癸丑
　　　甲寅
　　　乙卯

乙木이 八月에 生하였는데 柱中에 丁火가 全無하므로 印綬가 用이 되는데 日支에 亥水를 得하였으므로 四柱가 淸하다。初年 庚戌辛亥는 가난한 집에 出生하여 어깨넘어 공부로 전전긍긍하다가 亥運後반에 科甲하여 乙卯運까지 약 四十年間을 富貴를 누렸다。本四柱가 만약 亥水가 없었다면 貧賤하여 보잘것 없는 局이 되었을 것이다。

順逆

◎ 順逆不齊也 不可逆者 順其氣勢而已矣。

順逆은 고르지 아니한 것이다。逆한 것은 不可한 것이고 그 氣勢에 順從하여야 한다。

【原　註】 剛柔之道 可順而不可逆 崑崙之水 可順而不可逆也 其勢已成 可順而不可逆也 權在一人 可順而不可逆也 二人同心 可順而不可逆也。

剛柔의 道는 順從함은 可하나 逆함은 不可한 것을 말 한것이고 崑崙(곤륜·根本을 이루고 있음을 말함)의 水도 可順이며 不可逆이니 其勢가 이미 이루어졌으면 順從함은 可하나 逆함은 不可한 것이다。또 權力이 한사람에게 있는 것도 順從함은 可하나 逆함은 不可한 것이며、二人同心도 順從함은 可하나 逆함은 不可한 것이다。

【解　說】 順逆之道는 旺氣勢에 順從함과 旺氣勢에 逆行함이 있으니、旺其氣勢에 順從함이 可함이요 逆함은 旺者가 激怒하여 더욱 强暴해지므로 不可하니、大禍가 發生하는 것이다。

原註에 權在一人도 可順不可逆이요、二人同心도 可順不可逆이라 하였는데 어떤 경우를 말하겠는가?

日主가 得時當令하고 局勢가 모두 拱合이나 印綬로서 日柱를 또한 돕는다면 소위 專旺格이 되여 旺이 剋에 달한 것이니、權在一人이 되여 旺者에 順其氣勢함이 可하다는 말이며 局中에 兩勢力이 比等하여 兩氣成象을 이루고 있을때 서로 相生이 되면 二人同心이요 서로 相剋이 되면 二人逆心이 될 것이니、二人同心인 경우도 順其氣勢함이 옳은 것이요、逆하면 不可한 것이다。

※ 兩氣成象에서 서로 相剋(二人逆心)일 때는 세력이 比等한 두 싸움을 말려야 하니、通關시키는 神으로 用할 것이다。

옛글에서 말하기를 旺者는 其有餘함을 덜어 주고 부족하면 그 부족함을 補하여 주어야 마땅하다고 하였는데 理論은 옳은 것이나、別格 專旺格 從格 從化格에 있어서는 例外가 되는 것이다。

庚 庚 庚 庚
辰 申 辰 辰

丁 丙 乙 甲 癸 壬 辛
亥 戌 酉 申 未 午 巳

庚金으로서 權在一人이 되었는데 初年 南方火運은 旺勢를 逆하여 不吉한데 다행히 金水가 蓋頭하여 大禍는 없었으며 甲申乙酉運에 이르러 順其氣勢되어 한나라의 兵權을 쥐었고 丙運에 旺勢를 逆하여 激動하므로 軍中에서 死亡하였다。

癸酉
甲子
庚辰
甲申

癸亥 壬戌 辛酉 庚申 己未 戊午

庚辰日主가 得祿하여 旺한데 地支에 水局을 짓고 癸水가 透出하니 소위 二人同心이 되었다。 二人同心도 可順不可逆이라 했으니 順其氣勢인 金水를 用한다。 初年癸亥壬運은 祖業이 豊足하여 學問을 많이 하였고 戌運은 刑喪을 겪었으나、 西方金運이라 大禍는 없었고 辛酉庚申二十年間 科甲하고 大財入手하여 富貴를 누렸고 己未運은 剋子刑妻하였으며 家業이 漸退하다가 戊午運에 破產하고 死亡하였으니、 南方火運에 二人同心을 逆勢하였기 때문이다。

壬子
辛亥
乙亥
丙子

壬子 癸丑 甲寅 乙卯 丙辰 丁巳

乙木日主에 壬水가 乘權하고 地支가 全水이므로 소위 崑崙之水를 이루고 있다。 原註에 崑崙之水도 可順不可逆이라 했으니、 水木用이 된다。 初年 壬子癸丑은 遺業이 豊足하였고 甲寅乙卯運은 順氣流行하여 家道가 날로 번창하고 富貴를 누렸으며 丙運은 病神이므로 水火交戰하여 刑妻剋子하였고 凶禍를 겪었으며 辰運 역시 子辰水局하였으나、 旺水의 庫地라 別로 복구를 못하였고 丁巳運에 辛苦患難을 다 겪다가 사망하였다。

寒 暖

◎ 天道 有寒暖 發育萬物 人道得之不可過也。

天道에 寒暖이 있어서 만물을 발육시키는 것이니、 人道를 얻음에 過한 것은 不可하다。

【原 註】 陰支爲寒 陽支爲暖 西北爲寒 東南爲暖 金水爲寒 木火爲暖 得氣之寒 遇暖而發 得氣之暖 逢寒而成 寒之甚 暖之至 內有一二成象 必無好處 若五陽 逢子月 則一陽之候 萬物懷胎 陽乘陽位 可東可西 五陰 逢午月 則一陰之候 萬物收藏 陰乘陰位 可南可北。

陰支를 寒으로 하고、 陽支를 暖으로 하며、 西北을 寒으로 하고、 東南을 暖으로 하며、 金水를 寒으로 하고、 木火를 暖으로 하는 것이다。

寒氣에는 暖氣를 만나야 發하고 暖氣에는 寒氣를 만나야 成하는 것이니、寒氣는 甚하고 暖氣는 至極한 것이다 內的으로 한두가지 象을 이룬것이 있더라도 반듯이 好處가 될 수는 없는 것이다。

만약 五陽이 子月을 만나면 곧 一陽의 氣候에서 萬物이 胎動하고 陽이 陽의 자리에 있으면、東도 좋고 西도 좋은 것이며、五陰이 午月을 만나면 곧 一陰의 氣候에서 만물이 收臟하게 되는 것이니、陰이 陰의 자리에 있으면 南도 좋고 北도 좋다。

【解 說】 우주만물은 寒暖의 調和에서 生育發展하는 것이다。

陽에서 萬物은 始生되고 陰의 調和에서 育成되는 것이니 陽이 아니면 역시 生할 수 없고 陰이 아니면 育成될 수 없는 것이다。바꾸어 말하면 根本의 바탕을 이룰수 있음은 形機에서 비롯 되는 것이니、이것이 陰陽의 調和인 것이다。

따라서 四柱格局에서도 陽은 있는데 陰이 없다거나、陰은 있는데 陽이 없다거나、또한 寒한데 暖이 없다거나 暖은 있는데 寒不足하다면、홀아비나 과부만의 世上이 될 것이니、樂이 있을 수 없고 生成의 뜻이 있을 수 없다

四柱의 짜임새뿐만 아니라 우주만물의 理致가 그러하니、寒한 곳에는 반듯이 暖氣를 要하고、暖한 곳에는 반듯이 寒氣를 要하며、陽에는 陰이、陰에는 陽이、따라야 生育發展이 있는 것이 正理인 것이다。그러나 만약 暖이、極至한데 寒이 無根하거나 寒이 極甚한데 暖氣가 無氣할 때는 寒暖이 過한 것이니、이때는 寒이 過하면 暖이、暖이 過하면 寒이 없어야 마땅히 아름다운 것이니、寒이 極에 達하면 暖을 生하고 暖이 極에 達하면 寒을 生하는 天地自然의 順理를 따라야 되기 때문이다。

이때 만약 寒이 過하다고 해서 暖을 取하고 暖이 過하다고 해서 寒을 取하는 것은 不可하니、天地自然의 攝理를 人爲的으로 調和시킬 수 없는 연고라 하겠다。

※ 寒甚한데 暖有氣하면 則暖行宜也이고
寒甚한데 暖無氣하면 則無暖爲美이며
暖至한데 寒有氣하면 則寒行爲宜이고

暖至한데 寒無氣하면 則無寒爲美니라

甲申　　丁丑
丙子　　戊寅
庚辰　　己卯
戊寅　　庚辰
　　　　辛巳
　　　　壬午

庚金이 子月에 生하여 支에 申子辰水局을 이루니 金寒하다。多幸한 것은 丙火가 透出하여 時支에 寅中通根함이며 年干 甲木의 도움이라 하겠다。丙火와 寅木이 遠隔되여 生根이 못되고 있는것 같으나、年支 申金이 動冲하고 있으므로 動則必生火하여 能히 通根이 되고 있는 점이다。만약 動冲이 않된다거나、接冲이라면 受剋되여 丙火가 虛脫하여 調候를 못할 것이다。(接冲은 受剋이요、遠隔冲은 動합이라) 따라서 運路가 東南陽地行이라 早年에 科甲하여 富貴兼全하였다。

己酉　　乙亥
丙子　　甲戌
庚辰　　癸酉
甲申　　壬申
　　　　辛未
　　　　庚午

前造와 비슷하나 寅木이 地支에 없음이 다르다。역시 金寒하고 木凋하니、寒甚하고 暖은 無氣하다。寒甚하고 暖無氣할 때는 無暖爲美하다 하였으니、金水가 用이 된다。初年 乙亥는 北方水地라 有喜無憂하였고 戌運은 病神丙火의 根氣가 되므로 刑喪을 겪었고 癸酉壬申에 大發하여 大財入手하고 地方考試에 合格하여 조그마한 벼슬도 하였으며 辛未以後 南方火地에서는 丙火의 生地라 破難重重하였으며 午運中 寅年에 身亡하였다。

丁丑　　乙巳
丙午　　甲辰
丙午　　癸卯
壬辰　　壬寅
　　　　辛丑
　　　　庚子

丙火가 午月에 生하여 比刦이 重重하므로 暖이 至極하다 時干의 壬水가 不足하기는 하나 坐下辰庫中에 通根하였다、年支丑土가 北方淫土로써 晦火하고 生金이니、소위 暖至한 중에 寒氣有氣하므로 壬水는 能히 用이 된다。行運이 東方木行이라 早年에 科甲은 하였으나、起伏이 多端하였고 中傷謀略等 많은 파란을 겪다가 辛丑庚子에 이르러 清廉潔白을 인정받아 末年은 행복을 만끽하였다。

癸未　　丙辰
丁巳　　乙卯
　　　　甲寅

丙火가 巳月生에 比刼重重하므로 暖이 至極한데 年時干의 癸水는 根氣가 전혀 없다。따라서 暖이 至極한데 寒氣가 無根하다。無根이면 無寒爲美하다 하였으니、癸水가 病이 된다

丙午 癸丑
癸巳 壬子 辛亥

甲寅運까지는 遺業이 豊裕하여 家業은 날로 增新되었으나、癸丑運부터 病神癸水를 도우니 家產을 모두 탕진하고 官災가 겹치고 壬子運에 祝融之害(火神名)까지 입고 死亡하였다。

燥 濕

◎ 地道 有燥濕 生成品彙 人道得之不可偏也。

地道에는 燥濕이 있어서 여러가지 무리를 나누어 生成하는 것이니 人道를 얻음에 偏枯한 것은 不可하다。

【原 註】 過於濕者 滯而無成 過於燥者 烈而有禍 水有金生 遇寒土而愈濕 火有木生 遇暖土而愈燥 皆偏枯也 如水火而成其燥者吉 木火傷官要濕也 土水而成其濕者吉 金水傷官 要燥也 間有土濕而宜燥者 用土而後用火 金燥而宜濕者 用金而後用水。

濕이 過한 것은 滯하여 成함이 없는 것이고 燥가 過한 것은 烈이 禍가 되는 것이다。水는 金이 있어야 生하는데 寒土를 만나더라도 濕이 더 가중되며 火는 木이 있어야 하는데 暖土를 만나더라도 燥가 더 가중되는 것이니、모두 偏枯한 것이다。가령 木火로서 燥한 것은 吉하니 木火傷官格에는 濕을 要하는 것이며 土水로써 濕을 이룬 것도 吉한데 金水傷官格은 燥를 要하는 것이다。

혹 濕土가 燥를 좋아하는 것은 먼저、土를 쓰고 뒤에 火를 쓰는 것이고 金이 燥하여 濕을 좋아 함은 먼저 金을 쓰고 뒤에 水를 쓰는 것이다。

【解 說】 燥濕은 水火相成됨을 말하는 것이며 濕은 陰氣이니 燥逢則成하고 燥는 陽氣이니、濕을 만나야 生成되는 것이다。

木이 夏節에 生하였다면 洩氣精華하여 겉으로는 有餘하다 하지만 안으로는 반듯이 壬水를 얻어야 虛脫하지 아니하고 生氣를 얻게 되는 것이며、또한 辰丑濕土로써 培養하게 되면 火는 孟烈하지 아니하고 木은 枯氣하지 아니하며 土는 메마르지 않으며 水는 증발하지 않을 것이니、能히 生成의 뜻이 있을 것이다。

이때 만약 辰丑濕土가 아니고 未戌燥土라면 반대로 火를 도와 晦火하지 못할 것이니、비록 壬癸水를 얻었다고 하더라도 爲力이 없을 것이다。

金이 多令에 生하였다면 休囚地가 되므로 官星이 두려울 것 같으나 金은 백번 煉하여도 其 性質과 色이 변하지 아니하는 고로 丙丁火를 반듯이 얻어 寒을 물리쳐 줌이 기쁜 것이며 未戌燥土를 얻어 濕을 除去하여 주어야 晦火되지 아니하고 水는 넘치지 않을 것이며、金은 寒冷하지 않을 것이며 土는 얼어 붙지 않을 것이니 機氣生發함이 있을 것이다。

이때 만약 未戌燥土가 아니고 丑辰濕土라면 반대로 水를 도와 旺水의 狂奔를 면치 못할 것이며 비록 火가 있다고 하더라도 역시 爲力이 없을 것이다。

이것이 소위 地道生成의 妙理인 것이니、깊은 연구가 있기 바란다。

丙辰
辛丑
庚辰
丙子

壬寅 癸卯 甲辰 乙巳 丙午 丁未

庚金이 丑月에 生하여 兩丙火를 얻었으니、大格이라고 속단하기 쉬운데 丙火가 根氣가 없고 더욱 애석한 것은 辰丑등 三濕土를 얻어 丙火를 晦火하니 오히려 病神이 되고 말았다 따라서 水用이 되겠는데 行運木行은 土를 疏土하여주고 水를 保護하니 자못 衣食은 넉넉하였으나、乙巳 丙午 丁未 南方火地에 이르러서는 처자를 모두 잃고 家產을 破盡하고 削髮하고 중이 되어 一生을 마쳤다。

丁未
壬子
庚戌
丙戌

辛亥 康戌 己酉 戊申 丁未 丙午

庚金이 仲冬에 生한중 壬水가 透出하니、水勢가 범람한 것 같으나 戌未燥土를 얻은중 丙丁火가 透出되니 水가 狂奔하지 아니하고 庚金이 寒冷하지 않으며 土가 메마르지 않아 格局은 크나 섭섭한 것은 行運이 西方金地라 中年까지 土金運에는 말단 官吏로써 生活하다가 末年에 접어 들어 丁未丙午運에는 大發 州牧師를 하였고 富또한 컸었다。

癸未　丁巳　甲午　庚午

丙辰　乙卯　甲寅　癸丑　壬子　辛亥

甲日主가 地支에 全巳午未를 얻으니、天干癸水와 庚金이 根氣가 全無하므로 病이 되고 順其氣勢하여야 하니、初年 甲寅運까지는 家業이 日增하다가 癸丑運에 들어서서 刑喪破耗를 다 겪고 壬子運에 午를 冲激하여 重犯人으로서 獄中死亡하였다。

癸丑　丁巳　甲辰　庚午

丙辰　乙卯　甲寅　癸丑　壬子　辛亥

前造와 비슷하나 다만 丑辰 二字만 다르다。辰丑濕土는 癸水의 根氣가 되고 능히 晦火하며 生金하므로 燥濕이 相齊되였다 하겠다。初年大運에는 幇身之運이라 和平하게 지냈으며、癸丑이후에는 北方水運에서 三十年間大發하여 대사업가로서 名振하였다。

隱　顯

◎ 吉神太露 起爭奪之風 凶物深藏 成養虎之患。

吉神이 露出되면 爭奪之風을 일으키고 凶物이 深藏되면 養虎之患을 이룬다。

【原　註】局中所喜之神 透於天干 歲運 不能不遇忌神 必至爭奪 所以有暗用吉神爲妙 局中所忌之神 伏藏於地支者 歲運 扶之冲之 則其爲患不小 所以忌神明透 制化得宜者吉。

局中의 喜神이 天干에 透出되고 歲運에 忌神을 만나면 爭奪에 이르게 될 것이니、吉神은 감추어져 있는 것을 쓰는 것이 妙한 것이며 局中의 忌神이 地支에 伏藏된 것은 歲運에서 扶하거나 冲하면 그 患이 적지 않을 것이다。이로써 忌神은 明透하여야 制化할 수 있으므로 吉한 것이다。

【解　說】『吉神이 太露하야 起爭奪之風』이란 말은 吉神이 天干에 露出되면 쉽게 爭奪된다는 말이니 가령、甲乙

木日主가 財星이 吉神일때 財星이 天干에 露出되면 行運에서 木이 올때 爭奪되고 庚辛金을 만나면 三相剋이 되니 爭奪之風이라고 표현한 말이다.

이때는 반듯이 局中에 丙丁火가 있어 吉神인 財를 生하여 주고 行運의 金을 制壓하여 주어야 할 것이다.

무릇 吉神은 深藏되어야 安全하고 凶物(忌神)은 마땅히 露出되어야 쉽게 剋去할 수 있기 때문에 좋은 것이다.

다시 말해서 吉神이 透露하였어도 地支에 通根當令하면 深藏된 것이니, 害가 없으며 凶物이 深藏되였어도 失時하고 休囚되었다면, 亦示 害가 없는 것이다.

古書에 『吉神 深藏은 終身之福이요, 凶物이 深藏은 終身토록 禍』라 하였는데, 가령 凶物이 支地에 深藏되었다면 집안에 있는 도둑과 같으니 防止하기 어려워 禍를 기르는 것과 같은 理致인 것이니, 凶物은 露出하되 根氣가 없어야 되겠고 吉神은 露出하되 根深하여야 좋을 것이다.

己卯
辛未
丙子
辛卯

庚午 己巳 戊辰 丁卯 丙寅 乙丑

丙火日主가 未月에 生하고 印綬가 重重하니, 火氣가 生旺하다. 따라서 辛金財星이 用神이 되겠는데, 根氣가 없는게 흠이라 하겠다. 日坐官星은 未土에 剋되고 木에 傷盡되어 쓸 수 없고 年干 己土는 本來 陰濕土라 生金을 하나 年支卯木에 損剋되고 火旺節의 己土가 焦土되었으니, 生金不能이다. 따라서 本造는 吉神은 透露하고 凶物은 深藏되었으니, 종신토록 凶多吉少라 하겠다. 初運 己巳戊辰은 土旺節이라 그런대로 衣食이 있었으나, 丁卯以后부터는 土金이 모두 損傷되므로 家産을 모두 탕진하고 破難을 수 없이 겪다가 丙寅運에는 家族이 모두 흩어지고 妻子는 死亡하였으며 本人은 出外他鄕하여 行方不明이 되었으니, 露出된 吉神은 쉽게 損傷되고 深藏된 吉神은 終身토록 福이 된다는 것을 立證해 주는 命造라 하겠다.

壬午
乙巳
丁丑
丙午

丙午 丁未 戊申 己酉 庚戌 辛亥

丁火日主가 孟夏에 生하고 柱中에 比刼이 重重하니, 旺한데 年干壬水가 丑中 癸水에 通根은 되는데 遠隔되어 있고 午火위에 있기 때문에 損傷이 深하다. 그러나, 즐거운 것은 日坐丑濕土가 能히 旺火를 晦火하고 있으며 丑中辛金財星을 보호하고 또한 巳丑半合金局하니 壬水가 외로운 중에 生氣를 얻었다 하겠다. 따라서 本造는 吉神이 深藏되었다 할 수 있으니、福命이 되었는데、運路 또한 西北行이라 富貴할 수 있으니、初年丙午丁未는 貧寒한 집에 出生하여 苦生이 많았고 戊申以後부터 經營하는 事業이 大成하여 대재벌이 되었으며 一生을 富貴하였다。

※ 本造는 用神이 財星金이 되는데 壬水는 喜神에 가까운 閑神이라 하겠다。太旺者宜洩이니 濕土로서 洩氣시킴은 吉하나 壬水로서 制壓함은 旺火가 폭발하는 연고라 하겠다。

衆 寡

◎ 强衆而敵寡者 勢在去其寡 强寡而敵衆者 勢在成乎衆。

强이 많고 敵이 적은 것은 勢力이 그 적은 것을 버리는데 있고 强이 적고 敵이 많은 것은 勢力이 많은 것을 이루는데 있다。

【原 註】强寡而敵衆者 喜强而助强者吉 强衆而敵寡者 惡敵而敵衆者滯。

强이 적고 敵이 많은 것은 强을 기뻐하므로 强을 도와야 吉하고 强이 많고 敵이 적은 것은 敵을 미워하니、敵의 무리는 滯하는 것이다。

【解 說】衆은 强이요 寡는 不足함이니 强弱의 뜻과 다를 바가 없다。四柱를 보면 대개 强이든 弱이든 兩端間에 分別이 되는데 十正格에 있어서는 强하다면 洩 傷(抑制)爲美요、弱이라면、幫助함이 爲美하니 이것이 命理學의 正理요、別格에 있어서는 太旺者宜洩이요 極旺者宜生이요 太衰者 宜剋이요 極衰者 宜洩이니 이것이 또한 正인 것이다。(旺弱과 取用章을 참고하기 바란다。)

戊辰 乙丑

丙寅 丁卯 戊辰

本造는 土가 厚重하고 乙木이 無根하여 土多木折하니、旺土가 能히 官星을 敵하므로 乙木이 病이 되었다。따라서 戊土日主가 太旺하니 太旺者宜洩하는 原則대로 金이 用神이 되

戊戌
辛酉

己巳 庚午 辛未

었다。 初年 丙寅丁卯는 刑耗多端하였고 戊辰運부터 發福하여 富貴를 하였고 辛運까지 승승장구하여 貴發하였으며 未運中亥運에 破職되었으니、亥未木局 하였음이다。火運에 用神金을 損傷하지 않음은 旺土가 通關하기 때문이다。

戊午
壬戌
丁卯
癸卯

癸亥 甲子 乙丑 丙寅 丁卯 戊辰 己巳

丁火日主에 官殺이 兩透하였으나 地支가 全部暖支이기 때문에 無根하여 의지할 곳이 없게 되었다。 따라서 勢力이 官을 損傷하고 있으니、太旺한데 用神은 順勢함이 마땅하여 初年 癸亥甲子乙丑까지는 北方水運이라 病神官殺을 도우므로 하는 일마다 失敗하다가 丙寅丁卯서 부터 火를 生助하므로 發福하여 經營事業이 大成하였고 戊辰己巳에 官殺을 制去하여 주므로 子息이 登科하여 年年 大榮하였으니、太旺者宜洩이기 때문이다。

癸丑
壬戌
丙午
庚寅

辛酉 庚申 己未 戊午 丁巳 丙辰

丙火日主가 戌月에 生하여 支에 寅午戌火局을 지으니 身旺하다。年月干의 壬癸水가 丑中에 通根하고 또한 水의 進氣를 만나니 抑制則吉이요、洩則凶이니 金運에는 遺業이 豊盛하여 멋지게 살았으나、己未戊午로 行路가 바뀌면서 부터 父母가 共沒하였으며 家產을 破敗하고、妻子를 모두 傷하였으며 丙辰運에 水의 庫地를 만나고、辰戌沖破하면 癸壬必傷되므로 他鄕에서 전전긍긍 하다가 死亡하였다。

震 兌

◎ 震兌 主仁義之眞機 勢不兩立 而有相成者存。

震兌(東西)는 主로 仁과 義의 참된 기틀이 되는 것이다。勢力이 兩立하지 아니하더라도 相成함이 있으면 存하는 것이다。

【原 註】震在內 兌在外 月卯 日亥 或未 年丑或巳 時酉 是也 主之所喜者在震 以兌爲敵國 必用火攻

主之所喜者在兌 以震爲奸宄 備禦之而已 不必盡去 不必興兵也 兌在內 震在外 月酉、日丑、或巳、年未、或亥 時卯者是也 主之所喜者在兌 以震爲游兵 易於滅而不可黨震也 主之所喜者在震 以兌爲內寇 難於滅而不可助兌也 以水爲說客 相間於上下 或年酉、月卯 日丑、時亥、年甲、月庚、日甲、時辛、之例、亦論主之所喜所忌者何如 而論攻備之法 然金忌木 木不帶火 木不傷土者 不必去木也 若木忌金而 金强者 不可戰 惟秋金而木茂 木終不能爲金之害 反以成金之仁 春木而金盛 金實足以制木之性 反以全木之義 其月是木 年日時皆金者 不必問主之所喜所忌 而亦宜順木之性 凡月是金 年日時皆是木者 不必問主之所喜所忌 而亦宜成金之性。

震은 內에 있고 兌은 外에 있는 것은 月이 卯이고 日은 亥나 未이고 年은 丑이나 巳이고 時는 酉가 되는 것들을 말한다。主에 喜神이 震에 있으면、兌가 敵國이 될 것이니、반듯이 火를 用하여 공략해야 하고、主의 喜神이 兌에 있으면 震은 奸宄(간궤=바깥 도적)가 되니 대비하여 막아야 할 따름인데 반듯이 다 막을 수는 없는 것이며 반듯이 시끄러움이 일어나는 것도 아닌 것이다。兌가 內에 있고 震이 外에 있는 것은 月이 酉이고 日이 丑이거나、巳이고 年이 未나 亥가 되고 時가 卯인 것들을 말하는 것이다。主의 喜神이 兌에 있으면 震은 游兵(통솔자가 없는 병사)과 같으므로 滅亡시키기 쉽지만 震이 作黨함은 不可한 것이다。또 主의 喜神이 震에 있으면 兌는 內寇(내구=안도둑)가 되여 滅亡시키기 어려운 것이며 이때 다시 兌를 돕는 것은 不可한 것이다。震兌에 있어서도 水가 上下사이의 說客(설객=上下를 通關하는 神을 말함)이 되는 것이니、혹 年이 酉이고、月이 卯이고、日이 丑이고、時가 亥인 것과、또 年이 甲이고、月이 庚이고、日이 甲이고、時가 辛인、경우에서 主의 喜하는 바와 忌하는 바가 어떤 것인 가를 보는 것이데、攻敵이냐 또는 防備냐를 보는 法인 것이다。그러나 金과 木은 서로 꺼리는 것이지만 木이 火를 대동하지 아니하여도 木이 土를 傷함이 없을 때는 반듯이 木을 제거하지 않아도 되는 것이다。만약 木이 金을 두려워 하는데 金이 强하면 싸움이 不可한 것이다。秋金을 만나도 木이 茂盛하면 木은 金의 害를 당함이 없는 것이요、반대로 金을 만남으로서 木이 仁하게 되는 것이며、春木이라도 金이 盛하면 實한 金은 足히 木을 制할 수 있는 것이요 반대로 木을 만남으로서 金은 義를 갖게 되는 것이다。무릇 月令이

木인데 年日時가 모두 金이라면、主의 喜하는 바나 忌하는 바를 물을 필요도 없이 順木의 성질이 되는 것이고 月令이 金이고、年日時가 모두 木인 것은 主의 喜하는 바와 忌하는 바를 물을 필요도 없이 成金의 性質을 갖게 되는 것이다。

【解 說】 震은 (☳) 陽地이며 東方木을 말하고 先天의 位는 八白이다。兌는(☱) 陰地이며 西方金을 말하고 先天의 位는 四緣이다。震은 長男이니 雷從地起하여 一陽이 二陰밑에서 始生하므로 坤初에서 生하고 長男이 配少女면 天地의 順理이니、生成의 妙가 있는 것이다。兌는 少女이니 山澤에 通氣하는 고로 三陰이 乾의 終에서 始生하며 만물의 기뻐하는 곳이 되는 것이다。震兌(木과 金은) 세력이 兩立되지 아니 하여도 相成할 수 있는 것이다

震兌(木金)에는 五個의 理致가 있으니 **攻、成、潤、從、暖**이다。

攻、初春節의 木은 木嫩(목눈=木이 약함) 金堅하니 火로서 攻해야 하며

成、仲春節의 木은 木旺金衰하니 土로서 生金해야 하며

潤、夏令의 木은 木洩金燥하니 水로서 潤하여야 하고

從、秋金節의 木은 木凋金銳하니 土에게 從해야 하고

暖、冬令의 木은 木衰金寒하니 火로서 暖하여야 세력이 兩全됨이 없이 仁義相成되는 것이다。

原註에 內外之說이 있는데 이것은 衰旺과 相敵之意에 不過한 것이니、마땅히 洩해야 될때는 洩하고 抑制하여야 마땅할 때는 抑制하여 格局을 보아서 金木之勢의 意向대로 따르면 될 것이다。

丙 寅
庚 寅
甲 申
乙 丑

辛卯 壬辰 癸巳 甲午 乙未 丙申

甲木이 立春節에 生하였으므로 天氣가 寒한중 月干에 庚金이 日坐에 得祿하고 時支丑土가 生金하니 木嫩金堅은 火로서 **攻**해야 마땅하다。따라서 丙火가 用神이 되리니、初年 辛卯壬辰은 丙火를 損傷하므로 學業을 困孤하게 하였으며、이어 南方火運에 들어 丙火가 旺地를 만나니、公門에 들어가 年年 승진하고 甲午乙未에는 富貴가 크게 雙全하였고 申運에 破職되었으니、庚金이 旺祿되고 丙火의 絕地가 되는 연고이다。

庚戌
己卯
甲寅
丁卯

庚辰 辛巳 壬午 癸未 甲申 乙酉

仲春甲木이 祿刃을 얻으니 木旺金衰하다。따라서 土가 成之되어야 한다 하였으니、土가 根深하고 生金함이 妙하다。用神은 金이 되는데 初年 庚辰辛巳는 庚金을 生功하고 長生되므로 父母의 德으로 자못 豊裕하게 學業에 發達하였고 壬午癸未運은 南方火運이라 不利하나 原局의 干支에 土가 있으므로 化殺하여 大凶은 免했고 甲申乙酉에 들어 庚金이 得旺하여 大發하니、官職이 知州牧師에 이르렀으며 年年大榮하였다。

庚辰
壬午
甲辰
丁卯

癸未 甲申 乙酉 丙戌 丁亥 戊子

甲木이 仲夏에 生하여 丁火가 時에 透干하니 猛烈한데 다행스러움은 月干壬水가 兩辰에 通根하고 庚金의 生을 받고 있음이다。따라서 木이 仲夏에 生한 즉 水로서 潤하여야 한다。하였으니、壬水用이 된다。行路가 순탄하여 申運에 科甲하여 觀察使로 임명되어 계속 發展하다가 丙戌運에 金水가 兩傷되어 모략과 訟事로 不利하였으나 丁亥부터 다시 發福하여 富貴를 누렸다。

庚戌
甲申
甲申
乙丑

乙酉 丙戌 丁亥 戊子 己丑 庚寅

甲木이 孟秋에 生하여 財殺이 兩旺하다。비록 天干에 三甲乙木이나 支地에 전혀 根氣가 없으므로 木凋金銳하니 土로써 從한다는 原則에 따라 從殺하는 四柱다。初年 土金運이 順하여 戌運에 武科에 급제하였고 亥子運에는 甲木의 生地가 되므로 刑耗多端하였고 己丑運에 生殺하므로 軍門에 이름을 크게 날리고 副將까지 올랐으나、寅運에 旺勢를 逆하여 사망하였다。

辛酉
庚子
甲子
丙寅

己亥 戊戌 丁酉 丙申 乙未 甲午

甲木이 仲冬에 生하니 水凍金寒하나 寒木은 火에서 生함을 받는 것이고 木衰金寒은 暖하여야 發生한다 하였으니、時干丙火가 用神인데 行運戌에서 科甲하였고 酉申運은 大凶할 것이나、丙丁火가 蓋頭하였으므로 大凶은 免했고 이어 丁未甲午에 大發하여 侍郞벼슬에 까지 이르러 富와 貴를 兼全하였다。

坎 離

◎ 坎離 宰天地之中氣 成不獨成 而有相持者在。

坎離는 天地의 中氣를 주장하는 것이니、홀로서는 이룰수 없는 것이고 서로 붙들어 주는 바가 있어야 사는 것이다。

【原 註】天干 透壬癸 地支屬離者 乃爲旣濟 要天氣下降 天干 透丙丁 地支屬坎者 乃爲未濟 要地氣上升 天干皆水 地支皆火 爲交媾 交媾身强則富貴 天干皆火 支地皆水 爲交戰 交戰身弱 豈能富貴 坎外離內 謂之未濟 主之所喜在離 要水竭 主之所喜 在坎 則不祥 離外坎內 謂之旣濟 主之所喜 在坎要離降 主之所喜 在離 要木和 水火相間於天干 以火爲主 而水盛者 存 坎離相見於地支 喜坎而坎旺者 昌 夫子午卯酉 專氣也 其相制相持之勢 宜悉辨之 若四生四庫之神 皆所以黨助子午卯酉者 其理亦可推詳。

天干에 壬癸(坎)가 透出하고 地地가 離(火)에 속하는 것은 旣濟이니 天氣가 下降함을 要하고 天干에 丙丁(離)이 透出하고 地支가 坎(水)에 속하는 것은 未濟이니、地氣가 上升함을 要하는 것이다。즉 天干이 모두 水요 地支가 모두 火라면 交媾(교구=合理的인 性交)이니 交媾라도 身强하면 富實할 수 있는 것이고 天干이 모두 火이고 地支가 모두 水이면 交戰이니 交戰이 身弱하면 어찌 富貴를 할 수 있으랴? 坎이 外에 있고 離가 內에 있는 것은 이르기를 未濟라하며 主의 기뻐하는 바가 離에 있으면 水가 마르는 것을 要하고 主의 기뻐하는 바가 坎에 있으면 離가 나약하기를 要하는 것이며、離가 外에 있고 坎이 內에 있으면 이를 말하기를 旣濟라 하니 主의 기뻐하는 바가 坎에 있으면 離降함을 要하고、主의 기뻐하는 바가 離에 있으면 木이 和함을 要하는 것이다。天干에서 水火가 相見하는데 火가 위主가 되었으면 水盛해야 살고 坎離가 地支에서 相見하는데 坎이 喜神일 때는 坎이 本氣이니 서로 制御하고 서로 의지하는 勢力을 마땅히 연구하여야 한다。만약 四長生地나 四庫葬地는 모두 한무리가 되어서 子午卯酉를 돕는 것이니、그 理致를 옳게 미루어 보아라。

【解 說】坎은 陽이니、先天位는 右요、數는 七인 고로 陽이라 함이요、離은 陰이니、先天位는 左요 數는 三인 고로 陰이라 한다。

坎을 中男이라 함은 天道가 下濟인 고로 一陽이 北에서 生함이고 離를 中女라 함은 地道가 上行인 고로 二陰이 南에서 生하기 때문인 것이다。

離를 日體라 하고 坎을『月體』라 하여 一潤 一暄하니 水火가 相濟하고 男女(陰陽)가 媾精(合을 말하니 즉 性交를 말함)하여 만물이 化生하게 되는 것이다。

대개 坎離는 日月을 正體로 하기 때문에 無消無滅하고 天地의 中氣를 주장하는 것이니、獨成이 不可하고 반듯이 相持(상지‖각각 자기의 성질을 가지고 의지함)할때 成함이 있는 것이다。(前구에서 설명했듯이 震兌는 獨成이 可하다。震兌와 坎離가 이 점이 다르다。)

坎離의 相持의 理致를 다섯가지로 구분 할 수 있으니、**升、降、和、解、制**이다。

升·天干에 離(火)가 衰하고 地支에 坎(水)가 旺하면 地支에 반듯이 木을 얻어야 地氣가 上升하게 되는 것이요。

降·天干에 坎(水)가 衰하고 地支에 離(火)가 旺하면 반듯이 天干에 金이 있어야 天氣가 下降하게 되는 것이고、

和·天干이 모두 離(火)요 地支가 모두 坎(水)이면 반듯이 行運은 木運을 얻어야 相戰을 막으니、和하게 되고

解·天干이 모두 坎(水)요、地支가 모두 離(火)이면 行運이 반듯이 金運을 만나야 解함을 얻게 되고、

制·干支에서 坎(水) 離(火)가 交戰이 되면 반듯이 行運에서 其强한 者를 制之시켜야 되는 것임을 말하는 것이다。

따라서 坎離의 作用이 이러하니、獨成이 不可하고 반듯이 相持禮智의 法에 따라 吉凶이 나타나는 것이다.

丙子
己亥
丙寅
戊子

庚子 辛丑 壬寅 癸卯 甲辰 乙巳

丙火가 孟冬에 生한 중 地支에 兩子水를 보니、天干에 離는 衰하고 地支는 坎이 旺하다 이러할 때는 地支에 반듯이 木을 얻어야 地氣가 上升한다 하겠으니、寅中甲이 用神이다. 初年 庚子 辛丑은 疾病과 禍患을 겪었으며 壬寅부터 發福하여 科甲하고 行運이 東南木火로 가기 때문에 富貴를 兼全하였고 觀察使 벼슬까지 지냈다.

壬午
壬寅
壬戌
庚戌

癸卯 甲辰 乙巳 丙午 丁未 戊申

壬水가 孟春에 生하였는데 地支에 모두 戌寅午火局을 지으니 天干에 坎이 旺하고 地支에 離가 旺하다 이러한 때는 반듯이 天干에 金이 있어야 降된다 하였으니、庚金이 用神이다. 그러나 애석한 것은 行運이 東南木火行이라 一事無成이요 辛苦患難을 면치 못하고 他鄕에 떠돌이 신세를 면치 못하다가 末年戊申年부터 자리를 잡고 事業을 한 것이 큰 부자가 되고 二妻를 두었으니、用神庚金이 得旺地가 되는 연고이다.

丙子
丙申
丙子
丙申

丁酉 戊戌 己亥 庚子 辛丑 壬寅

丙火가 申月에 生하여 天干이 모두 離이요 地支가 모두 坎이 되니 離衰坎旺이 되였다. 이러한 때는 行運이 木運으로서 和하라 하였으니、木이 用神인데 애석하게도 金水運으로 行하니 五十年間 刑傷顚沛하고 壬寅運부터 東方木行하니、事業이 興하여 늦게나마 巨富가 되었다.

癸巳
壬戌
壬午
壬寅

辛酉 庚申 己未 戊午 丁巳 丙辰

壬水가 戌月에 生하고 天干에 모두 坎水요 支가 모두 離이니、이러한 때는 五行을 不論하고 行運에서 金을 만나야 解함을 얻는다 하였으니、金이 用神인데 初年 金運에는 衣食이 豊裕하여 걱정없이 지내다가 己未이후 南方火運에 접어 들면서 부터 刑耗多端하였고 戊午運에 家出하여 盜賊에게 횡사하였다.

壬子
丙午

丁未 戊申 己酉

壬水가 午月에 生하여 天地에 坎離가 交戰하고 있으니、이러한 때에는 行運에서 旺者를 制之함을 만나야 한다고 하였으니、壬水가 用神이라 初年丁未大運中 戊午年에 天剋地冲하

壬子
丙午

庚戌
辛亥
壬子
癸丑

여 부모를 모두 잃고 流離他鄕하여 걸식하다가 中大運에 이르러서 申子水局하므로 結婚을 잘하고 事業을 하게 되었으며 戌運에 다시 午戌火局하므로 財産失敗를 한번 하고 辛亥以後에 巨富로써 이름을 날렸으니, 旺者를 制之하였기 때문이다.

六 親 論

夫 妻

◎ 夫妻因緣宿世來 喜神有意傍天財。

夫妻의 因緣은 前生에서 온것이니、夫星이나 妻星이 喜神으로 곁에 있으면、天財라 한다。

【原 註】 妻與子一也 局中有喜神 一生富貴在于是 妻子在于是 大率依財看妻 如喜神即是財神 其妻美而且富貴 喜神與財神 不相妒忌亦好 否則剋妻 亦或不美 或欠和 然看財神 又須活法 如財神薄 須用助財 財旺身弱 又喜比劫 財神傷印者 要官星 財薄官多者 要傷官 財氣未行 要沖者沖 洩者洩 財氣流通 要合者合 庫者庫 若財神 洩氣太重 比劫透露 及身旺無財者 必非夫婦全美者也 至於財旺身强者 必富貴而多妻妾 看者當審辨輕重 何如。

妻와 子는 한가지 인것이다。局中의 喜神이 있으면 一生동안 富貴가 있고 妻子가 이에 있는 것이다。대체로 財星으로 妻를 삼는 것이니、가령 喜神이 財星이 되면 그 妻가 아름답고 또 富貴하고 喜神이 財星과 더불어 妒忌하지 아니하여도 역시 좋을 것이다。그렇지 않은 즉 剋妻하고 혹 不美스럽거나 欠和가 있을 것이다。財神을 볼때 活法을 따를 것이니、財神이 엷으면 用神이 財星을 돕고 財旺身弱이면 比劫을 기뻐하고 財星이 印綬를 傷하면 官星을 필요로 하고 財星이 薄하고 官星이 많으면 傷官을 필요로 하고 財氣가 未行일 때 沖이 필요하면 沖하고 泄氣를 필요로 하면 泄하여 財氣를 流通시키고 合이 必要로 하면 合함이 있고 庫가 必要하면 庫를 만나고 만약 財星이 泄氣를 太重하게 하면 比劫이 透露하고 身旺한데 財星이 없는 것 등은 반듯이 夫婦가 아름답지 아니할 것이며 財旺身旺한 자는 반듯이 富貴하나 妻妾이 많은 것이니、마땅히 그 輕重여하를 깊히 따질 것이다。

【解 說】古書에 日主의 旺弱을 不論하고 陽刃이나 刦財만 있으면 剋妻한다는 것과 財星을 父로 본다는 말은 모두가 그릇된 말이며 마땅히 四柱의 짜임새(格)와 쓰임새(用)를 활용하여야 하고 財星을 妻로 한다 함이 正論이니 착오없기 바란다.

六親論의 正法은 다음과 같다.

生我者父母이니 正印과 偏印을 말하는 것이다.

我生者子女이니 食神과 傷官을 말하는 것이다.

我剋者妻財이니 正財와 偏財를 말한다.

剋我者官鬼이니 正官과 偏官을 말하고 祖父나 그 以上의 祖上도 된다.

比和者兄弟이니 比肩刦財를 말하는 것이다.

財星이 淸하면 中饋賢能(중궤현능=안살림의 먹는 일을 맡아 하는 일이 훌륭함을 말함)하니 財星이 喜神이고 不爭不妒하면 淸한 것이다.

財星이 濁하면 河東獅吼(하동사후=男便이 아내를 무서워 함을 비유한 말로서 사나운 妻의 內주장을 말함)하리니, 生殺壞印하고 爭妒無情하면 濁이 되는 것이다.

日坐가 財星이고 喜神이나 用이 될 때는 妻가 賢明하여 富를 한다.

財星이 喜神이나 用神인데 閑神이 合化財할 때는 妻의 德이 크다.

財星이 喜神이나 用神인데 閑神이 合化忌神이 될때는 妻가 外情을 하게 된다.

財星이 忌神인데 閑神이 合化財神이 되면 夫婦 금슬이 나쁘고 不和가 많은 것이다.

또한 財星은 마땅히 干出되면 地支의 財庫에 通根 收藏되어야 吉하며 財星이 地支에 深伏되면 冲動하여야 引助되어 吉한 것이니 地支에 隱藏됨이 天干에 透出한 것 보다 吉하다 하겠다. 妻는 집안에서 살림살이를 맡아 內助함이 좋은 것이지 露出되어 外事를 맡아 한다면 不美하기 쉬운 緣故와 같은 理致이기 때문이다.

가령, 財星이 輕하고 官星도 없고, 比刦이 많으면 剋妻한다.

財星이 重하고 身弱한데 比刦도 없으면 剋妻한다.

官殺이 旺하면 印綬가 用인데 財星이 印綬을 剋하면 剋妻하거나 추문을 듣게 된다.

官殺이 輕하고 身旺한데 財星이 있고 比劫을 만나면 妻美하나 剋妻한다.

比劫이 重하고 財星이 輕하고 食傷이 生財하는데 梟印을 만나면 妻가 遭凶死한다.

財星이 弱하고 官殺이 旺하고 食傷은 없고 印綬만 있으면 妻가 病弱하다.

劫刃이 旺하고 無財인데 食傷이 있으면 妻가 賢하나 必剋한다(만약 妻陋則不傷)

劫刃이 旺하고 財輕하고 食傷이 있으면 妻賢하며 不剋하나 만약 妻陋則必亡 한다.

官星이 弱하고 食傷과 財星이 있으면 妻賢하고 不剋한다.

官星이 輕하고 食傷이 重하여 印綬가 있는데 財星을 만나면 妻陋하나 不剋하다.

身旺殺淺한데 財星이 滋殺하거나 官輕하고 傷官이 重한데 財星이 化傷하거나 印綬가 重重한데 財星이 得氣한 때는 妻가 賢美하고 妻德도 많다.

身弱殺重하고 財星이 助殺하는데 印綬가 用일때 또 財星이나 食傷이 印綬를 剋하면 妻가아름답지 못하고 陋하며 或妻로 因하여 招禍傷身한다.

癸卯
乙丑
庚申
丁丑

甲子 癸亥 壬戌 辛酉 庚申 己未

庚金이 丑月에 生하니, 寒金이 旺盛하다 時干에 丁火가 透出하였으나, 無根하고 年干癸水로 부터 損剋당하고 있는데, 乙木財星이 洩水通關하고 根深하니 喜神이 되였다. 따라서 妻가 賢能하고 정숙하였으나, 本人은 不足하여 辛酉庚申運에 財星을 剋去하니 禍患을 크게 겪고 未年己未運부터 南方火가 得旺하니 平安하였다.

丁未
乙巳
丁酉
癸卯

甲辰 癸卯 壬寅 辛丑 庚子 己亥

孟夏月의 丁火가 梟印이 當權하니 太旺한 중 時干癸가 相制함이 不足한데 坐下酉金이 巳合生水하니 喜神이 되었다. 따라서 妻賢하고 妻德으로 學業을 하고 壬運에 登科하여 辛丑以後부터 大發하여 현령을 지났으니, 비록 出身家門은 貧寒하였으나, 妻德이 有餘하여 벼슬과 富를 함께 누릴수 있었다.

乙亥 庚辰 丙申 壬辰

己卯 戊寅 丁丑 丙子 乙亥 甲戌

丙火가 辰月에 生하여 兩辰土로 부터 晦火洩氣되고 申辰水局하여 壬水가 干透하니、全局이 濕하여 丙火가 외롭게 되었으니、年干의 印綬가 用神이 되는데 애석한 것은 月干庚金財星이 合化忌神으로 變하니 妻가 정숙하지 못하고 사납고 질투가 많아 처로 因하여 우세망신을 하였고 無子에다 財運 역시 貧寒하였으니、喜神을 忌財神이 合하여 忌神으로 변하였기 때문이다。財星이 忌神이 된 것만도 濁한데 喜神을 合化忌變하니 그 妻의 꼴을 가히 짐작 할 수 있으리라。

子 女

◎ 子女根枝一世傳 喜神看與殺相連。

子女는 뿌리와 가지로서 한 世代를 傳하는 것이고 喜神과 더불어 殺과 서로 연결되어야 하는 것이다。

【原 註】 大率依官看子 如喜神 即是官星 其子賢俊 喜神與官星不相妒 亦好 否則無子 或不肖 或有剋 然看官星 又要活法 如官輕 須要助官 殺重身輕 只要印比 無官星 只論財 若官星阻滯 要生扶冲發 官星洩氣太重 須合助遙會 若殺重身輕而無制者 多女。

대체로 官星을 子로 보는 것이니 가령 喜神이 官星이면 子가 賢俊하고 喜神과 官星이 서로 妒忌함이 없어도 역시 좋은데、그렇지 않으면 無子거나 不肖하고 혹은 剋하기도 한다。그러나 子女는 官星으로 보는 것이 活法이니 官星이 輕하면 모름지기 官星을 도움이 필요하고 殺重인데 身은 輕하면 印綬나 比肩이 필요되고 官星이 없으면 財星으로 子女를 보고 만약 官星이 막혔으면 生扶하거나 冲發해야 하고 官星을 洩氣함이 太重하면 會合으로 도와야 하고 또 殺이 重하고 身이 輕한데 制함이 없으면 딸이 많다。

【解 說】 原註에 官星으로 子女를 본다 함은 그릇된 것으로、前章에『我生者子女이니 食神 傷官이라』한다。하였

는데 어찌하여 官星이 子女가 되겠는가?

官星이라 하면 父母를 낳아준 者이니, 나로 하여서는 祖父가 되는데 祖父를 子息이라 함과 같으니, 이러한 妄談이 있을 수 있겠는가?

무릇 命은 理이니, (命理學問은 眞理라는 말)理에 我生者 子女라 하였으니 異論이 있을 수 없는 것이다.

다만 四柱의 짜임새(格)에 있어서 官을 子女로 볼 경우가 있는데 이때도 역시 四柱의 쓰임새(用)에 있어서 活用될 따름이지 官星이 子女라 할 수는 없는 것이다.

가령 比劫인 木이 많고 火가 熄할 경우에 金剋木해줘야만 生火의 能力을 얻게 되니, 原則은 火가 子女이지만 活用함에 있어서 官星인 金運에 得子하게 되므로 官星을 子女라고 謬傳된 것이리라.

또 火多土焦할 때 火의 官星인 水가 火를 剋해 줘야만 火는 子女인 土를 生할 能力을 얻게 되므로 官星인 水運에 得子하게 되므로 官星을 子女로 본것이며 또 土重金埋할 때도 木剋土한 즉 生金할 능력을 얻게 되리니, 官星인 木을 子女로 보았고 또 金이 많아 水滲(물이 스며들어 없어짐)이면 火剋金해줘야만 生水할 능력을 얻으니 金의 官星인 火를 子女로 보았고 또 水多木浮면 土剋水해야만 生木할 能力을 얻으니, 水의 官星인 土를 子女로 본 것으로 사료되는 것이다.

또 古書에『食神이 有氣하면 妻壽多子이나, 時逢七殺은 本無兒』라 하였으니, 食神傷官이 子女가 됨을 說明한 것이다.

그러나 이것 역시 모순이 있으니, 四柱를 論함에 있어서 어느 한 部分만 잡고 속단해서는 아니 되고 반듯이 짜임새(格)와 쓰임새(用)을 分別한 연후에 日主의 衰旺喜忌를 따져 論함이 옳을 것이다.

그러면 下記에 子女의 有無를 따져 열거해 보기로 하자.

日主가 旺하고 無印綬하고 有食傷이면 아들이 반듯이 많을 것이다.

日主가 旺하고 印綬가 重하고 食傷이 輕이면 子必 稀少하고.

日主가 旺하고 印이 重하고 食傷이 輕한데 有財星이면 자식이 많고.

日主가 旺하고 印이 重하고 食傷이 無하고 有財星이면 자식이 많다.

日主가 弱하고 印이 있고 無食傷이면 子必多요(이때는 印綬를 子로 본다고 함)

日主가 弱하고 印이 輕하고 食傷이 重하면 子必 稀少요(이때는 印綬運에 得子함)

日主가 弱하고 印이 輕하고 有財星이면 子必無이며

日主가 弱하고 食傷이 重한데 印綬가 없으면 자식이 없다.

日主가 弱하고 食傷이 輕하고 官星만 重하면 無子이다.

日主가 弱하고 官殺이 重하고 印이 輕한데 財星이 微伏되었으면 딸은 많으나 아들은 없다.

日主가 弱하고 七殺이 重하고 食傷이 輕하면 女多子少이다(比刦運에 得子할 수 있다。)

日主가 弱하고 官殺이 重한데 印比가 없으면 無子이고

日主가 旺하고 食傷이 旺한데 印綬가 있으면 無子이고(이때 財星이 印을 剋去하면 子少이나 孫多이며)

日主가 旺하고 印綬가 重한데 官殺이 輕하고 財星이 있으면 子는 剋하나 有孫이며

日主가 弱하고 食傷이 旺하고 有印이면 有子인데 財星을 만나면 剋子하여 無하거나, 아들이 하나쯤 있어도 弱하다

日主가 弱하고 官殺이 旺한고 有印한데 財星이 破印하면 子必逆하고

日主가 旺하고 印綬가 없고 食傷이 伏하고 有官殺이면 子必多이다.

日主가 旺하고 比刦이 多하고 無印인데 食傷이 伏되면 子必多이다.

대체로 身旺者가 印綬가 重하면 母多子滅이라 하여 財星이 있어야 壞印하여 子息을 둘수 있으며 身衰한 者가 食傷이 重하면 印綬가 生助하고 食傷을 剋去해줘야 有子하게 되는 것이니, 비록 이렇게 하여 子의 有無와 多少는 알수 있으나, 數는 정확하게 알수 없는 것이다.

癸	戊	辛	辛
丑	戌	丑	丑

乙未 丙申 丁酉 戊戌 己亥 庚子

戊土日主가 地支 모두 土를 얻으니, 太旺하며 日坐에 戌火庫를 얻으므로 戊土가 寒凍함을 막으니, 妙하다。年月干에 傷官이 透出하여 根深有氣하니, 十六歲부터 生子하였는데 年年得子하여 十六子를 두었으며 富또한 컸으니, 四柱가 淸하고 傷官이 明潤不雜됨이다。本造는 太旺者宜洩하여 마땅히 辛金이 用이 되는데 木火運도 吉하니 日坐에 火庫를 얻어 調

候하여 土暖함이 기쁜 연고이다. 만약 日坐가 辰土라면 火運은 吉하나、木運은 大忌하니 大勢를 逆하기 때문이다.

癸亥 癸亥 壬戌
甲子 辛酉 庚申
丁酉 己未 戊午
癸卯

丁火日主가 子月에 生한중 柱中에 官殺이 太旺하다. 丁火가 根氣가 없으므로 마땅히 從殺했으면 좋겠는데 甲木이 透出하고 亥卯中에 通根하니 印綬인 甲木이 用神이 되었다. 따라서 애석한 것은 病神財星이 卯木을 冲去함이니、天干은 有情하나 地支가 산란하다. 身弱用印할 때는 印綬로서 子息으로 하는데 行運이 西方金行이라 用神인 印綬를 壞印하는 연고로 딸만 十六名이나 두고 끝내 無子하였고 말년에 衣食은 자못 넉넉하였으니、火運인 관계이였다.

乙未 庚辰 己卯
辛巳 戊寅 丁丑
戊戌 丙子 乙亥
丁巳

戊土日主가 巳月에 生하여 全局이 火土가 太旺한 중 濕氣가 全無하므로 月干辛金이 損剋이 深하여 子息을 낳는대로 十여명이나 剋해 버리고 丑運에 이르러 세번째 여자로 부터 두 아들을 두었으니、用神辛金이 得旺하였기 때문이다. 만약 柱中에 一點濕氣만 있었어도 用神辛金이 保護되여 妻子兩剋은 없었을 것이다.

庚寅 丁亥 戊子
丙戌 己丑 庚寅
辛亥 辛卯 壬辰
辛卯

辛金日主가 戌月에 生하여 天干에 比刦이 多出하였으나、地支年月이 寅戌火局하고 日時는 亥卯木局하니、四柱에 財官이 太旺하다. 따라서 子星인 亥水가 生助를 받지 못하고 背反하고 있으니 子女가 稀少할 것이 分明하다. 財官이 得局하였기 때문에 官祿과 財物은 넉넉하였으나、큰富貴는 못되는데 上下가 無情하고 秋令辛金日主가 得氣하였으나 背反되여 通根이 不足하기 때문이며 二妻四妾에서 三子를 두었으나、모두 剋해 버리고 十二女를 두었으나、九女를 剋해버리고 끝내 無子에 三女만을 기르고 말았다.

丁酉 丙午 乙巳

戊土가 未月에 生한중 全局이 印綬인데 애석한 것은 一點 濕氣가 없으니、燥土가 洩火不能이며 生金不能이다. 本造는 太旺者宜洩이므로 酉金이 用神이요、또한 子星인데 어찌 富貴

丁未 戊戌 丁巳

甲辰 癸卯 壬寅 辛丑

를 바라며 자식을 둘수 있겠는가? 行運巳辰運에 五子를 두었으나、難養이라 寅卯運中에 모두 剋해 버리고 六旬이 넘어서 丑運에 겨우 一子를 두어 代를 이었으니 丑酉 金局되어 子星인 傷官이 得氣하였음이다. 本四柱로서 食傷이 子星이 된다는 것을 쉽게 알수 있는 것이다.

비록 以上과 같으나 필자의 경험으로는 대개 用神運에서 所願을 이루게 되니 가령 子息이 稀少한 집안에서 子息낳기를 所願한다면 用神이 得氣하는 運、年에서 得子하였으며 만약 그렇지 않은 즉 딸을 낳기 쉽고 或 生男하였다. 하더라도 不肖하거나 기르기가 어렵다.

父　母

◎ 父母或隆與或替 歲月所關 果非細。

父母가 或隆하고 或替하는 것은 歲月에 관계되는 바가 적지 아니한 것이다.

【原 註】子平之法 以財爲父 以印爲母 以斷其吉凶 十有九驗 然看歲月爲緊 歲氣 有益于月令者 及歲月 不傷夫喜神者 父母必昌 歲月財氣斷喪於時干者 先剋父 歲月印氣斷喪於時支者 先剋母 又須活看其局中之大勢 不可專論財印 中間有隱露其興亡之機 而不必在於財印者 與財生印生之神 而損益舒配得所 及陰陽多寡之論 無有不驗。

子平法에 財를 父로 하고 印綬를 母로 하여 그 吉凶을 斷定하는데 경험하건대 十中九는 歲月로 보는 것이 緊要하다. 歲氣가 月令을 돕고 歲月이 喜神을 傷함이 없으면 父母가 必昌하며 歲月의 財氣를 時干에서 상하게 하는 것은 먼저 母를 剋하는데 모름지기 局中의 大勢를 보고 판단함이 活法이며 財星과 印綬만으로 보는 것은 不可한 것이다. 局中에 興亡의 기틀이 숨은 것도 있고 나타난 것도 있으니、반듯이 財와 印綬에만 있는 것이 아니며 財를 生하고 印綬를 生하는 神의 損、益、舒、配를 볼 것이며 陰陽의 많고 적음을 보고 論해야 함을 증험할 수 있다.

【解 說】『生我者 父母이니 正印 또는 偏印이라 한다』하였으니 印綬가 父母가 됨은 당연한 理致이다. 原註에 財星을 父로 하고 印綬를 母로 한다 하였는데 印綬를 母로 한다면 어머니인 印綬의 官星은(女子는 官星이 男便이다) 나로 하여서는 財星이 되는 것이니, 財星을 父라 한 것인데 역시 全論할 바는 아니고 格局과 用神에 따라서 다르니 財星과 官星과 印綬의 配置를 잘 알아 보아서 判斷해야 한다.

가령 年月柱에 財、官、印이 있고 日時에 財星이나 傷官이 없으며 喜神이 財、官、印중에서 되면 父母가 富貴하고 淸高하며 反대로 財官印이 忌神이거나、日時에서 刑傷沖犯하면 父母가 가난하거나 賤하다.

年月柱에서 官印이 相生하고 日時에서 官印을 破剋하지 않으면 父母가 賢德하고 반대로 破剋하면 祖業을 탕진하고 家風을 무너뜨린다.

官星이 喜神인데 他柱에서 財星이 官星을 돕거나 印星이 喜神인데 他柱에서 官星이 生印하면 부모의 賢德이 있다.

官星이 喜神인데 傷官이 剋官하거나 印星이 喜神인데 財星이 壞印하면 祖業을 破하거나 家門을 辰되게 한다.

年과 月에서 傷官과 印綬가 相戰하거나 財星과 印綬가 相戰할 때에 喜神이 印綬가 되면 他柱에서 官星이 通關해 주면 父德으로 興家한다.

年月에 劫財가 있는데 喜神이 財星일 때 他柱에서 傷官이 生財해 주면 出身家門은 貧寒하나 自手成家한다.

年月에 比劫과 財星이 相戰하는데 喜神이 財星이고 傷官이 通關하면 父母德이 있고

年月에 比劫과 財星이 相戰되는데 比劫이 喜神이면 家門은 淸高하나 貧寒하다.

年月에 官星과 傷官이 相戰하는데 喜神이 官星일 때 日時에 比劫이나 傷官이 있으면 반듯이 家門이 下賤하거나 破敗되고 日時에 財官이 있으면 父母德도 있고 祖業도 지킨다.

총론컨대 父母의 位置는 主로 年月柱가 되니 年月柱에 財官印이 있고 喜神이 될때는 父母의 德도 있고 高貴하며 年月柱에 比劫이나 傷官이 있고 忌神이 될때는 父母의 德도 없고 賤하거나 貧寒하며 年月柱에 喜神이 있을

경우는 家門은 좋으나 德이 없고 忌神이 있을 경우는 反대이다.

癸卯　甲子
乙丑　癸亥
丙子　壬戌
己丑　辛酉
　　　庚申
　　　己未

丙火가 丑月에 生하여 弱한데 時上己丑傷官이 旺盛하고 癸水官星이透出하였으나、退氣를 만나고 있으니 格局이 파패하다. 用神인 印綬가 月干에 透出하고 年支에 通根하니、年月에 官印이 相生하면 出身家門이 좋다 하였으니、名門家에서 태어나 亥運까지는 호의호식하였으나、戌運에 이르러 喜神水가 不通根되여 파란곡절이 많았고 酉運에 이르러 財星이 壞印하니、國刑을 받고 一生을 마쳤다.

乙卯　丙戌
丁亥　乙酉
戊午　甲申
丙辰　癸未
　　　壬午
　　　辛巳

戊土가 孟冬에 生하여 財官印이 모두 有氣하다. 年의 官星이 旺한 중에 丁火印綬 또한 日坐에 得祿하니 四柱가 純粹하고 깨끗한 貴格이 되었으니、貴家에서 出生하여 登甲하고 富貴福壽를 모두 갖추었으니、이렇게 中和가 되고 淸한 四柱는 行運이 어떠하든 간에 不敗하고 나쁜 運이 있을 수 없다.

丁巳　庚戌
辛亥　己酉
戊子　戊申
戊午　丁未
　　　丙午
　　　乙巳

戊土日主가 柱中에 三火二土가 있으니 얼핏 보기에는 旺한 것 같으나 四支가 모두 冲破되고 柱中에 無木이라 丁火印綬를 구제하지 못하니、火는 아무리 많아도 손상되어 허탈함을 免할 길이 없으니、戊土日主가 弱한 상태에 있다. 印綬用神이 年柱에 있으니、大富豪家에서 生活하였으나、父에서 부터 물려받은 財産이 없어지기 始作하여 申酉戌西方行運에 完全히 거지가 되다시피 하다가 丁未運以後 南方運에 再發하여 富를 하였으니、損傷된 火를 돕고 病神인 金水의 絶地가 되는 연고라 하겠다.

乙亥　庚辰
辛巳　己卯
丙辰　戊寅
癸巳　丁丑
　　　丙子
　　　乙亥

丙火日主가 巳月祿地에 生하고 時支에 다시 祿을 얻고 年干에 乙木이 有氣하니、旺한 것 같다. 그러나 財官을 살펴보니、辛金이 巳中에 通根하고 辰土로 부터 生을 받고 官星癸水는 辰中에 通根하고 다시 年支亥水가 도우니 財官역시 旺하다. 다시 말해서 日主를 돕는 者가 四字이고、財星을 돕고 日主를 害치는 者가 四字이니、세력이 比等하다고 보겠다. 用

神잡는 洩傷幇助法에 日主와 他神이 勢力이 比等하면 日主를 돕는 者로 用하나 하였으니、木이 用神이 된다。

本造는 오판하기 쉬운 사주이니 자세히 연구하기 바라며 年干乙木이 亥中 甲木에 通根하였으나、年月支가 相冲되고 月干辛金으로 부터 乙木 또한 損傷되었으니、財官보다는 아무래도 日主의 세력이 弱하다고 볼 수 있으며 初年 東方木運에는 出身家門이 좋고 遺業이 豊厚하였으며 멋지게 살았으나、丑運에 이르러 巳丑이 半合金局하여 金을 돕고 洩火하니、官災로서 苦難을 겪었으며 財産이 거의 나갔고 子運에 사망하였다。

兄 弟

◎ 兄弟誰廢與誰興 提用財神看重輕。

兄弟는 무엇으로 廢하고 무엇으로 더불어 興하는 가를 알려면 提剛된 用神이 財神이라도 輕重을 보아라。

【原 註】敗財比肩羊刃 皆兄弟也 要在提綱之神 與財神喜神 較其重輕 財官弱 三者顯其攘奪之迹 兄弟必强 財官旺 三者出其助主之功 兄弟必美 身與財官兩平 而三者伏而不出 兄弟必貴 比肩重而傷官財殺亦旺者 兄弟必富 身弱而三者不顯 有印 而兄弟必多 身旺而三者又顯 無官 而兄弟必衰。

比肩과 羊刃과 敗財를 모두 형제로 하는 것이니、提綱된 神이 있음이 중요한 것이며、財神과 喜神의 輕重을 비교하여야 한다。財星이 약한데 三者가 나타나고 懷奪의 자취가 있으면 兄弟는 반듯이 强할 것이고 三者가 나타나고 主를 돕는 功이 있으면 兄弟가 반듯이 아름다울 것이며 身主와 財官이 平한데 三者가 隱伏되고 나타나지 아니 하였으면 형제가 必貴할 것이고 比肩이 重한데 傷官과 財殺이 역시 旺하면 형제가 반듯이 富할 것이요、身弱한데 三者가 나타나지 아니하고 印綬가 있으면 兄弟가 반듯이 많을 것이요、身旺하고 三者가 나타났는데 官星이 없으면 형제가 반듯이 衰할 것이다。

【解 說】『前論에 比和者 兄弟이니、比肩刦財라 한다』하였으니、比刦으로 兄弟를 보는 것이 당연하다。比肩을 兄으로 하고 刦財(一名 敗財라고도 함)를 弟로 하며 地支도 同一하다。

官殺이 旺한데 食傷이 없고 印綬도 없을 때 刦財가 있어 合官해 주면 弟의 힘을 크게 얻게 되며 殺旺한데 食傷과 印綬가 약하고 財星만 있다면 比肩이 있어 敵殺하면 兄의 德을 얻게 되는 것이다.

官星은 약하고 食傷이 重한데 比刦이 또한 生傷하면 制殺이 太過할 것이니, 형제로 인한 累(피해)를 받게 된다.

財星은 輕한데 刦財가 重하고 印綬가있어서 食傷을 剋하면 司馬之憂(註Ⅰ)를 면하기가 어렵다(가난함을 말함)

財星과 官星이 失勢한 四柱에 刦刃이 肆逞이면 周公之慮(註Ⅱ)의 두려움이 있게 된다.(兄弟간의 불화를 말함)

財星이 旺殺을 돕고 比刦은 幫身한다면 大被同眼이다(형제간의 우애가 깊음을 말한다.)

弱日主에 殺은 重한데 印綬가 없고 食傷도 隱伏되었다면 平生 興합이 없이 한탄만 하게 된다.

身輕에 殺旺한데 印綬가 隱伏되고 比肩도 無氣하면 弟는 비록 공경하나 兄이 衰한다.

官旺한데 印綬가 輕하고 財星이 得氣하면 兄은 비록 弟를 사랑하나 弟가 成功이 없다.

日主가 비록 衰하나 印綬가 月令에 提强하면 兄弟가 成群한다.

身旺한데 梟印을만나고 刦財가 重하고 官星이 없으면 獨自主持(自手成家)하고.

財星은 輕하고 刦財는 重한데 食傷이 化刦하면 可無斗粟에 尺布之謠하고(한말의 조나 한자의 베도 없다는 말인데 이곳에는 가난을 모르고 산다는 표현임)

財星이 輕하고 刦財가 있는데 官星이 유력하게 투출하면 不作萁豆에 燃萁之詠)이요(註Ⅲ)(兄弟간의 우애다툼이 많으나 出世는 한다)

梟印과 比肩을 重逢하고 財輕殺伏하면 折翎悲啼요.(날개를 부러트리고 슬퍼우는 것이니 형제를 꺽는다는 말.)

主衰하나, 印綬가 있고 財星이 있어도 刦財가 制伏시키면 反許棠棣(木名)之競秀이다.(다투어 출세한다)

무릇 日主의 愛憎정도와 提綱喜忌를 살펴서 판별함이 옳은 것이다.

다시 말해서 比刦이 喜神이나 用神이 될 경우는 兄弟가 우애도 두텁고 德도 있으나, 比刦이 害神이나 忌神이 될 경우는 兄弟간에 不和와 無德한 것이다.

丁 壬 丙 丁
亥 寅 子 酉

辛庚己戊丁丙
丑子亥戌酉申

丙火가 寅月에 生하였으나、壬水七殺이 太旺하여 印綬가 用神이 되는데 丁火劫財가 丁壬合化木이 되고 年月支가 寅亥合化木하니、어려운 중에 구제함이 强하여 七兄弟가 모두 文章出世하였고 우애도 두터웠으며 富貴를 하였다.

癸 戊 丙 庚
巳 午 午 寅

丁丙乙甲癸壬
巳辰卯寅丑子

丙火가 羊刃을 얻고 太旺한데 年干官星을 戊土가 合化火함이 슬프고 時干財星이 無氣하여 生水不能하므로 群劫爭財하여 六兄弟가 모두 不目하고 난폭하며 성공함이 없었다. 父母에 不孝하고 破家亡身이 연속하였으니 比劫이 太旺한데 財官이 無氣하면 형제가 있어도 없는 것만도 못함을 알 수 있다. 만약 壬辰時만 되었어도 형제의 德은 없어도 우애는 있었을 것이다.

【註 Ⅰ】司馬之憂=前漢武帝때 史家 司馬遷이라는 사람을 지칭하는 것으로서 司馬遷은 벌금을 國家에 내지 못하여 腐刑을 받게 되였다. 후에 司馬遷은 돈이 人生에 가장 중요한 것이라 하여 貨殖이라는 경제書를 내었다. 여기에서는 가난하여 腐刑(불알을 끈으로 매어 썩히는 형벌)을 받았다는 말.

【註 Ⅱ】周公之慮=周公은 이름이 旦이며 文王의 아들이요 武王의 동생이며 成王의 叔父이다. 武王이 죽고 七세 밖에 안되는 成王이 등극하였는데、武王이 죽기전 周公을 불러 成王을 잘 보살펴 달라 부탁하니、어린 成王을 등에 업고(負成王奉朝) 攝政하였다. 이때 周公의 배다른 동생 管叔과 蔡叔이란 者가 형 周公을 모함하였는데 周公은 자기의 결백함을 후세라도 알아 달라고 결백시를 지어 능에 묻었는데 다음에 천재지변으로 그 시가 나와 周公의 忠誠을 알았으니、兄弟간의 모함이 있음을 비유한 말이다.

【註 Ⅲ】不作萁豆에 燃箕之詠=三國時代때 조조의 아들들인『조비』와『조식』은 문장에 뛰어 났다. 조비는 한나라를 폐위하고 스스로 황제가 되어 위나라의 文帝가 되었다.

조비는 그의 아우인 조식이 자기보다 모든 것이 뛰어난 것을 알고 죄를 씌워 제거할려고 하였다. 조비는 조식에게 七걸음을 걷기 전에 내 앞에서 시를 한 수 지어라 그러면 너를 살려 주마 하였는데, 조식은 七步成章을 하고 禍를 면하였으니, 그 시를 인용한 말이다.

『조식의 시』

콩을 삶는데 콩대기를 때니
콩은 솥안에서 운다.
본래, 한 뿌리에서 자라났거늘
어찌, 서로 속태우기에 이렇듯 급한가?

何 知 章

◎ 何知其人富 財氣通門戶。

그 사람의 富함을 어떻게 알것인가? 財氣가 門戶를 通한 것이니라.

【原 註】財旺身强 官星衞財 忌印而財能壞印 喜印而財能生官 傷官重而財神流通 財神重而傷官有限 無財而暗成財局 財露而傷亦露者 此皆財氣通門戶 所以富也 夫論財與論妻之法 可相通也 然有妻賢而財薄者 亦有財富而妻傷者 看刑冲會合 但財神清而身旺者 妻美 財神濁而身旺者 家富。

財旺 身强하고 官星이 財星을 보호하고 印綬가 忌神인데 財星이 能히 壞印하고, 印綬가 喜神인데 財星이 官星을 生하고 傷官이 重한데 財神이 流通시키고, 財神이 重한데 傷官이 막혀있고 財星이 없는데 財局을 暗成하고 財星이 露出되었는데 傷官이 같이 露出된 것 등은 모두 財氣가 門戶를 通한 것이므로 富할 수 있는 것이다. 대개 財를 처로 같이 보는 법이 相通함은 있으나, 賢妻는 있는데 가난하거나 富는 하는데 妻가 不利한 경우가 있으니, 刑冲會合을 볼지니라.

단 財神이 淸하고 身旺한 자는 처도 아름답고、財神이 濁하고 身旺한 자는 집안이 富한다.

【解 說】本何知章은 富貴貧賤등을 分別할 수 있는 법을 설명한 것이다.

그러면 그 사람이 富할 수 있음을 어찌 알수 있으리오? 財氣가 通門됨이라 하였으니、 財氣通門됨을 알아 보기로 하자.

財旺身弱한데 無官星이라면 食傷이 있음을 요하고、

身旺財旺한데 食傷이 없을 때는 官殺이 있음을 요하고、

身旺印旺한데 食傷이 弱한 때는 財星이 得局함을 요하고、

身旺印旺한데 官星이 衰할 때는 財星이 當令함을 要하고、

身旺劫旺한데 財星이나 印綬가 없고 食傷이 유기할 때와 身弱財重한데 官星이나 印星이 없고 比劫이 있을 때에는 모두 財氣가 通門되었음 이니、富를 할 수 있는 것이다.

原註에 妻賢하면 財가 薄하고 財富하면 妻傷함이 흔하다 하였는데 이말을 보충 설명해 본다면 財를 妻로 보는 것은 당연한 通論인 고로 古今을 莫論하고 異論이 있을 수 없으나、財星이 淸하면 妻와 財가 並美하지만 財星이 濁하면 行運에 따라서 富는 할 수 있으나 妻는 不美할 수 있다는 말이다.

가령 身旺한데 印綬가 있어 약한 官星을 洩氣시킨다면 食傷이 없어야 官星이 損傷되지 아니하고 財星의 生을 받을수 있으나、食傷이 없으니 財星이 弱하여 妻는 美할 수 있지만 財物은 薄할 것이다.

比劫이 많아 身旺한데 印綬는 없으나、官星이 약할때 食傷이 유력하게 있다면、財星을 얻어서 弱한 官星을 生하여 주어야 하니、이때는 富財는 되지만 妻가 美하다고 할 수 없는 것이다.

다시 말해서

身旺한데 官星이 弱하고 食傷은 또한 重見하다면 財星을 要하는데 이때 財星이 食傷과 官星사이를 通關하지 아니 한다면 富는 할 수 있으나 妻는 必陋하다. 즉 身旺한데 財官이 모두 弱하고 食傷만 有力하다면 妻不美이나、富는 할 수 있다.

印綬가 약하나 身旺한 四柱에 官星이 없고 食傷이 有氣하고 財星 또한 有力하다면 妻와 財物이 모두 아름다운 것이다.

甲申　丙子　壬寅　辛亥

丁丑　戊寅　己卯　庚辰　辛巳　壬午　癸未

仲冬壬水가 羊刃을 얻으니, 旺하다。月干에 丙火가 寅에 長生하고 根深한 甲木의 生을 받으니, 用神인 木火가 損傷이 없이 똑똑하다. 따라서 財氣通門하니, 대재벌로서 巨富가 되었다.

壬申　丙午　癸亥　戊午

丁未　戊申　己酉　庚戌　辛亥　壬子

癸水가 仲夏에 生하여 財官이 太旺하다. 즐거운 것은 癸水가 得地하였고 年柱壬水가 長生되고 있으니, 年干壬水가 用神이 되는데 또한 즐거운 것은 四柱에 木이 없으므로 財星이 旺하여도 겁날 것이 없다. 行運이 西北金水地로 行하니, 遺業은 비록 없었지만 大富를 하였고 一妻 四妾으로 平生 파란없이 잘 살았다.

◎ 何知其人貴 官星有理會。

그 사람의 貴함을 어떻게 알 것인가? 官星이 理會됨이다.

【原 註】 官旺身旺 印綬衞官 忌刦而官能去刦 喜印而官能生印 財神旺而官星通達 官星旺而財神有氣 無官而暗成官局 官星藏而財神亦藏者 此皆官星有理會 所以貴也 夫論官與論子之法 可相通也 然 有子多而無官者 身顯而無子者 亦看刑冲會合 但官星清而身旺者必貴 官星濁而身旺者必多子 至於得象 得氣、得局、得格者 妻子富貴兩全。

官旺身旺하고 印綬가 官星을 보호하며 刦財가 忌神인데 官星이 制去해 주고 喜神이 印綬인데 官星이 능히 生하여 주고 財神이 旺한데 官星이 通達하고 官星이 旺한데 財神이 有氣하며 官星이 없는데 官局으로 暗成되고 官

星이 藏(감추어짐)하였는데, 財神亦是 藏한 것등은 모두 官星이 理會함이 있으니 貴하게 되는 것이다. 대개 官은 子로 같이 보는 법이 相通됨이 있으나 子는 많은데 官運은 없거나 官運은 큰데 子가 없는 경우가 많으니, 刑冲會合을 잘 볼 것이다. 단 官星이 淸하고 身旺한 자는 必貴하고 官星이 濁하고 身旺한 자는 多子하는 것이니, 象을 얻고 氣를 얻고 局을 얻고 格을 얻은 자는 妻子와 富貴兩全할 것이다.

【解 說】官星이 有理會한 사람이 貴를 한다 하였으니,

身旺하고 官星이 弱하면 財星이 능히 生官하고,

官旺하고 身弱이면 印綬가 능히 生身하고

印旺하고 官衰하면 財星이 능히 壞印하고

印衰하고 官旺이면 財星이 不現하고

刦重하고 財輕이면 官星이 능히 去刦하고

財星이 壞印하는데는 官星이 生印하고

用官에 官藏財亦藏하고

用印에 印綬와 官星이 같이 透露하면 모두가 官星有理會가 되니 貴가 클 것이다.

가령 身旺官旺하고 印綬역시 旺한데 食傷이나 財星이 없다면 벼슬은 높지만 子息은 없으니, 行運에서 食傷이 와도 子息을 두기 어렵고 둔다고 해도 키우기 어렵다. 왜냐하면 원국의 旺印이 倒食하기 때문이며, 접속 相生으로 日主만을 생하여 주니, 받을줄만 알지 줄 줄은 모르는 사람이 될 것이다.

또 身旺官旺한데 印綬가 弱하고 食傷이 暗藏되어 官星을 剋하지 아니하고 印綬로 부터 受剋도 없으면 벼슬도 높고 자식도 둘 수 있다.

身旺官衰한데 食傷이 有氣하고 印綬가 있으나, 財星으로 부터 壞印되어 도식을 막고 財星이 없더라도 暗成財局이면 貴는 없으나, 반듯이 富하고 多子할 수 있다.

身旺官衰하고 食傷은 旺하나, 財星이 없으면 子息은 있어도 반듯이 가난하고,

身弱官旺하고 食傷이 旺한데 印綬가 없으면 자식도 없고 가난하며、이때 만약 印綬가 있더라도 財星이 같이 있어도 貧한 중에 無子이다.

身弱한 四柱에 官星과 食傷이 共히 旺하면 印綬가 있어 通關하고 食傷을 제극해야 된다.

癸卯
癸亥
丁卯
辛亥

壬戌 辛酉 庚申 己未 戊午 丁巳

官殺이 乘權함이 두려우나 즐거운 것은 地支에 印綬가 會局함이다. 旺殺을 流通시키고 官星의 뿌리를 合去하니 官星이 理會되었다. 初運庚申까지는 殺을 生하고 印綬를 破壞하니 不利하였고 己未大運으로 가며 直上하였고 이어 南方暖地에 大貴하였다.

癸酉
丁巳
丙午
壬辰

丙辰 乙卯 甲寅 癸丑 壬子 辛亥

丙火가 孟夏에 生하여 坐에 刃을 얻었는데 즐거운 것은 巳酉金局하여 官星을 生합이고 官星은 다시 剋財인 丁火를 制함이요 時에 透出한 壬水가 官星을 돕고 있다. 다음으로 水火가 旣濟를 이루었고 大運癸丑부터 北方으로 가니 大發하였다. 壬癸가 兩透하였으므로 官殺이 混雜이나 身旺官弱하므로 混雜으로 보지 않는다.

甲午
丙寅
辛酉
己丑

丁卯 戊辰 己巳 庚午 辛未 壬申

天干의 四字가 모두 旺祿地를 만났음이 妙하다. 따라서 淸한 가운데 純粹한 大貴格이 되었다. 辛金이 春節을 만나 弱하나、時柱에서 幇身하므로 不弱이라 하겠다. 行運南方에서는 起伏이 좀 따라오나、末年부터 無限한 好運으로 간다.

乙巳
辛巳
庚辰
甲申

庚辰 己卯 戊寅 丁丑 丙子 乙亥

庚金이 巳月에 生하였으나、身旺하므로 財官을 用하는 命造이다 年干乙木이 뿌리가 없으므로 出身은 貧寒하나 이어 財行運에 發甲하였고 이어 丁運에 官星元神이 發露하므로 大貴한 四柱인데 北方運으로 들어서는 寒門貴格으로 지냈다.

◎ 何知其人貧 財神反不眞。

그 사람의 가난함을 어떻게 알것인가? 財神이 反대로 참되지 아니함이다.

【原　註】財神不眞者 不但洩氣被刦也 傷輕財重 氣淺 財輕官重 財氣洩 傷重印輕 身弱 財重刦輕 身弱 皆爲財神不眞也 中有一味淸氣則不賤。

財神이 참되지 아니한 것은 洩氣되거나 刦財의 被害를 입는 것 뿐만이 아니다. 傷官이 輕한데 財神이 重하면 財氣가 淺하고 財神이 輕하고 官星이 重하면 財氣가 洩되고 傷官이 重한데 印綬가 輕하면 身弱하고 財神이 重한데 比刦이 輕해도 身弱이니, 이들은 모두 財神이 不眞한 것 들이다。그러나, 局中에 한가닥의 淸氣가 있으면 賤하지는 않는다。

【解　說】財神이 不眞者라 하는 것은,

가령 財重한데 食傷이 多者요。

財輕하여 食傷이 喜神인데 印綬가 旺한 者요。

財輕하고 刦重한데 食傷이 不現한자

財多하여 喜刦인데 官星이 旺한자

印綬가 喜神인데 財星이 壞印하는 자

印綬가 忌神인데 財星이 生官하는 자(官星이 旺한자)

財神이 喜神인데 閑神이 合化하여 忌神으로 變하는 者

財神이 忌神인데 財神이 다른 閑神을 合하여 다시 財神이 되는 자

官殺이 旺하여 印綬가 喜神인데 財星이 得局한 자 등은 모두 不眞이니 가난하다。그러나 세상에는 가난한 사람이 더 많고 부자가 적으니, 부와 貧이 차등이 있어 비록 가난하나, 貴는 할 수 있고 가난한 속에서도 正과 德을 갖추기도 하며 반대로 가난한 중에 賤한 자도 있으니, 格局差等을 잘 分別할 것이다。

가령、財輕官衰하고 食傷과 印綬가 혼잡되여 있거나、印綬가 喜神인데 財星이 壞印하고 旺官만 돕는다면 貴는 있으나 富는 없는 것이다。

官殺이 旺하고 身弱한데 財星이 또 生官하는 四柱에 印綬가 있으면 病을 除去해 줄때 한번 기회를 잡을 수 있으나、印綬가 없으면 끝내 청빈한 선비로서 끝내고 마는 것이니、가난한 속에 德과 正을 갖추었다라고 할 수 있다。이들은 五行이 괴패하지만 五行이 고루 섞여 있을 때이며 財星이나 官星이 旺하고 身弱한데 從도 될수 없고 不從하기도 힘든 四柱는 諂容(아첨)을 잘 하고 忘恩義를 하니 이러한 자를 가난한 중에 賤하다 할 수 있다。이들은 五行이 偏枯하고 참 되지 못한 연고이다。혹 요행수를 만나 致富를 한다 해도 남에게 원聲을 듣고 길게 지탱하지 못한다。무릇 얼핏보기에는 富貴命인듯 하나 자세히 보면 財星이나 官星이 不美하고 干支가 淸한듯 하나、通關이 안된다든지 五行을 고루 갖추었다 해도 干支가 遠隔되고 混剋되었다거나 太過하거나 不及하다면 모두 不眞이니 가난할 수 밖에 없다。

壬子 戊申 戊戌 辛酉

己酉 庚戌 辛亥 壬子 癸丑 甲寅

얼핏보기에는 깨끗하고 大富할 四柱같으나 年壬水가 申子水局에 通根하므로 財多身弱으로 변하니、印、比가 用이 되는데 運走가 西北金水行이라 큰부자집에서 태어났으나、出身家門만 좋았지 가난하게 살았으며 正道로 살았다。

癸卯 甲寅 丁巳 己酉

癸丑 壬子 辛亥 庚戌 己酉 戊申

貴格같이 보이나 年干殺이 無根하여 不用이니 酉金財星을 取用한다。木이 旺하여 土虛하니、春金이 虛脫하다。따라서 遺業이 많았으나 壬子行運에 洩金되여 失敗하고 亥運에 이르러 三合木局하므로 조난 사망하였다。

庚午
壬午
丙寅
庚寅

癸未 甲申 乙酉 丙戌 丁亥 戊子 己丑

丙火가 午月에 生하여 太旺한데 兩財星이 干에 透出하고 壬水가 並透하므로 貴格이 된것 같으나、地支에 通根을 못함이 애석하다。따라서 金 財星이 用이 되는데 初年行運이 西方行이라 경영하는 사업이 大成하였으나、丙戌로 접어 들어서 地支는 온전히 火局이 되므로 刑妻剋子하고 凶함을 거듭 당하여 많은 財産을 모두 다 탕진하고 丁亥運에 壬水를 合去하고 支에도 六合하여 木으로 변하니 사망하였다。

乙卯
乙酉
庚寅
壬午

甲申 癸未 壬午 辛巳 庚辰 己卯

秋金이 強力하나、財官이 並旺하고 日支와 時支가 火局이 되니、日主가 반대로 弱하다。따라서 扶身함이 즐거운 四柱인데 行運이 南方을 흐르니 不利하다。

辛丑
丙申
癸巳
庚申

乙未 甲午 癸巳 壬辰 辛卯 庚寅

癸水日主가 柱中에 印綬가 重重하다。月干丙火가 日坐에 祿을 얻으니 貴格처럼 보이는데 丙火를 辛金이 合去하고 地支申金이 巳火를 또 다시 合去함이 대단히 애석하게 되었다。따라서 財星은 참되지 못하여 가난한 四柱이다。初年乙未甲午運에는 木火가 並旺하니、祖業이 豊厚하였으나、癸巳大運으로 접어 들어 財星을 다시 合去하니 一敗하고 계속되는 陰濕地에 乞食을 면치 못하였다。

庚辰
乙酉
丁丑
乙巳

丙戌 丁亥 戊子 己丑 庚寅

丁火日主가 대단히 弱한 중에 財星이 太旺하다。日干 乙木印星이 庚金으로 從化하고 時支巳火역시 三合金局으로 化하니、富格같으나 財星이 참되지 못하였다。初運丙戌丁亥運은 부모의 德으로 豊足하게 살았으나、戊子以後에 生金晦火하므로 財는 흩어지고 사람잃고 결국 얼어 죽었다。

◎ 何知其人賤 官星還不見。

그 사람이 賤한 것은 무엇을 보고 알겠는가? 官星이 도리혀 보이지 아니 함이니라。

【原 註】官星不見者 不但失令被傷也 身輕官重 官輕印重 財重無官 官重無印者 皆是官星不見也 中有一味濁財、則不貧、至于用神無力而忌神太過 敵而不受降 助旺欺弱 主從失宜 歲運不輔者 旣貧且賤。

官星이 없는 자는 失令되여 傷함을 입는것 뿐만 아닌 것이다。身輕한데 官星은 重하고 官星이 輕한데 印綬는 重하고 財星은 重한데 官星은 없고 官星을 重한데 印綬는 없는 것등은 모두 官星 不見인 것이다。局中에 한가닥 濁財라도 있으면 가난은 면하는 것이다。

用神이 無力한데 忌神이 太過하면 대적하나、受降하지 아니하여 도리어 旺을 돕고 身은 弱하게 되어 失宜에、빠질 것인데、歲運에서도 돕지 못하면 이는 貧賤할 것이다。

【解 說】賤함을 어떻게 기준한다고 말하기는 어렵지만 가령 身弱官旺하면 印綬가 또한 旺해야 될텐데 合化되거나 損傷되어 못쓰게 되었을 때와 반대로 傷官이 강력하게 制之하거나、身弱한데 印綬가 輕하면 官星이 印綬를 生해 줘야 될텐데 그렇지 못하고 반대로 財星이 壞印한다거나、財重身輕하면 比劫이 幫身해야 되는데、比劫이 없어 돕지 못한다면 行運路가 오히려 比劫을 꺼리게 되는 것이다。이상과 같은 格局들은 모두 賤한 者들로서 난폭하고 不測한 재앙을 많이 격게 된다。

身弱官旺에 印綬까지도 輕하지만 財星이 없거나 身旺官弱하면 財星이 生官해야 되는데、無財면 이 모두 處地는 貧困하나 그 절개만은 곧고 富貴보다는 意志를 중요시 하고 義나 禮가 아니면 따르지도 아니하고 行하지도 아니한다。

官星不見의 理致를 三等分으로 나눌수 있고 貧賤에도 着異가 있다고 하나 역시 分別하기는 그리 쉽지는 않다。官輕하고 印重하고 身旺하거나、官重하고 印輕하고 身弱하거나、官印이 兩平하고 日主가 休囚된 四柱들은 첫번째 官星不見이라 할 수 있다。

官輕하고 劫重하고 無財와、官殺이 重한데 無印과 財輕하고 劫重한데 官星이 隱伏된 四柱들은 두번째의 官星不見이라 할 수 있다。

官旺하여 喜印하는데 財星이 壞印함과 官殺이 重하고 無印인데 食傷이 强制하거나, 또 官多하여 財星을 꺼리는데 財星이 得局한 것이다。또 官星이 喜神인데 他神이 合去했다거나, 官星이 忌神인데 他神이 合化官星이 된 자 들은 모두 세번째의 官星不見者라 할 수 있다。

丁丑　辛亥
壬子　庚戌
丁亥　己酉
甲辰　戊申
　　　丁未
　　　丙午

丁火가 太弱하며 印綬가 涸枯하다 木火用인데 無金이라 不幸中 多幸이다。雖曰 日主가 弱이나, 氣勢純淸하므로 가난해도 學問을 크게 하였고 절개가 굳었으니, 첫째 官星不見이다。

丙辰　辛卯
庚寅　壬辰
丙午　癸巳
壬辰　甲午
　　　乙未
　　　丙申

財가 絶地에 앉고 無根하며 官 또한 無氣한 중에 運走가 東南行이라 不幸하다。따라서 早失父母하고 轉嫁他姓하였으며 이어서 中大運以後에 失明하고 求乞하였으나, 自活하였으니, 둘째官星 不見이다。

丁卯　癸卯
甲辰　壬寅
辛亥　辛丑
癸巳　庚子
　　　己亥
　　　戊戌

春金이 弱하고 財官이 旺하다。印綬가 用이 되면 化殺하여 貴格이 될듯 하나 亥卯合局한 중 甲木이 透出壞印하고 癸水는 剋丁하고 亥水는 巳火를 冲하니 制殺有情하여 좋은것 같으나, 春水 역시 休囚되여 剋火不能하고 洩金生木하니, 또한 病이 되었다。자세히 보면 四柱에 쓸자가 거의 없고 괴패하다。따라서 爲人이 사기성이 많고 영리하고 믿음성이 없으며 배신잘하고 남못되게 하고, 못쓸일을 많이 하여 결국 犯罪人으로 死刑당했다。

◎ 何知其人吉 喜神 爲輔弼。

그 사람이 吉함을 어찌 알 것인가? 喜神이 輔弼하기 때문이다。

【原 註】柱中所喜之神 左右終始 皆得其力者必吉 然大勢平順 內體堅厚 主從得宜 從有一二忌神 適

來攻擊 亦不爲凶 譬之國內安和 不愁定寇。

柱中에 喜神이 左右에 처음부터 끝까지 힘이 있는 자는 반듯이 吉할 것이나、大勢가 平順하고 內體가 賢厚하
고 主가 마땅한 바대로 따랐다면 한 두가지의 忌神이 攻擊한다。하더라도 凶함이 없을 것이니、비유해 보건대
나라안이 편안하고 和平하니 外部의 도둑을 근심하지 아니 할 것이다。

【解 說】喜神이라 함은 日主를 돕는 用神을 돕는 것을 말하니、八字를 볼때 먼저 用神과 喜神을 가려 내야 함
은 이미 말한바 있다。그러나 四柱八字를 보면 用神은 있는데 喜神이 없다거나、喜神은 있는데 用神이 없을 경
우가 많은데 이러한 때는 歲運에서 忌神을 만나지 말아야 無害인데 만약 忌神을 만났다 하면 凶禍가 더욱 클 것
이다。

가령 戊土日主가 寅月에 生하여 寅中甲木이 用神이 되었다면 忌神은 庚辛申酉等 金이 될 것이니、이때 日主戊
土의 元神이 厚한때는 壬癸亥子等財星으로 喜神이 될 것인바 이때는 金을 만나도 金은 水를 生하고 水은 다시
木을 生하니 剋木하지 못하여 큰 害가 없으며、日主戊土元神이 薄弱한 때는 丙巳午等火로서 喜神이 될 것이니、
印綬가 有力하면 忌神인 金을 만나도 金은 剋木할 수 없으니、別害가 없는 것이다、이 모두 喜神이라 할 것이다

다시 理解를 돕는다면 戊土元神이 弱할때는 寅中丙火로 用하고 喜神을 比劫이나 官星으로 하게 되니 喜神이
天干에 透出하면 日主가 보호되여서 忌神인 財星이 와도 害가 없으니 吉하고 喜神이 透出하지 아니하고 忌神이
透出하였으면 집안에 도적을 갖고 있으니、忌神行運에 그 凶禍가 클 것이다。

甲子
丙寅
戊寅
己未

丁卯 戊辰 己巳 庚午 辛未 壬申 癸酉 甲戌

本造는 丙火用인데 忌神은 不透하고 喜神이 透露하여 소위 喜神輔弼이다。小年에 登科하
여 子女가 모두 科甲하고 富貴兼全으로 수명을 八十을 넘겼으니 忌神이 와도 큰 害가 없는
게 특징이다。

丙申
己亥
庚辰
戊寅

庚子 辛丑 壬寅 癸卯 甲辰 乙巳

本造는 木火喜用神인데 財官을 用할때는 반듯이 身旺함을 要하는 바 日主가 得祿하고 三印의 生身을 받으니 능히 財官을 감당할 수 있다。 月令이 亥이니、財星을 돕고 柱中에 조후가 잘 되었다 寅運에 科甲登科하였고 貴命으로 壽亦八旬以上하였다。

◎何知其人凶 忌神輾轉攻。

그 사람이 凶한 것은 어찌 알 것인가? 忌神이 攻擊하니 모로 누워도 편안치 않음 이니라。

【原 註】財官無氣 用神無力 不過無所發達而已 亦無刑凶也 至於忌神太多 或刑或冲 歲運助之 輾轉攻擊 局內無備禦之神 又無主從 不免刑傷破敗 犯罪受難 到老不吉。

財星이 無氣하고 用神이 無力하면 發達하는 바가 없을 따름이나、刑凶은 없을 것이다。이르러 忌神이 太多하고 혹 刑冲하는 歲運에서 또 忌神을 돕게 되면 어느 쪽으로 눕든지 攻擊을 받는 것이다。局內에 방비하는 神이 없고 또 主를 따를 만한 곳이 없다면 刑傷破敗할 길을 免할 수 없는 것이고 犯罪와 受難을 當하여 늙도록 不吉한 것이다。

【解 說】『어떠한 四柱가 凶인고? 忌神 輾轉攻이니라』하였는데、財官이 無氣하고 用神이 無力하면 忌神의 공격을 어느 행운에서도 받게 되는 것이다。

四柱八字의 體와 用에 損害를 끼치는 者를 病이라 하니 有病有藥한 즉 吉하지만 有病無藥한 즉 凶하니 一生凶多吉少할 것이다。따라서 四柱八字에는 體用을 돕는 喜神이 得勢함을 要하는데 病神이 得勢하였다면 忌神이 輾轉攻이 되는 것이다。

가령 寅月生인이 甲木을 用하지 못하고 戊土를 쓰게 된다면 忌神인 甲木이 當令하였으니、日主의 意向에 따라 或火로서 洩化하든지 或金으로 制之하든지 하여야 하고 또 行運에서도 喜神을 돕고 忌神을 抑制한다면 비록 失

令하였지만 吉할 수 있으나, 반대로 行運에서도 忌神을 돕는다면 一生凶禍가 多端하게 될 것이다. 木을 例한 것이니, 다른 것도 準하기 바란다.

乙亥　丁丑
戊寅　丙子
丙子　己亥
甲午　甲戌
　　　癸酉
　　　壬申

用神인 戊土가 太弱하고 行運이 不利하다. 病神인 木이 輾轉攻하여 一生동안 凶禍多端하였고 壽命도 짧았다.

辛巳　己丑
庚寅　戊子
丙辰　丁亥
己丑　丙戌
　　　乙酉

丙火가 寅月에 生하여 長生되었으나, 初春의 木이라 연약하니, 이로 인하여 丙火가 弱하다. 庚辛金이 개두하였으며 洩氣大過하니, 木火가 用神이 된다. 또한 行運이 不利하여 一生凶多吉少하였다.

◎ 何知其人壽 性定元神厚。

그 사람이 壽함은 어떻게 알 것인가? 性定元神이 두텁기 때문이다.

【原 註】 靜者壽 柱中無冲無合 無缺無貪 則性定矣 元神厚者 不特精氣神氣皆全之謂也 官星不絕 財神不滅 傷官有氣 身弱印旺 提綱輔主 用神有力 時上生根 運無絕地 皆是元神厚處 細究之 大率甲乙寅卯之氣 不遇冲戰洩傷 偏旺浮泛 而安頓得所者 必壽 木屬仁 仁者壽 每每有驗 故敢施之於筆 若貧賤之人而亦壽者 以其禀得一個身旺 或身弱而運行生地 小小與他食祿不缺故耳。

靜者가 壽할 것이니 柱中에 冲함도 없고, 合함도 없고, 결함도 없고 貪함도 없는 것을 性定이라 한다.

元神이 厚한 것은 精氣와 神氣가 온전한 것만을 이르는 것은 아니다. 官星이 不絕하고 財神이 不滅하고 傷官이 有氣하여 身弱해도 印綬가 旺하고 提綱이 主를 돕고 用神이 有力하며 時上에서 根氣를 生하면 行運에 絕地가 없는 것이니、이것이 모두 元神이 厚한 곳이 된다。자세히 연구하여 보건대 대체로 甲乙寅卯의 氣가 冲戰이나、洩傷을 만나지 아니하면、偏印이 旺하여 浮泛하더라도 安頓을 얻은 바가 되여 반듯이 壽를 하는 것이다。木은 仁에 屬하니、仁者가 壽함은 얼마든지 볼 수 있는 고로 敢히 筆舌로 다 말할 수 없는 것이다。

만약 貧賤한 사람이 壽하는 경우는 한가닥 身旺한 바를 얻었기 때문이고 身旺하더라도 行運이 生地로 가는 경우이나、小小한데 불과하고 他食祿이 결함되지 않은 연고이다。

【解 說】 壽하는 者를 일컬어 **仁、靜、寬、德、厚**를 갖추었다 하니、四柱五行이 停勻하고 閑神을 合하여 用神으로 化하여 忌神을 冲去하고 喜神만이 得勢하였다면、爲人이 寬厚平和하고 仁德을 兼하리니 平生 富貴壽福을 누릴 것이니、이를 性定을 갖추었다 하며、元神이 厚하다 함은 官星이 弱한데、逢財生官하고、財輕한데 食神이 돕고、身旺한데 食傷이 發秀하고、身弱한데 印綬가 有力한 것등을 말하니、소위 喜神이 提綱되고 忌神은 失令되며 行運이 喜用으로 不悖됨을 말한다。

다시 말해서 淸한 가운데 純粹하면 반듯이 富貴壽福할 것이니、性定元神이 厚하다 할 것이다。濁한 가운데 混雜되면 반듯이 貧賤하고 壽 또한 夭할 것이다。

辛丑 癸巳 甲子 丙寅

壬辰 辛卯 庚寅 己丑 戊子 丁亥 丙戌

五行이 접속 相生하고 各元神이 得祿하였으니、元神이 皆厚하다。左右上下가 有情하니、爲人이 剛柔相濟하고 仁德兼資하고 三品벼슬에다 大富하였고 多子에 無病으로 百歲를 살았다。

己酉 乙亥 丙寅

甲戌 癸酉 壬申 辛未 庚午 己巳

酉金에서 부터 접속相生하고 모두 得氣하니 元神이 모두 厚하다。百二十세를 無病으로 살았으며 富貴兼全하였다。

戊
子

丁戊
卯辰

土에서 부터 接屬相生되었으며, 즐거운 것은 火가 透出하지 아니 하였으므로, 印綬인 金이 보호됨이며 元神이 후하며 純粹한 貴格이 되었다。早年에 登科하고 人品이 端正하고 謙和하였으며 壽 또한 九十을 누렸다。

壬壬辛己
寅寅未酉

癸甲乙丙丁戊己庚
亥子丑寅卯辰巳午

丁火부터 접속 相生하는데 身旺하므로 用官한다。柱中에 無木이라, 火의 元神이 부족함이 섭섭하다。行運이 吉하여 富貴하였으나, 子孫도 많이 두었지만 많은 子息을 剋하기도 하였다。

丙庚庚丁
子辰戌未

癸甲己丙丁戊己
卯辰巳午未申酉

地支가 모두 東方木局이니 日主가 太旺하다。財官이 弱하기는 하나, 有氣하므로 用神이 된다。그러나 行運이 水行이라 벼슬도 못했고 가난했으나, 수명만은 九十四歲를 살았다。火가 不透하여 財星元神이 不足한 연고이다。

庚乙戊乙
辰卯寅未

壬癸甲乙丙丁
申酉戌亥子丑

殺旺無印이나 食神이 有力하여 貴子를 三、四명이나 두었으나 爲人이 貪惡을 하였으니、化殺을 못한 연고이며 淫靡無禮하였으니、火가 不現한 중에 水가 有氣함이며 積惡했기에 천벌을 받아 落傷으로 머리를 다쳐 사망하였다。

庚戊甲癸
申戌寅丑

戊己庚辛壬癸
申酉戌亥子丑

戊辰	辛酉
庚申	壬戌 癸亥
己卯	甲子 乙丑
戊辰	丙寅

土金傷官格인데 申辰水局이 되여 財星으로 화했다。濁殺이 無力이나 損剋은 없다。爲人이 權謀異衆하고(꾀가 많고) 支全陰濕之氣이므로 일을 꾀함에 詭譎多端했으며 一生 돈밖에 몰랐고 仁義따위는 알려고도 하지 않았으며 四十이 넘어도 子息이 없었고 兩妾을 얻었으나 역시 無子였으며、수명은 비록 九十을 넘었으나、死後에 財産싸움이 많았으니、財物보다는 역시 子息이 所重한 것이다。

◎ 何知其人夭 氣濁神枯了。

그 사람이 夭함은 어찌 알 것인가? 氣가 濁하고 神이 枯갈 됨이 다한 것이다。

【原 註】 氣濁神枯之命 極易看 印綬太旺 日主無着落 財殺太旺 日主无依倚 忌神與喜神雜而戰 四柱與用神反而絕 冲而不和 旺而無制 濕而滯 燥而鬱 精流氣洩 月悖時脫 此皆無壽之人也。

氣가 濁하고 神枯한 命을 말하는 것이니、쉽게 볼 수 있다。殺이 太旺하여 역시 의지할 곳이 없는 것이며 忌神과 喜神이 混雜되여 싸움하고 四柱에 用神이 반대로 絕處가 되여 冲動等으로 不和하고 旺한데 制함이 없고 濕함이 滯하고 燥烈함이 鬱하며 精은 흐르고 氣는 새고 月은 悖되고 時는 離脫 되면 이 모두 壽할 수 없는 사람들이다。

【解 說】 어떠한 者가 夭인가 氣濁하고 神枯가 다한 자라 하였는데、氣濁이란 日主가 失令하고 用神이 淺薄하며 忌神이 深重하고 時支에 提綱되지 아니하고 年과 日支間에 不和하고 閑神이 合化하여 忌神이 되거나、行運이 喜用에 無情하고 반대로 忌神과 結黨한다면 壽命는 못하나、子息은 둘 수 있나니、氣濁이다 한다。

神枯의 경우는 身弱、印弱한데、財星이 壞印하고、身旺한데 剋洩이 全無하거나、身弱無印인데 食傷이 重旺하거나、金寒水冷한 중에 土는 濕하거나、火焰土燥한데 木은 枯한 것 등은 모두 神枯가 되리니 夭壽無子할 것이다。

乙丑 乙酉 丙辰 辛卯

甲申 癸未 壬午 辛巳 庚辰 己卯

日主가 太弱하고 無根한데 印綬마저도 虛涸하다。行運午運에 이르러 得一子하였으나、辛巳運에 이르러 金局하고 破印하니 夫婦雙亡하였다。

己丑 戊辰 辛亥 戊戌

丁卯 丙寅 乙丑 甲子 癸亥 壬戌

厚土 金埋하는 命造이니、藏甲 財星을 用神으로 한다。初年 東方木行運은 用神이 得氣하여 소토하니、無事平安하고 得一子하였으나、乙丑運에 이르러 厚土를 도우니、사망하였다。

壬寅 壬寅 甲寅 壬申

癸卯 甲辰 乙巳 丙午 丁未 戊申

甲이 三祿地에 앉았으니、木旺金缺하다。水木이 並旺한데 火土가 없을 때는 最忌火運이다。原局에 火가 透出하였으면 金을 剋하니 오히려 大格이 되는데 丙運에 死亡하였다。반대로 火가 病神이되여 火運에 사망하였다。申은 無力하니 오히려 剋해야 한다。

辛丑 辛丑 癸酉 癸丑

庚子 己亥 戊戌 丁酉 丙申 乙未 甲午

大格같이 보이나 모두 陰地가 되여 金寒하고 水冷하며 金多水濁하다。소위 氣濁神枯의 代表이다。바보로 통해 아이들의 놀림을 받고 지내다가 戊戌運에 生金水剋하여 사망하였다

女命章

◎ 論夫論子要安祥 氣靜平和婦道章 三奇二德 虛好語 咸池驛馬 半推詳。

夫와 子를 論함엔 安祥됨을 要하고 靜氣하고 平和스러움을 婦道의 으뜸이요、三奇와 二德은 허황스러운 말이며 咸池와 驛馬는 半만 추리하라。

【原　註】 局中官星明順 夫貴而吉 理自然矣。

若官星太旺 以傷官爲夫。

官星太微 以財爲夫。

比肩旺而無官 以傷官爲夫

傷官旺而無財官 以印爲夫

滿局官星欺日主者 喜印綬而夫不剋身也

滿局印綬洩官星之氣者 喜財星而身不剋夫也

大體與男命論子論貴之理 相似 局中傷官淸顯 子貴而親 不必言也 若傷官太旺 以印爲子 傷官太微 以比肩爲子 印綬旺而無傷官者 以財爲子也 財神旺而洩食傷者 以比肩爲子也 不必專執官星而論夫 專執傷食而論子 但以安祥順靜爲貴 二德三奇不必論 咸池驛馬縱有驗 總之于理不長 其中究論 不可不詳。

局中에 官星이 明順하면 夫는 貴하고 吉하니 自然의 理致로다。

만약 官星이 太旺이면 傷官으로서 夫로 삼으라。

官星이 太微하면 財星으로서 夫를 삼을 것이요。

比肩이 旺한데 官星이 없으면 傷官으로서 夫를 삼고

傷官이 旺한데 財官이 없으면 印綬로서 夫를 삼고

滿局이 官星이고 日主가 弱할 때는 印綬를 기뻐하는데 夫星은 身을 剋하지 아니한다。

滿局의 印綬가 官星의 氣運을 洩氣한다면 財星을 기뻐하는데 月主는 夫이므로 財星을 剋하지 아니한다。

대체로 男命에 있어서는 子를 論함이 貴를 論하는 理致와 비슷한 것이니、局中에 傷官이 淸하게 나타났으면 子는 貴하게 됨과 동시에 和親하다。

만약 傷官이 太旺하면 印綬로서 子를 삼고 또、傷官이 太微하면 比肩으로서 子를 삼는다。

印綬가 旺한데 傷官이 없으면 財星으로 子를 삼고

財神이 旺하여 食傷을 太洩하면 比肩으로 子를 삼는 것이니、반듯이 官星을 잡고서 夫라 함은 아니 되는 것이며 食傷만을 잡고서 夫라 함은 아니 되는 것이며 食傷만을 잡고서 子로 함도 않되는 말이다。

따라서 安祥되고 順靜한 것으로 貴를 삼아야 한다。

三奇와 二德은 論할 가치도 없는 것이고 咸池와 驛馬는 많은 경험을 하였으나、그理致가 옳은 바가 없었다。

【解 說】女命은 뭐니 뭐니 해도 먼저 夫星의 成衰를 보고 다음으로 格局의 淸濁을 보아 貴賤과 賢愚를 가릴 것이다。따라서、咸池驛馬가 어떻고 二德三奇가 어떻고 하는 것은 모두 後學者들의 謬說이니、짜임새와 쓰임새를 보고 五行의 理致에 따라 論命함이 옳다。

淫邪嫉妒는 女命의 情이 混雜괴패함이요、시부모에 不孝함은 財輕刦重함이요。男便을 敬慕치 않음은 官弱身旺에서 비롯됨이니、官星이 明顯하면 남편이 峥嶸하고 氣靜和平하면 婦道가 柔順할 것이다。

또한 女命은 傷官이 重함을 꺼리는데、美貌얼굴에다 淫亂하기 때문이며 傷官이 있더라도 身弱한데 印綬가 있고 身旺한데 財星이 있으면 반듯이 聰明하고 美貌의 얼굴이지만 貞潔하다。

만약 官星이 太旺하고 無比刦이면 印星으로 爲夫하고

比刦은 있으나、無印綬者는 食傷으로 夫星을 삼고、

官星太弱하고 有傷官이면 財星으로 爲夫하며、

無財星인데 比刦이 旺하면 역시 食傷이 爲夫이며、

滿盤이 比刦이고 無印無官者도 食傷이 爲夫이며、

滿局이 印綬이고 無官無傷者는 財星이 夫이며、
日主가 衰하고 傷官이 旺하면 印綬가 夫이고、
日主가 旺하고 食傷이 多하면 財星으로 夫를 삼고
官星이 輕하고 印綬가 重하면 역시 財星으로 夫를 삼게 되는 것이며 女命에 있어서 財星은 夫星을 生해 주는 恩星이니、身旺女命이 無官星이라도 財星이 得氣得局하였으면 上格으로 치는 것이다。

또、剋夫의 경우를 보면、
身旺四柱가 官星이 弱하고 無財인데 食傷이 있으면 必剋夫하고、
官星이 弱하고 無財星인데 比劫이 旺하면 必欺夫하고、
日主가 旺하고 官星이 弱하고 無財星인데 印綬重이면 必欺剋夫하고
官星이 弱하고 印綬多하고 無財星이면 必剋夫하고
比劫이 旺하고 官財星이 없고 印旺하면 必剋夫하고
官星이 旺하고 印綬輕하면 必剋夫한다。
比劫旺하고 官星이 없고 印綬가 重한데 有傷官이면 必剋夫한다。
食神이 多하고 官星이 弱하고 印綬가 있고 遇財星이면 必剋夫하며

또 子息과 富貴를 보면、
日主가 旺하고 傷官도 旺하고 印綬는 없고 財星이 있으면 子多而貴하고、
日主가 旺하고 傷官도 旺하고 財、印이 모두 없어도 多子하고 强하다。
日主가 旺하고 傷官이 輕한데 印綬가 있을 때 財星이 得局하면 多子이며 富한다。
日主가 旺하고 無食傷이고 官星이 得局하면 多子하고 賢能하다。
日主가 旺하고 食傷이 없고 官殺도 없고 財星만 있어도 多子하고 能하다。
日主가 弱하고 食傷이 重하고 財星이 없고 印綬가 있으면 有子하다。
日主가 弱食傷이 輕하고 無財星이면 반듯이 자식이 있다。

日主가 弱하고 財星이 輕하고 官印이 旺하면 必有子니라。

日主가 弱하고 官星이 旺한데 無財星이고 有印이면 有子니라。

日主가 弱하고 無官星이고 有傷剋이면 반듯이 자식이 있다。

日主가 旺하고 比肩이 多하고 無官星이고 有印이면 子必少이니라。

日主가 旺하고 印綬가 重하고 無財星이면 必無子이니라。

日主가 弱하고 財星이 重하고 印綬를 만나면 반듯이 자식이 없을 것이다。

日主가 弱하고 官殺이 旺하면 반듯이 자식이 없음이다。

日主가 弱하고 食傷이 旺하고 印綬가 없으면 반듯이 자식이 없다。

火炎하고 흙이 말라도 자식이 없음이니라。

土金이 濕滯에 凍하여도 無子이니라。

水가 泛람하여 木이 浮하여도 無子이니라、

金寒水冷도 無子、

重重印綬 無子、

財官太旺도 無子、

滿局이 食傷도 無子이며 이상等이 만약 有子인 즉 반듯이 剋夫아니면 夭壽하기도 한다。

또 淫賤한 命造는 日主가 旺하고 官星이 弱하고 財星이 없는 여자와

日主가 旺하고 官星이 弱하고 食傷이 重하고 無財인 여자와

日主가 旺하고 官星이 弱하고 印綬가 重인 여자와

日主가 旺하고 官星이 弱한데 他神이 官星을 合化하여 去한 여자

日主가 旺하고 官星이 無根인데 財星을 合去한 여자

日主가 弱하고 食傷이 重하고 印綬가 輕한 여자

日主가 弱하고 食傷이 重하고 無印綬인데 有財인 여자
食傷이 當令하고 財官이 失勢한 여자、
滿局이 傷食이고 無財인 여자、
官局이 官星이고 無印인 여자、
滿局이 比劫이고 無食傷인 여자、
滿局이 印綬이고 無財인 여자등은 모두 淫賤한 四柱이다。

대개 以上과 같이 말할 수 있으나、경험컨대、用神을 夫星으로 하고 喜神을 子星으로 하여 喜用이 分明하며 氣靜하면 男便과 子息運이 共히 좋고 富貴하며 喜用이 괴패하고 無力하면 淫賤하거나 혹은 不利하다고 보면 틀림없다。

戊申
甲寅
壬寅
丁未

癸丑 壬子 辛亥 庚戌 己酉 戊申

壬水와 戊土가 共히 無根(申金은 冲破되었음)이니 從財인데 行運이 不利하여 傷夫貧賤하였다。

丁未
乙巳
甲午
丁卯

丙午 丁未 戊申 己酉 庚戌 辛亥 壬子

局中에 無水氣하여 燥烈한데、比劫이 用이니 洩氣太過하여 早年에 剋夫하였으며 純粹하고 清하나 너무나 美人이였고 日主가 弱하기에 수절하지 못했다。두뇌가 총명하였고 申運에 사망하였는데 火와 金이 다투었기 때문이다。

戊己丙戊
戌未辰戌

壬癸甲乙丙丁戊
子丑寅卯辰己午

日主가 滿局傷官이니 총명하고 미모가 뛰어났으나、辛金이 夫星이 戊庫地에 暗藏되어 剋夫하고 淫亂하여 재혼을 했으나、또 剋父하고 乙卯年에 旺土를 대적하여 自殺하였다。

戊乙戊丙
午丑戌辰

甲癸壬辛庚己戊
子亥戌酉申未午

乙木官星이 無根하므로 여위고 말라서、旺土를 소토할 수가 없다。四柱가 賤格이 되었는데 土運을 만나면 凶하고 金運을 만나면 淫亂할 것이다。

己丙丁庚
亥寅亥戌

丁戊己庚辛壬
卯辰巳午未申

木火兩旺한中 亥中壬水가 夫星인데 寅亥에 合木하고、日坐亥水가 戌土에 受剋이 심하고 庚金의 生扶가 不足하여 淫亂하고 賤하게 지냈다。

丁癸庚丁
未丑子亥

甲乙丙丁戊己庚
寅卯辰巳午未申

庚金日主가 丑月에 태어나 대단히 寒冷하다。官星인 丁火가 用神이 되는데 癸水傷官이 透出하여 剋火함이 애석하다。따라서 화류계에 투신하여 淫賤한 생활로 一生을 마쳤다。

乙 庚 癸 丁
酉 子 丑 丑

辛庚己戊丁丙乙甲
酉申未午巳辰卯寅

此造는 前造와 비슷하다。財星이 透出하였으나 根氣가 없고 日主가 合去하니、丁火官星이 의지할 곳이 없어 賤格이 되었다。

丙 辛 壬 丁
申 巳 子 丑

己戊丁丙乙甲癸
未午巳辰卯寅丑

天地가 모두 合이 되니 官星 또한 모두 없어져서 貴格같이 보이나 賤格이 되었는데、柱中에 財星이 없음이 애석하다。이 사주는 모두가 탐내는 미인으로서 初年에는 衣食을 잃지 않았으나、辰運에 官星이 의지할 곳이 없어 목매어 죽었다。무릇 女命에 合이 많은 것은 大忌하는 것으로 女子가 누구와도 잘 合하면 賤함을 알 수 있다。

戊 癸 戊 戊
午 酉 午 子

壬癸甲乙丙丁
子丑酉卯辰巳

戊土官星이 다투어 合하고 있음이 不利하다。己卯行運에 剋夫하고 一生을 淫亂하게 살았다。

丙乙辛乙
戌亥巳未

丙乙甲癸壬
戌酉申未午

乙木日主가 傷官이 太旺하나 坐下에 印星이 生扶함이 기쁘다。그러나 時柱財星이 印綬를 剋하고 月干辛金이 損傷받으니 역시 不利하다。

戊丁
申巳

庚己
戌酉

財旺官旺하고 印綬가 當令하였으며 傷官이 有氣하나 柱中에 爭剋됨이 全無하므로 淸한 가운데 貴格이 되여 夫榮子貴하여 夫가 一品 벼슬까지 하였다。

癸丑
乙卯

辛亥 壬子 癸丑

己亥
癸酉
甲辰
丙寅

甲戌 乙亥 丙子 丁丑 戊寅 己卯

甲木이 八月에 生하야 官星이 當令하고 財星이 生助하며 日主 또한 有氣하여 生化有情하다。氣靜和平한 고로 男便이 一品 벼슬을 하고 子는 貴가 大端했으며 一生無災하였다。

辛酉
壬辰
丁巳
甲辰

癸巳 甲午 乙未 丙申 丁酉 戊戌

傷官이 비록 旺한것 같으나 財星과 合化하여 官星을 生하고 時干 印星이 生助하므로 木不枯、火不烈、水不涸、土不燥하므로 氣靜 和平하다。따라서 夫榮하고 子貴하였다。

己巳
癸酉
壬辰
甲辰

甲戌 乙亥 丙子 丁丑 戊寅

秋水가 原神에 通하였고 印星이 秉令하니、官殺이 비록 旺하나 制化됨이 마땅하고、다시 妙한 것은 時에 甲木이 透出함이다。따라서、格局이 純粹하고 氣淸하므로 夫貴子秀하였다。

庚辰
壬午
乙亥
癸未

辛巳 庚辰 己卯 戊寅 丁丑 丙子 乙亥

乙木이 午月에 生하여 火가 비록旺하나 辰財가 洩火生金하고 兩水가 透出하여 生身하니 四柱가 淸한가운데 純粹하다。따라서 夫가 貴發하였고 二子가 登科하였다。

庚辰　丁丑 丙子 乙亥 甲戌 癸酉 壬申
戊寅
乙酉
壬午

乙木이 初春에 生하여 木이 嫩하고 金은 堅固한데 즐거운 것은 午火가 制殺하고 衛身함이다。따라서 財官이 雙淸하고 印綬도 역시、傷함이 없으니 男便이 二品벼슬까지 올랐고 大貴하였다。

丁亥　戊申 己酉 庚戌 辛亥 壬子 癸丑
丁未
戊午
壬子

戊土日主가 季夏에 生하여 兩印綬가 透出하고 日坐에 羊刃을 얻으니 太旺하다。時柱에 壬子財星을 얻었으나 아까운 것은 局中에 金이 全無하므로 損傷되여 濁格이되였다。初年 戊申乙酉는 西方金運이므로 絶處逢生될 듯하나 戊己土가 蓋頭하였고 原局의 濁을 解消하기는 不足하다。出外他鄕하여 고생은 따랐으나 財運은 작으나마 있는 편이었고 戌運에 이르러서는 病神을 돕고 喜神을 剋하므로 大凶할 것이다。그러나 庚金이 蓋頭하고 戌은 西方金의 餘氣라 生命만은 保存되었고 向後 辛亥壬子癸丑 三十年은 貴人을 만나 發展함이 있겠으나 原局의 濁을 해소시키지는 못하리라。

小兒

◎ 論財論殺 論精神 四柱和平 易養成 氣勢攸長無斲喪 殺關雖有 不傷身。

財와 殺과 精神을 論하는 것은 四柱가 和平하여야 쉽게 養成할 수 있을 것이고 氣勢가 넉넉하고 斲喪(착상·상하게 함)됨이 없으면 關殺이 비록 있다고 하더라도 몸을 傷하지 아니한다。

【原 註】財神不黨七殺 主旺精神貫足 干支安頓和平 又要看氣勢 如氣勢在日主 而日主雄壯者 氣勢在財官 而財官不叛日主 氣勢在東南 而五七歲之前 不行西北 氣勢在西北 而五七歲之前 不行東南 行運不逢斲喪 此爲氣勢攸長 雖有關殺 亦不傷身。

財神이 七殺과 작당하지 아니하고 主가 旺하여 精神이 貫足하며 地支는 安頓 和平하다면 氣勢를 重要하게 볼 것이다。 氣勢가 日主에 있고 雄壯하며 氣勢가 財官에 있고 日主를 배반하지 아니하며 또 氣勢가 東南에 있다면 五、七歲前에 行運이 西北으로 가지 말아야 하고、氣勢가 西北에 있으면 五、七、才前에 東南으로 가지 말아야 한다。行運이 傷함을 만나지 아니하면 氣勢攸長한 것이니、비록 關殺이 있다고 하더라도 몸을 傷하지 아니 하는 것이다。

【解 說】 무릇 少兒는 남들이 탐낼 정도로 맑고 깨끗하고 깔끔하게 생기고 사랑을 지나치게 많이 받은 貴한 子息은 제대로 키우기가 어렵고 아무렇게나 함부로 키우는 자식은 쉽게 크는 것은 옛날 어른들의 말씀을 들은 바도 있거니와 주위에서도 흔히 볼 수 있는 일이다。비록 그 가문의 운수에 따라 잘 키우고 못키우고 자식을 두고 못두고는 결정되는 것이지만、역시 根原의 深淺을 봐야 할 것이다。

또 小兒의 命은 처음 돋아 나는 果苗와도 같아 북돋우고 거두어야 될것은、말할 것도 없거니와 胎中에 夫婦가 너무나도 房事가 많고 胎兒管理가 소홀하다면、그 아이가 出生하여 그 毒을 받는 것이고 또 出生後에도 음식을 가리지 않고、좋은 음식이라고 무분별하게 먹이고 춥다고 너무나도 지나치게 옷을 많이 입힌다거나 해서 지나친 관리는 질병의 근원이 된다는 것은 쉽게 알 수 있는 것이다。이와 같이 根原을 알지 못하고 속담에 못되면 조상 탓이라고 墓나 파 옮기는 짓이나 하는 등 경거망동을 해서는 아니 될 것이다。

四柱가 和平하고 偏枯하지도 아니하고 沖剋되지도 아니하고 月支에 通根되고 時柱에 氣貴되었으며 혹 殺旺하면 印綬가 있고 印綬가 弱하면 官星이 있으며、官이 衰하면、財星이 生하며 財星이 輕하면 食傷이 도와 生化有情하며、始終用神을 돕는다면 氣勢攸長이니、역시 키우기 쉽고 이와 반대로 되면 키우기가 어려울 것이다。

그럼에도 불구하고 神殺이 어떠니 雜鬼가 붙어 어떠니、하는 妄談등 一切의 말은 듣지 말도록 하기 바란다。

辛丑
癸巳
丙子
丁酉

壬辰 辛卯 庚寅 己丑 戊子 丁亥

丙火가 巳月에 得祿하였으나、支全巳酉丑金局하고 印綬가 없으며 財官이 透出하였으니、財多身弱이 지나치다。初年 壬辰運中 辛亥年에 痞疾로 사망하였다。

癸己丙辛
丑未寅卯

戊丁丙乙甲癸
午巳辰卯寅丑

財官을 用하는 四柱인데 丑濕土中 財官이 未冲으로 損傷되었고 透出된 癸水는 己土로 부터 損傷되는데, 運路또한 火鄕이라 三才에 사망하였다.

庚壬丙己
戌午寅亥

癸甲乙丙丁戊己
未申酉戌亥子丑

壬水가 用인데, 無根이다. 時支亥水가 있으나, 寅과 合化木하여 반대로 逆하니 七才歲運 巳年에 冲去亥하므로 死亡했다.

壬戊壬戊
申申申申

己庚辛壬癸甲
酉戌亥子丑寅

支全一氣에 兩戊土가 透出하여 얼핏 보기에는 貴格인데 金多水濁하고 柱中無火라 金을 견제하지 못함이 애석하다. 따라서 母多子病이니 偏枯하여 三才甲戌年 사망하였다.

壬甲壬戊
申辰申申

乙丙丁戊己庚
巳午未申酉戌

母多子滅하는 四柱이므로 生後바로 死亡하였다. 柱中에 無火임이 애석하다.

癸壬
丑戌

辛庚己
酉申未

身弱殺旺으로 夭壽之命인 것 같으나, 柱中에 無金이니 寅木이 능히 生火하고 戌燥土가 능히 止水하므로 早年에 병치레를 좀 했으나, 南方運에 大貴하였다.

丁亥 壬寅

戊午 丁巳 丙辰

壬戌 甲辰 丁酉 己酉

乙巳 丙午 丁未 戊申 己酉 庚戌 辛亥

丁火日主가 辰月에 生하여서 傷財가 太旺하니 太弱하다。酉에서 丁火가 長生한단 말이 있으나、本造로서 그릇됨이 판단된다。丁火가 長生되면 不弱이니、사망하지 않았을 것이다 그러나、本命은 첫돌이 지나고 사망하였다。

才 德

◎ 德勝才者 局合君子之風 才勝德者 用顯多能之象。

德이 才를 이기는 것은 局을 合한 君子之風이요、才가 德을 이기는 것은 나타난 用의 多能之象이라、

【原 註】 清和平順 主輔得宜 所合者皆正神 所用者皆正氣 不必節外生枝 不必弄假成眞 財官喜神 皆足以了其生平 不生貪戀之私 度量寬宏 施爲必正 皆君子之風也 財薄而力量 足以貪之 官輕而心志必欲求之 混濁被害 主弱輔强 爭合邪神 三四用神 皆心事奸貪 作事僥倖 皆爲多能之象 大率陽在內 陰在外 不激不亢者 爲德勝才 如丙寅戊辰月日 己卯癸卯年時者是 陽在外 陰在內 畏勢趨利者 爲才勝德 如己卯己巳月日 丙寅戊寅年時者是。

清和平順하고 日主가 마땅한 도움을 얻어 合한 바는 正神이요 用한 바는 正氣이니、마디 외에 생긴 가지는 필요가 없고 희롱과 거짓으로 이루어 지는 참은 필요가 없는 것과 같은 것이다。

財官이 喜神이 되면 그 생애를 평탄하게 마침을 만족하게 생각하고 私欲과 貪欲에 빠지지 아니하니、度量이

녀그럽고 커서 正을爲主로 하여 살 것이니、君子之風이 되는 것이고 財運은 薄하고 貪欲은 많고 官은 輕微한데 心志는 欲求가 많으니、混濁하여 害를 입게 되고、日主가 弱하여 輔強하여야 되겠는데、邪神이 爭合하고 三四개 用神이 모두 心事가 奸貪하여 일을 하는 데도 僥倖심이 많은 것등은 모두 多能之象인 것이다。대개 陽이 內에 있고 陰이 外에 있어 激動하지 아니하고 항거하지 않는 것은、德이 才를 이기는 것이니、가령 月日이 丙寅戊辰이고 年時가 己卯、癸卯가 되는 것이 이것이다。또 陽이 外에 있고 陰이 內에 있어서 勢는 두려움을 갖고 利에는 조심이 많은 것은 才가 德을 이기는 것이니、가령 月日이 己卯 己巳이고、年時가 丙寅 戊寅인 것을 말하는 것이다。

【解 說】善惡邪正은 다 五行의 理致를 벗어나지 아니하고 君子나 小人도 다 四柱의 格情을 떠날수 없는 것이다 陽氣가 動하여 열리는 것은 光亨之義를 알 수 있으며 陰氣靜翕이면 그 깊은 理致를 包含하고 있는 것이다。

四柱가 和平純粹하고 格은 바르고 局은 淸하고 不爭不妒하며 喜官에 財星이 生官하고 喜財에 官星이 능히 制劫하고 忌印星에 財星이 능히 壞印하고 喜印에 官星이 능히 生印한다면 陽盛陰衰하다 하는 것이니、역시 用神이 되는 바는 모두 陽氣가 되며 上下가 교만하거나、아첨함이 없으리니、가히 君子之風이라 할 것이다。

또、偏氣가 雜亂하야 舍弱用強하고 多爭多合하며 喜官인데 官星이 劫地에 있고 喜財인데、財星이 印位에 있고 忌印인데、官星이 生印하고 喜印인데 財星이 壞印한다면、陰盛陽衰하다 하며 用神이 되는 바는 모두 陰氣가 되므로 邪神이 當權하여 小人之格이라 하겠다。총론컨대 氣勢가 和平하고、用神이 分明하면 必正이요、偏枯雜亂하고、가려쓸 用神이 不足하다면 必邪라 하겠다。

癸酉
戊午
庚寅
丁丑

丁巳
丙辰
乙卯
甲寅
癸丑
壬子

財官印이 生化不悖하고 癸水가 病이 되었으나、戊合化하므로 陰氣를 合去하니、丁酉年에 登科하였으며 品行이 端正하고 安貧樂道하였다。

丙寅　辛丑
庚子　壬寅
己亥　癸卯
甲戌　甲辰
　　　乙巳
　　　丙午

己土가 子月에生하여 冬寒하고 濁한 것 같이 보이나 庚金病神을 丙火가 制去하고 暖和해 주며 甲木이 또한 生火하고 時에 戊燥土를 얻어 止水 幇身하니 淸格이 되였다。따라서 爲人이 和厚하고 君子之風을 兼한 가운데 名利 兩全하였다。

丙戌　壬寅
辛丑　癸卯
己卯　甲辰
甲子　乙巳
　　　丙午
　　　丁未

此造는 寒土가 丙火를 얻었으니 보기에 淸貴한 것같으나 辛金이 丙火를 合去하므로 凍寒을 더욱 加增시키고 있다。따라서 爲人이 奸謀가 百出하고 陰邪하였으며 아첨잘하고 남 못살게 하는 것쯤은 예사로 하였으니 소위 多能之象이라 하겠다。

奮 鬱

◎ 局中 顯奮發之機者 神舒意暢 象內 多沈埋之氣者 心鬱志灰。

局中에 奮發의 기틀이 나타난 것은、神은 펴나가고 意는 暢達할 것이고、象內에 沈埋의 氣가 많은 것은 마음은 답답하고 그 뜻은 흩어질 것이다。

【原　註】 陽明用事 用神得力 天地交泰 神顯精通 必多奮發 陰晦用事 情多戀私 主弱臣强 神藏精洩 人多困鬱 若純陽之勢 身旺而財官旺者 必奮 純陰之局 身弱而官殺多者 多困。

陽明이 用事하면 用神이 힘을 얻어 天地가 交泰하고 神은 나타나고 精은 通하게 되니、반듯이 奮發이 많은 것이며、陰晦가 用事되면 人情이 많아 私私스러운 감정에 얽매이고 主는 弱한데 臣은 强하며 神은 감추어 지고 精은 洩氣되면 困鬱이 많은 사람일 것이다。만약 純陽의 勢力이 身旺한데 財官도 旺한 것은 반듯이 奮發할 것이고、純陰의 局에 身弱한데 官殺이 많은 것은 困難함이 많은 것이다。

【解 說】 陽明이 用事되면、用神이 得力하여 天地가 交泰하고 神顯精通하여 반듯이 많은 奮發함이 있고 陰晦가 用事라면 情多戀私하고 主는 弱한데 臣은 强하며 神藏精洩하여 困鬱하는 것이다。다시 말해서 純陽勢에 身旺하고 財官이 旺한 자는 必奮할 것이니、陽明이 用事됨이요、純陰局에 身弱하고、官殺이 旺하면 多困할 것이니、陰晦用事라 할 것이다。

局中에 太過함도 없고 모자람도 없고 用神이 得氣하고 喜神이 得力하고 忌神이 모두 失時失勢하고 閑神이 忌物과 作黨하여 忌神으로 變하지 아니하고 반대로 作合하여 有益하고 合이 꺼리면 冲하고、冲이 꺼리면 合이 되는 등은 모두 抑鬱함이 없는 것이다。

舒暢함이 없는 경우는 局中에 或太過함이 있고 또 모자람이 있고 用神은 失令하고 喜神은 無力하고 忌神은 得勢하고 喜神은 作黨하여 忌神을 돕고 合이 좋은데、冲破되고 忌神을 冲함이 좋은데、合이 되면 體는 반듯이 답답하고 곤난한 일이 많은 것이다。

그러나、局象이 비록 陰晦하더라도 行運이 陽明하면 역시 舒暢하고 局象이 비록 陽明이라도 行運이 陰晦하면 역시 困鬱한 것이니、行運 또한 重要하다 할 것이다。

가령 亥中 甲木이 用인데、天干에 壬、癸、水가 透出했으면 運路는 戊寅、己卯、運이 좋고、

天干에 庚、辛、金이 出하였으면 丙寅、丁卯行運이 좋고、

天干에 丙、丁、火가 出하였으면 壬寅、癸卯行運이 좋고、

天干에 戊、己、土가 出하였으면 甲寅、乙卯行運이 좋으며、

가령 午中、己土가 用神일 때、天干에 壬、癸、水가 出하였다면 戊午、己未運이 吉하고、

天干에 庚、辛、金이 出하였다면、丙午、丁未、運이 吉하고、

天干에 甲、乙、木이 出하였다면、庚午辛未運이 吉하니、此論은 藏神을 用할 때이나、支地도 同一하다。

가령、天干에 木을 用할 때、地支에 水가 旺하다면 運路는 마땅히 丙寅丁卯가 吉하고、

天干에 水가 있으면 運路는 戊寅、己卯가 吉하고

地支에 金이 多하면、運路는 甲戌、乙亥가 吉하고、

天干에 金이 出하였다면 行運은 壬寅、癸卯가 吉하고、
地支에 土多하면 行運은 甲寅、乙卯가 吉하고、
天干에 土가 있으면、行運은 甲子、乙丑이 吉하고、
地支에 火多면 行運은 甲辰 乙巳가 吉하고、
天干에 火가 있으면 行運은 壬子、癸丑이 吉하니、
이와 같이 配合되면 爭戰이 없고 制化의 情이 있어 吉하지만 이와 반대이면 不美할 것이다。

戊辰
甲子
壬子
辛亥

乙丑 丙寅 丁卯 戊辰 己巳 庚午

子月의 壬水가 太旺하고 年支辰과 水局하여 時干의 辛金이 生水하니、氣勢에 順則吉하고 逆則凶할 것이니、甲木이 用神이 된다。局中에 甲木이 나타나니、奮發之機이다。이어서 行運이 吉하여 丙寅에 大發하였다。

甲申
丙子
癸亥
癸亥

丁丑 戊寅 己卯 庚辰 辛巳 壬午

前造와 거의 비슷한 四柱로서 癸水가 子月에 生하여 支地에 三水가 있어 水旺의 勢力이 洋洋하다。甲木이 用神이 된다。戊寅己卯運에 大發하였고 庚辰 辛巳에 用神을 逆하고 比劫이 生助되니 凶하였다。

甲申
庚午
丁亥
壬寅

辛未 壬申 癸酉 甲戌 乙亥 丙子

天干四字가 地支에 祿을 얻어 精足神旺하고 淸格이어서 東西南北 어느 行運이고 다 좋다 早年에 科甲하고 財閥로서 富貴雙旺하고 수명을 九旬까지 살았다。

全局이 陰濕하고 日主가 약하여 溝渠(개골창、도랑)하며 一점의 暖氣도 없으니、 偏枯하여 名利皆虛하다 兩親早亡하였고 사람이 陰弱하여 한가지 일도 이루지 못하였다。

癸丑
乙丑
癸丑
癸丑

甲子 癸亥 壬戌 辛酉 庚申 己未 戊午

恩 怨

◎ 兩意情通中有媒 雖然遙立意尋追 有情却被人離間 怨起恩中死不灰。

두 마음의 情이 通하려면 가운데에 中媒가 있어야 하는 것이다。 멀리 떨어져 있으면 뜻에 따라 찾아야 할 것이다。 情은 있으나、 中間의 사람에게 離間을 당하면 恩惠가운데 怨이 일어나 죽어도 없어지지 아니한다。

【原 註】 喜神合神 兩情相通 又有人引用生化 如有媒矣 雖是隔遠分立 其情自相和好 則有恩而無怨 合神喜神 雖有情 而忌神離間 求合不得 終身多怨 至于可憎之神 遠之爲妙 可愛之神 近之尤切 又有一般邂逅相逢者 得之不勝其樂 私情偸合者 去之亦足爲奇。

喜神과 合神은 두 情이 相通하고 또、 사람이 있어 用神을 이끌어 주고 生化하여 주면 中媒와 같은 것이다。 비록 멀리 떨어져 있으나、 그 情이 和好하면 곧 恩惠는 있고 怨望은 없는 것인데 喜神과 合하는 神이 비록 精은 있으나、 忌神이 離間하면 合을 求하나、 얻지 못하고 終身토록 怨望이 많을 것이니、 憎神은 멀리 떨어져야 妙한 것이요 愛神은 가깝게 있음이 要求되는 것이며、 또 한가닥 邂逅相逢이 있는 것은 그 즐거움을 이기지 못할 것이나、 私情이 偸合(투합=妒合과 同)한 것은 버려야 奇足한 것이다。

【解 說】 恩怨은 喜忌를 말하는 것이니, 本章은 日主의 喜神이 멀리 떨어져 있어도 中間의 閑神이나 忌神이 合化近接되면 所謂, 兩意情通이 됨을 말하는 것이다.

이를 中媒라 하며, 喜神은 없고 閑神이나 忌神만 있는데, 合化喜神이 될 경우는 소위邂逅相逢하여 怨이 恩으로 변하는 것이니, 中媒者를 다시 얻은 것이다.

가령 年干의 庚金이 喜神인데, 月干의 乙木이 合化金한다면, 日主와 相接되므로 情媒가 되고 年干庚金이 閑神이거나, 忌神인데, 月干乙木이 合化金되면 恩이 變하여 忌神이 되니, 멀리 있는 적을 가까이 끌어 들이니, 怨媒가 됨이니, 死不灰心이라 한다.

『邂逅相逢』을 다시 말하면 日主의 喜神이 火인데, 天干에 癸水가 透出하였다면, 戊土가 合化火됨을 말하고 또 日主의 喜神이 金인데, 年支에 酉金喜神이 있으나 遠隔되었고 日支에 巳火忌神이 近接해 있다면 會合金局이 되니 소위 私情牽合이라 한다.

丁酉
乙巳
丁丑
丙午

甲辰 癸卯 壬寅 辛丑 庚子 己亥

丁火가 猛烈이나 日支 丑土가 능히 洩氣함이 아름답다. 巳酉財局이 四柱를 中和하니 장원급제 하여 名利雙全하였다. 이를 私情牽合이라 한다.

丁酉
甲辰
戊戌
戊午

癸卯 壬寅 辛丑 庚子 己亥 戊戌

此命은 戊土가 重重하니 甲木이 退氣하여 疎土하지 못하고 土의 情은 年支酉金에 있어 秀氣를 洩하는 것이 좋다. 그러나 遠隔되였는데 辰土가 合하여 近接시키니 中媒를 얻었다. 初運木方에 喜神을 이간시켜 功名을 얻으려 했으나, 오히려 害를 입고 辛丑運에 晦火合金하여 科甲하고 庚子己亥 戊戌運에 벼슬이 尙書까지 하였다.

癸酉	丁巳
戊午	丙辰
丙辰	乙卯
甲午	甲寅
	癸丑
	壬子

本命은 男命인데 午月의 丙火가 印比太旺하고、透干癸水를 戊土가 合化하여 忌神이되므로 不利한 怨謀가 되였다。三婚이 모두 다 不發하고 刑傷破耗가 많았다。寅運에 이르러 忌神이 會合하여 사망하였다。

閑 神

◎ 一二閑神用去麼 不用何妨莫動他 半局閑神任閑着 要緊之場作自家。

한、두개의 閑神이 쓰일 바가 없으면、쓰지 않은들 무엇이 움직이지 못하게 방해할 수가 있으랴、半局에 閑神이 할 일이 없으면 要緊한 곳에 自己집을 짓는게 마땅하다。

【原 註】 喜神不必多也 一喜而十備矣 忌神不必多也 一忌而十害矣 自喜忌之外 不足以爲喜 不足以爲忌 皆閑神也 如以天干爲用 成氣成合 而地支地神 虛脫無氣 冲合自適 升降無情 如以地支爲用 成助成合 而天干之神 游散浮泛 不礙日主 主陽輔陽 而陰氣停泊 不冲不動 不合不助 主陰輔陰 而陽氣停泊 不冲不動 不合不助 日月有情年時不顧 日主無害 日主無氣無情 日時得所 年月不顧 日主無害 日主無冲無合 雖有閑神 只不去動他 但要緊之地 自結營寨 至於運道 只行自家邊界 亦足爲奇。

喜神이라도 많은 것은 필요하지 아니하니 한 喜神이 열가지를 방비할 수 있기 때문이다。忌神도 많이 필요할 수 없는 것이니、하나의 忌神 열가지를 害할 수 있기 때문이다。喜神과 忌神外에 喜神이 되기도 不足하고 忌神이 되기도 부족한 것은 모두 閑神이 되는 것이다。

가령 天干을 用하면 氣를 이루고 合을 이루는데 地支神이 虛脫無氣하야 冲合을 마음대로 하고 오르고 내리는 情이 없으며 地支를 用하면、도와서 이루게 하거나 合해서 이루게 하는데、天干神이 浮泛하고 흩어져도 日主를 해칠 필요가 없는 것이다。

主가 陽이면、陽을 돕는데、陰氣가 停泊하여 冲도 아니하고、動도 아니하고、合도 아니하고、돕지도 아니하며 主가 陰이면 陰을 돕는데、陽氣가 停泊하여 冲도 아니하고、動도 아니하고、合도 아니하고、돕지도 아니하야 日月이 有情하나 年과 時에서 돕지 아니하여도 日主는 害가 없는 것이고、日主가 氣도 없고 無情한데、時가 得所하면、年月이 돌보지 아니하여도、日主는 害가 없으며、日主가 冲도 없고 合도 없으면 비록 閑神이 있으나、他神이 動하야 없앨 수 없으니、要緊한 곳에 스스로 울타리를 만들고 다스릴 수 있어 運道를 만나면 自家의 邊界가 역시 足하고 奇할 것이다。

【解 說】 앞에서도 말한 바 있지만、四柱에는 用神、喜神、忌神、閑神 등으로 구분할 수 있으니、閑神은 喜神으로서도 不足하고 忌神으로 서도 부족한 것을 말하니、 대개 『한신의 거동에 의해서 格局의 淸濁이 가려지는 것이다』。

따라서 閑神은 體用을 傷하게 하지 아니 하여야 하고、喜神을 害하지 아니하여야 함은 물론이며、他神과 動搖됨도 없어야 可한 것이다。

閑神의 쓰임새는 行運에서 들어오는 忌神이나、害神따위로 不利할 때는 그 凶神을 制化시켜줘야 좋으며 그렇지 못할 경우는 不利하다。

가령、木用神에 木이 旺하여 火가 喜神이 되고 金이 忌神이고 水가 仇神(害神)이 되고 土가 閑神이거나、木用神이 不足하여 水가 喜神이 되면 土가 忌神이 되고 金이 害神이 되고 火가 閑神이 될 것인데、用神은 반듯이 喜神이나 閑神의 도움이 있음을 要하며、原局이 이러하다면、行運의 忌神도 두려울 것이 없는 것이다。

庚寅
戊子
甲寅
丙寅

己丑 庚寅 辛卯 壬辰 癸巳 甲午

子月에 甲木이 生하니、陽의 進氣를 만났다。透出한 丙火가 寅에 長生함이 즐겁다。行運이 吉하여 卯大運에 忌神인 水를 洩氣하여 火를 生하니、大發하였고、壬辰癸運은 不利하나、戊土閑神이 止水하여 주므로 무난하였다。

甲子
丁卯
甲寅
庚午

戊辰 己巳 庚午 辛未 壬申 癸酉

먼저 사주와 비슷하나 戊土閑神이 없음이 불리하다。壬申運에 이르러 病神庚金이 得地하고 壬水를 止水하지 못하여 사망하였다。

◎ 出門要向天涯遊 何事裙釵姿意留。

문을 나서면 하늘끝까지 가서 놀거늘 어찌, 자기 妻를 자기 마음대로 붙들어 놓을 수가 있으랴!

【原 註】 本欲奮發有爲者也 而日主有合 不顧用神 用神有合 不顧日主 不欲貴而遇貴 不欲祿而遇祿 不欲合而遇合 不欲生而遇生 皆有情而反無情 如裙釵之留不去也。

본래 奮發하고저 하나 日主가 合이 되어 用神을 돌보지 아니하고 用神이 合이 되어 日主를 돌보지 아니하면, 貴를 하고자 하여도 貴를 만나지 못하고, 祿을 바라도 祿을 만나지 못하고, 合을 바라도, 合을 만나지 못하고, 生을 바래도 生을 만나지 못하니, 이 모두 有情한 것 같으나, 無情한 것이니, 女子가 머물러 주지를 않는 것이다。

【解 說】 本文은 貪合不化됨을 말하는 것이니, 기왕 合이 되면 化됨이 原則인데, 合化하여 喜神이 되면 名利가 좋으나, 合化하여 忌神이 되면 不化라 하여 災咎를 당하게 되는 것이다。

가령 日主가 合化되여 用神을 거역하거나, 用神이 合化되여 日主를 돌보지 못하는 경우를 말하는 것이다。 예를 들면 乙木이 用神인데, 庚金이 있어 合化金한다면, 用神이 日主를 돌보지 못함과 癸水日主가 用神이 金인데 戊土가 있어 日主를 合化火한다면, 用神을 거역하는 것이니, 그 成功을 돕지 못한다는 말이다。

또 日主가 太弱하여 休囚가 되면 强勢에 從化됨이 당연한데 合神이 있어 變化되는 五行이 日主를 도우므로 從化되지 못하게 한다면 이 모두가 有情한 것 같으나, 無情하여 裙釵之恣意留라 하며 파격이 되여 마음만 뻔하지 한가지 일도 成事됨이 없다。이러한 때는 行運에서 合神을 冲去해 주면 小事는 성취하리라。

乙未
庚辰
戊辰
丙辰

己卯 戊寅 丁丑 丙子 乙亥 甲戌

얼핏 보기에는 乙庚合化金되면、淸純할 것 같으나、乙木이 四支에 通根有氣하여 用神이 된다。庚金이 合去하니、合而不化라 사람은 똑똑하고 인정은 많으나、一生에 한가지도 이루지 못하고 酒色에 빠져 가난한 중에 방탕하였다。

丁丑
癸卯
丙戌
辛卯

壬寅 辛丑 庚子 己亥 戊戌 丁酉 丙申

日主가 旺하여 官星으로 用한다。그러므로 丙辛이 合化水되므로 日主는 火本氣를 버리게 되니、癸水官星의 作用을 받아 들이지 못하므로 파격이 된다。만약 辛金과 丁火의 자리가 바뀌었다면、淸格이 될테인데、・・・初年에는 자못 공부를 잘했으나、後에 酒色에 빠져 一生을 방탕하였다。

◎ 不管白雪與明月 任君策馬 朝天闕

白雪과 더불어 明月이 더 함을 관계할 바 없이 말을 달려 궁절로 朝會함을 네게 맡긴다。

【原 註】日主乘用神而馳驟 無私意牽制也 用神隨日主而馳驟 無私情羈絆也 足以所其大志 是無情而有情也。

日主가 用神을 타고 달리면 私私스러운 마음으로 牽制(견제)할 수 없는 것이고、用神이 日主를 따라 달리면、私私스러운 정으로 묶어 맬 수가 없는 것이니、그 큰 뜻을 족히 이룰 것이다。이는 情이 없는 것 같으나、情이 있는 것이다。

【解 說】本文은 冲이 되여 有力함을 말하였다。冲則動이요、動則馳인 理致에 따라 四柱中에 日主가 用神과 喜

神外에 他神과 貪戀(合)하므로 서로 돌보지 못할 경우 喜神이나 用神이 그 貪合하는 他神을 冲去한 즉 日主는 그 사사로움에 끌림이 없고 喜用神의 勢를 타고 馳驟(치추)하는 것과, 또 四柱中에 用神과 喜神이 他神과 貪戀하므로 日主를 돌보지 못할 때 그 貪戀하는 他神을 冲去한다면, 喜用神은 私情에 얽매이지 아니하고, 日主를 돕게 됨을 말하는 것으로 冲去하니, 無情한 것 같으나, 貪合하는 他神을 冲去해 주니, 반대로 有情해 진다는 것을 설명한 것이다. 이것은 丈夫의 意志는 私情에 拘礙됨이 없이 大志를 이룰 수 있음에 비유하였다.

丁 辛 丙 丙
卯 亥 寅 申

庚己戊丁丙乙
戌酉申未午巳

印綬가 旺하고 比刦이 並透하여 身旺하니, 用殺이라, 日主가 辛金과 合하여 貪戀함을 丁火가 冲去해 주고 申金이 木을 冲剋去해 주니, 亥水中 殺用神이 私戀을 맺지 못하여 貴格이 되었고, 申金이 生水해 줌이 기쁘다. 酉運에 登甲하여 큰 뜻을 이루었다.

辛 丙 壬 庚
巳 申 寅 戌

乙甲癸壬辛庚
未午巳辰卯寅

壬水가 申月에 生하고 庚辛金이 透出하였고, 丙火 또한 寅戌火局에 강력히 通根한 중에 透出하였다. 日主와 財星의 세력이 비슷하면, 日主를 돕는 자가 用神이 될 것이나, 辛金이 用神이다. 辛金은 丙火가 合化水하고 있으니 나쁘지는 않으나, 用神이 私情에 메이고 있음은 확실하다. 그런데 日主 壬水가 丙火를 剋去하고 申金은 寅木을 剋하니, 無情한 것같으나, 有情하여 癸巳運에 登甲하였다.

從 象

◎ 從得眞者只論從 從神又有吉和凶。

從의 참된 것은 從이라 論하고, 從神은 또 吉한 것이 凶으로 和하는 것도 있는 것이다.

【原 註】日主孤立無氣 天地人元 絕無一毫生扶之意 財官强甚 乃爲眞從也 既從矣 當論所從之神 如

從財 只以財爲主 財神是木而旺 又看意向 或 要火要土要金 而行運得所者吉 否則凶 餘皆倣此 金不可剋木 剋木財衰矣。

日主가 孤立되어 無氣하고 天地人元이 絶地가 되어 티끌만큼도 生扶함이 없고 財官이 强力하면 從의 眞格이 되는 것이다。이미 從이 되면 從하는 神을 마땅히 따를 것이다。

가령 從財면 財星으로 主를 삼을 것이니、旺하여야 하고 意向이 火거나 土거나 金이든 간에、行運이 得所함을 要하는 것인데、그렇치 않으면、凶한 것이다。나머지도 이와 같은 것이니、剋은 不可하고 만약 剋하면 가난하다。

【解 說】 本文은 四柱의 從格을 말한 것으로 日主가 孤立無氣하고 生扶됨이 없으면 本身을 버리고 强勢에 따라가야 됨을 말한다。

從象에는 從旺格과 從殺格、從財格、從兒格、從勢格으로 區分할 수 있는데 從格에 있어서는 從한 그 旺神이 體가 되는 것이니、行運도 順則吉하고 逆則凶한 것이다。

從旺格은 用神을 잡는데 편의상 從旺、從强으로 다시 分類해서 說明할 수 있는데、

從旺格은 日柱가 祿이나 羊刃月에 生하고 比劫이 많으며、官殺이나、財星이 없을 때를 말하니、行運은 역시 順則吉하며、比劫이나、印綬運에도 吉하고 食傷運도 可하다。

從强格은 日主가 印綬月에 生하고、局中에 比劫과 印綬가 같이 旺하며、財星이나 官星이 없으면、二人同心이 되여 有情하니、이때도 順則吉한데、단 食神運과 官星運은 二氣同心인 印綬와 비겁의 투기를 받으니、凶하며 財星運은 旺者가 激怒하고 群劫爭財가 되여 九死一生 혹은 大凶한 것이다。

從殺格은 日主가 無力하고 滿局이 財官殺로 되어 있으며、

從財格은 日主가 무력하고、滿局이 食傷과 財星으로 되어 있고、

從兒格은 日主가 無力하고 滿局이 食神이나 傷官으로 되어 있을 때를 말하니、이때도 順則吉하고 逆則 凶한 것이다。

예를 들면 金日主가 水木月에 生하고 四柱全局이 木으로 되었거나、水가 있어 木만 生한다며 金日主는 의지할 곳이 없으니、從財할 수 밖에 없다。

이때도 行運은 역시 旺神에 順則吉하고 逆則凶하다。他도 이에 準하기 바란다。

또 **從勢格**을 들 수 있는데、이때도 日主는 無氣力하여 他旺神으로 從을 해줘야 하겠는데、財星이나 官星이나 食傷의 勢力、즉 兩神의 세력이 비슷하여 어느 곳으로 따라야 할지 분명치 못할 경우를 말하니、이때는 그 兩旺神을 通關하는 곳으로 從해야 한다。

예를 들면、木日主가 無氣力한데 局中에 火와 金의 勢力이 비슷하다면、財星인 土만이 火와 金을 通關할 수 있으니、財運에 最吉하니 發福하고、그 外에 火나 金運은 次吉이나、대체로 不利하고、水木運은 旺神에 逆하니 반듯이 흉하다。

戊戌
丙辰
乙未
丙戌

丁巳 戊午 己未 庚申 辛酉 壬戌

乙木이 未庫와 辰餘氣에 通根되니 흡사 財多身弱같으나、丙火가 透出하고 局中無印綬이니 從財格이 된다。行運이 南方行이라 吉하고、金運도 可하다。初年에 發甲하여 一生을 富貴하였다。

壬寅
壬寅
庚寅
戊寅

癸卯 甲辰 乙巳 丙午 丁未 戊申 己酉

戊土庚金이 無氣力하니、從財格이 된다。寅中戊土가 있으나、絶地라 取할 수 없고 오히려 戊土는 旺木의 根氣를 도우므로 上格이 되었다。

丙寅
庚寅
壬午
乙巳

辛卯 壬辰 癸巳 甲午 乙未 丙申

從財格에 있어서는 食傷이 透出함을 기뻐하는 바 淸格이 되였다。만약 이 사주가 乙木이 不透했다면、富貴가 不足했을 텐데、食傷透露가 貴格으로 되었다。

丙	甲	丙	甲
午	午	午	午

乙未 丙申 丁酉 戊戌 己亥

從旺格인데 丙運에 發甲하였으나、申酉運에 病厄로 사경을 헤매다가 戊戌運부터 再起하였고 亥運에 逆運하여 사망하였다。

丙	壬	癸	甲
戌	辰	巳	寅

癸巳 甲午 乙未 丙申 丁酉 戊戌

癸水가 辰月에 生하니、日主가 孤立無根하여 從格인데、食傷、財星、官星이 모두 旺하니 어느 곳으로 從을 해야 할지 의심스러우나、三氣 또는 兩氣가 並旺할 때는 和解시켜라 했으니、火로 從하게 된다。早年 午運에 登甲하고 申酉運은 凶多吉少하고 亥運에 死亡했다。

化 像

◎ 化得眞者只論化 化神還有幾般話。

化의 참된 것은 化로 論하나、化神에는 도리어 몇가지 말이 있을 것이다。

【原 註】 如甲日主生於西季 單遇一位己土 在月時上合之 不遇壬癸甲乙戊 而有一辰字 乃爲化得眞 又如丙辛生於冬月 戊癸生於夏月 乙庚生於秋月 丁壬生於春月 獨自相合 又得龍以運之 此爲眞化矣 旣化矣 又論化神 如甲己化土 土陰寒 要火氣昌旺 土太旺 又要取水爲財 木爲官 金爲食傷 隨其所向 論其喜忌 再見甲乙 亦不作爭合妒合論 蓋眞化矣 如烈女不更二夫 歲運遇之 皆閑神也。

甲日主가 四季月에 生하여 홀로 한자리의 己土를 만나 月이나 時上에 合이 있고、壬癸甲乙을 만나지 아니하고 혹 한개의 辰이 있더라도 化格의 眞格이다。

또、丙辛日主가 冬月에 生한 것과、戊癸日主가 夏月에 生한 것과、乙庚日主가 秋月에 生한 것과 丁壬日主가 春月에 生한 것은、相合하고 또 運에서 龍(辰)을 얻으면、이것은 참된 化格이 된다。

이미 化格이 된 것에는 化神으로 論할 것이다.

가령, 甲己合化土는 土가 陰寒하니, 火氣의 昌함을 요하나, 土가 太旺하면 財星인 水를 取하여 木을 官星으로 하고 金을 食傷으로 하니, 그 意向에 따라 그 喜忌를 論할 것이니라, 다시 만나는 甲乙이 있어도, 爭合 妒合이 않되는 것이니, 化의 眞格은 烈女가 二夫를 따르지 않는 것과 같다. 歲運에서 만나는 것은 모두 閑神이다.

【解　說】 本文은 合化格을 말하는 것으로서 合의 根元은 皇內傳에 보면 옛날 黃帝께서 언덕에 올라 하늘에 제사지낼 때 하늘에서 十干을 내리니, 大曉에게 命하여 十二支를 만들어 天干과 配屬시켜 天地萬物에 用한다 한데서 연유되었는데 즉 天一, 地二, 天三, 地四, 天五, 地六, 天七, 地八, 天九, 地十으로 배속하여 天은 陽이니, 홀수는 陽이요 地는 陰이니, 짝수는 陰이며, 數를 배속시키면 甲은 一이니, 陽이요 乙은 二이니 陰이며, 丙은 三, 丁은 四, 戊는 五, 己는 六, 庚은 七, 辛은 八, 壬은 九, 癸는 十이 되였음이니라.

數 열개중 五는 中央에 있으니, 一에다, 五를 합하면 六이 되니, 一과 六은 同이 되는 數이고, 一位인 甲과 六位에 있는 己土는 合이 되는 것이며, 二는 五를 얻으면 七이 되니, 二位인 乙과 七位에 있는 庚은 合이 되는 것이며, 以下같은 방법으로 五는 五를 合하면, 十이 되는 고로 十位에 있는 癸와 五位에 있는 戊는 合이 되는데서 연유한 것이다.

合은 化됨이니 化는 반듯이 五位의 土를 얻어야 成立되는 것이며, 五土는 支地에서 辰土位에 해당되므로 辰土는 季春에 居하고 時期는 三陽의 時期라 生物의 體가 되는 것이다. 따라서 三陽에서 氣가 열리면, 動하고, 動하면, 變하고, 變하면, 化하는 것이다.

또 十干의 合은 支地의 五辰 位致에 이르게 되니, 곧 化氣元神의 發露가 되는 것이다.

다시 말하면, 甲己合化土가 되는 것은 起甲子이니, 甲子서부터 다섯번 째는 戊辰이니, 天干戊가 土이므로 土가 되고, 乙庚合化金은 起丙子이니, 丙子서부터 다섯번 째가 庚辰이므로 天干庚은 金이기에 金이 되는 것이고, 丙辛合化水는 起戊子이니, 戊子서부터 五位는 壬辰이 되니 壬이 水이므로 水가 되는 것이고 丁壬合化木이 되는 것은 起庚子이니, 庚子서부터 五位는 甲辰이므로 甲이 木이니까 木이 되며　戊癸合化火가 되는 것은 起壬子이니,

壬子서부터 五位는 丙辰이 되므로 丙火를 取하여 火가 되는 것이다。

合化格도 역시 喜忌 配合의 理致를 떠날 수 없으니、衰旺虛實과 喜忌를 究察하여 吉凶을 論함이 옳은 것이다

化神이 有餘한 즉 宜洩이요 化神이 衰弱하면 마땅히 生助하여야 함을 말한다。

가령、甲己合化土가 未戌月에 生하여 土가 旺燥하면 有餘이니 行運이 다시 火土行이면 不吉하리니、四柱의 의향에 따라 局中에 水가 있으면、金이 吉할 것이요、無金無水면 旺土를 洩氣하여야 할 것이다。

또 甲己合化土가 丑辰月에 生하여 土가 濕한 중에 衰弱하면 其意向에 따라 局中에 金이 있으면 火行運이 吉하고 局中에 水가 있으면 土運行이 吉할 것이다。

乙丑
甲申
甲辰
己巳

癸未 壬午 辛巳 庚辰 己卯 戊寅 丁丑

時干己土와 眞合이 되는데、化神인 土가 有氣하다 甲乙木이 爭妒하나 申金에 剋되고、丑中辛金에 剋되여 爭合이 될 수 없다。午運에 化神을 도우니 吉하고 辛巳運에 火土金이 並旺하여 大吉하였다。本命은 旺者宜洩에 따라 金用이 되었다。

戊辰
壬戌
甲辰
己巳

癸亥 甲子 乙丑 丙寅 丁卯 戊辰

合化眞格인데、淸하고 大格이다。그런데 안타까운 것은 行運이 逆行이므로 爲人이 준수하고 言行에 德이 있었으나、가난하게 살고 벼슬도 못했다。太旺者宜洩이니 金運이 吉하고 火土는 次吉이다。

己卯
丁卯
壬午
癸卯

丙寅 乙丑 甲子 癸亥 壬戌 辛酉

合化格인데、癸水가 透出한게 흠이다。

癸水가 아니고 木火로 바꿔졌다면、大格이 되었을 것이다。그러나 初年大運에는 다소 發福하였으나 金水運은 不吉하다。火가 用神이요、木土가 次吉하다。

丙戌
戊戌
癸巳
壬戌

己亥 庚子 辛丑 壬寅 癸卯 甲辰 乙巳

癸水는 의지할 곳이 없는 合化格이 되었다。
따라서 時干壬水가 病이 되고 火가 用神이 되는데 行運이 不利하였다。

假從

◎ 眞從之象有幾人 假從 亦可發其身。

참된 從象이 몇사람이 있겠는가? 假從도 亦是 그 몸이 發할 수 있는 것이다。

【原　註】日主弱矣 財官强矣 不能不從 中有比助暗生 從之不眞 至於歲運財官得地 雖是假從 亦可取富貴 但其人不能免禍 或心術不端耳。

日主가 弱하고 財官이 强하면 從을 하지 않을 수 없으나、柱中에 比刼이 협조하거나、暗生함이 있으면、從하나 참되지 아니한 것이다。歲運에서 財官이 得地하면 假從이라도 富貴를 取할 수 있는 것이다。다만 그 사람은 禍를 免하는데、能하지 아니하고 혹 心術이 있기도 하다。

【解　說】假從은 前記한 眞從의 理致와 大同小異한데 原文에 나오기 때문에 記術한다。

무릇 從格은 日主가 의지할 곳이 없어 자기 몸을 버리고 强勢에 좇아 감을 말하는 것인데、從하면 하고、말면 말텐데 굳이 假從이란 뜻이 따로 있을 수 없다고 譯者는 生覺한다。

왜냐하면、사람으로 비유하여 孤兒가 自立을 할 능력이 없어 富子집에 養子로 간다거나、金氏 女子가 朴氏집으로 시집을 가는 경우라고 보겠는데、가짜로 入養하고 가짜로 시집을 갈 수가 있겠는가?

다만、日主가 弱하여 自立할 능력은 없고、局中에 比刼이나 印綬가 弱하나마 있어서 從格으로 볼 수도 없음을 말하는 것인데, 亦是 從이든 아니든 擇一되는 것이고 보면 굳이 假從의 뜻이 따로 없는 것이다。

局中에 財官이 得時當令한데, 日主가 감당하기 어려우면 財官勢에 따라 갈 수밖에 없다。 그러니, 곧 바로 從格이 아니고 무엇이겠는가? 喜用과 行運은 從格의 說明과 같다。

丁丑
壬寅
丙申
壬辰

辛丑 庚子 己亥 戊戌 丁酉 丙申

丙火가 初春에 生하여 火虛하고 木嫩한 중 申辰水局이 되고 兩壬水가 透出하고 太弱하다 또한 寅中丙火는 申中壬水에 損傷되여 日主가 의지할 곳이 없다。 따라서 假從이라고 보겠는데, 從格의 理致와 다를 바가 없다。

假 化

◎ 假化之人 亦多貴 孤兒異姓 能出類。

假化格도 역시 貴가 많으니, 孤兒나 다른 性을 갖은 것도 나올 것이다。

【原 註】 日主孤弱而遇合神眞 不能不化 但暗扶日主 合神又虛弱 及無龍以運之 則不眞化 至於歲運扶起合神 制伏忌神 雖爲假化 亦可取富貴 雖是異姓孤兒 亦可出類拔萃 但其人 多執滯偏拗 作事迍邅骨肉欠遂。

日主가 孤弱한데, 참된 合神을 만나면 化하지 않을 수 없으나, 日主를 暗扶하고 合神이 또 虛弱하고 運에서 辰을 만나지 못하면 化格의 참되지 아니한 것이다。 歲運에 이르러서 合神을 도와주고, 忌神을 制伏시키면, 비록 假化라도 富貴를 取할 수 있는 것이며, 비록 異性 孤兒라도 拔萃될 것이다。 단 그 사람은 막히는 일이 많고, 偏拗하여 일을 하는데 망설임이 많고 骨肉에 欠이 있을 것이다。

【解 說】 本文에도 역시 譯者는 異見이 있으니, 眞化라 함은 日主가 孤弱하고 柱中에 財官이 太旺하면, 從化가

됨을 말하고、

假化라 하면、日主의 合神이 있으나、兩勢力이 比等하여 不從함을 말하는 것으로 譯者는 生覺하는데 本文과 註文은 그렇지 않으니 諸位學者의 연구가 있기를 바란다。

무릇 合化格도 其 本原理는 같은 것이니 비록 合神이 있으나、日主가 旺하고 合神도 旺하다면 굳이 本身을 버리고 從化될 理由가 없음은 當然한 것이며、도저히 自立할 능력이 없고、의지할 곳이 없을 때、從化하게 됨을 명심하기 바란다。

또한 甲己合化土가 됨은 이미 아는 바이거니와 만약 全局이 木과 水로 짜여 있을 때에는 甲己合化土가 됨이 아니라 合化木으로 되는 것이니、旺勢에 從하기 때문이다。

他合도 같으니 이에 準하기 바란다。

己卯　甲戌
乙亥　癸酉
甲子　壬申
己巳　辛未
　　　庚午

柱中에 木이 旺하고 火土가 孤弱한데、甲己合이 있으므로、假化로 보이는데、이렇게 兩勢力이 대치할 때는 通關되는 火가 用神이 된다。

戊寅　乙卯
甲寅　丙辰
乙亥　丁巳
庚辰　戊午
　　　己未
　　　庚申

乙庚之合이나、局勢에 木이 太旺하다。年干戊土가 木의 損傷으로 生金不能이다。따라서 乙庚合化金이 되지 못하고、合化木이 되리니、太旺者宜洩의 法에 따라 火가 用神이 된다。

行運이 吉하여 衣食이 유여했으나、貴는 火原神이 未透하였기에 不足하였다。

順局

◎ 一出門來只見兒 吾兒成氣構門閭 從兒不管身强弱 只要吾兒又得兒。

한번 문을 나와서 한 아이를 보니、내 아이가 氣를 이루고 門閭를 지었으며、兒이를 따름에 있어서 내몸이 强

이것 弱이건 관계 될 바가 아니고、단지 내 아이가 또 아이를 만났는 가를 重要하게 보아라。(兒=食傷을 말함)

【原 註】此與成象從傷官不同 只取我生者爲兒 如木遇火 成氣象 如戊己日遇申酉戌 成西方氣 或巳酉丑全會金局 不論日主强弱 而又看金能生水氣 轉成生育之意 此爲流通 必然富貴。

이와 더불어 成象、從象、傷官이 같지 아니하니、다만 내가 낳은 것을 兒로 할 것이다。

가령 木이 火를 만나 氣象을 이루고 戊己日主가 申酉戌을 만나 西方氣를 이루고 혹은 巳酉丑會局을 이루면 日主의 强弱을 不論하고 金은 능히 水氣를 生하여 生育의 뜻을 이루게 되면 이는 流通이 되는 것이니、반듯이 富貴할 것이다。

【解 說】本文의 順은 我生者와 見兒는 食傷을 일컬음이니 從兒格을 말한다。

原文에 構門閭란 말은 月建의 食傷을 말하는 것이니、月令에 食傷이 되면、眞從이 되리니、日主의 强弱을 不論하고、食傷에 順應하여야 한다는 말이며 또 原文에 吾兒又得兒란 말이 있는데、이것은 局中에 財星이 있음을 要한다는 말이다。

총론컨대 從兒格은 印星이나 官星은 없고、食傷이 旺하고、財星이 있으면、食傷이 生財하여 秀氣가 流行하여 名利가 함께 따른다。

무릇 從兒格은 行運이 財鄕일 때 富貴를 하지 않는 사람이 없으며、局이 秀氣流行인 때、모두 총명하고 깊은 學問을 하지 않는 자가 없다。

또、從兒格에는 最忌하는 바가 印星이요、次忌는 官運이니、食傷을 逆하기 때문에 반듯이 흉하다。

丁卯
壬寅
癸卯
丙辰

辛丑 庚子 己亥 戊戌 丁酉 丙申

癸水가 寅卯辰 東方一氣로 成格이 되고、壬水가 病이나、다시 丁火와 合化木하니、轉成生育되여 時上 丙火가 無損이라 貴格이 되었다。早年 水運에 登科하고 酉申運에 不吉하였다。

己未　丙子
丁丑　乙亥
丙戌　甲戌
戊戌　癸酉
　　　壬申
　　　辛未

滿局이 皆土이므로 從兒格인데、月上 丁火 病神이 未戌中에 通根하므로 淸하나、大格이 못된다。中運에 이르러 酉申運에 富貴하였으니、辛金用神이 得地하고 火病神의 絶地가 되기 때문이다。

己未　庚午
辛未　己巳
丙戌　戊辰
戊戌　丁卯
　　　丙寅
　　　乙丑

前造와 비교할 때、辛金이 透出하여 얼핏 보기에 大格이나、未戌이 모두 燥土라 生金不能이고 局이 너무나도 燥烈함므로 不發이라 運行 역시 不美하므로 인품은 있었으나、벼슬을 못하고、貧寒하였다。

庚子　辛巳
庚辰　壬午
戊申　癸未
辛酉　甲申
　　　乙酉
　　　丙戌

從旺格으로서 地支에 財星이 會局하므로 生育의 情이 있다。前造와 비슷하나、大運이 中年부터 吉하여 財星을 생조하니 富貴를 겸전하였다。

壬寅　壬子
辛亥　癸丑
辛亥　甲寅
壬辰　乙卯
　　　丙辰
　　　丁巳

從兒眞格으로 中年 財運에 大發하여 富貴兼全하였고、丙辰運은 官星과 印綬가 함께 오니 破職했다。

反局

◎ 君賴臣生理最微 兒能救母洩天機 母慈滅子關頭異 夫健何爲又怕妻。

임금이 신하에 의해서 生하는 理致는 가장 세밀한 것이요 兒는 能히 母를 救하고、天機를 漏洩하며、어머니의 사랑이 자식을 滅하게 하니、分岐點을 달리 할 것이며、夫가 健壯한데、어찌 또 妻는 두려우랴。

【原註Ⅰ】木君也 土臣也 水泛木浮 土止水則生木 木旺火熾 金伐木則生火 火旺土焦 水克火則生土 土重金埋 木克土則生金 金旺水濁 火克金則生水 皆君賴臣生也 其理最妙。

木이 君이면、土는 臣이니、水가 범람하여 木이 浮할 때 土가 止水하면 곧 生木하는 것이다。木이 旺하여 火가 질식할 때 金이 木을 克伐하면 火는 生하는 것이고、火가 旺하여 土焦할 때 水가 火를 克해 주면 土가 살게 되며、土가 重하고 金이 매몰될 때 木이 土를 소토시키면、金이 살게 되고、金이 旺하여 水가 濁할 때 火가 克金해 주면 水가 살게 되는 것이니 이 모두 임금은 臣下에 힘을 입어 사는 것이 된다。그 이치가 가장 妙하다。

【解 說】原文에 君賴臣生이란 말은、印綬가 太旺할 때 日主를 君으로 하고、太旺한 印綬를 제압해 주는 財星을 臣으로 하고、그 神으로 부터 生을 받는다는 말이다。

가령 木日主가 印綬인 水가 太旺하다면 水多木浮할 것이니、財星인 土로서 止水한 즉 木은 託根하게 되고、水로 부터 生을 받을 능력을 얻게 되는 것이다。또한 財星으로서 印綬를 剋하니、印綬는 日主의 父母이므로 犯上한다 하여 反局이란 이름을 하였다。他 火土金水도 모두 같은 理致이다。

壬 壬 甲 戊
戌 子 子 辰

癸丑 甲寅 乙卯 丙辰 丁巳 戊午

이와 같이 印綬가 重重한 데、年支 燥土와 時柱 戊辰이 根固하므로 능히 止水한다。行運이 吉하여 富貴하였다。

己 戊 辛 己
巳 辰 酉 亥

丁卯 丙寅 乙丑 甲子 癸亥 壬戌

中國 陳提督四柱이다。印綬太旺한 데 辰酉合金하고、時支亥中 甲木이 長生하며 辰月春土가 거칠기 때문에 君賴臣生인데、木이 不透했기에 글공부는 많이 못했으나、行運이 東北行貴發했다。

戊午　丁巳　己卯　庚午

戊午　己未　庚申　辛酉　壬戌　癸亥

印綬가 當令하여 火旺土焦이며 柱中 無財星이므로 未發하였다。中後 金運은 다소 의식은 할 수 있었다。

【原註Ⅱ】 木爲母 火爲子 木被金傷 火克金則生木 火遭水克 土克水則生火 土遇木傷 金克木則生土 金逢火煉 水克火則生金 水因土塞 木克土則生水 皆兒能生母之意 此意能奪天機。

木을 母로 하면、火가 子息이니、木이、金으로 부터 傷함을 입으면 火가 剋金해야 木이 살고、火가 水로 부터 克을 받을 때 土가 水를 制剋하면 火가 살고 土가 木의 損傷을 입을때、金이 剋木해 주면 土가 살고、金이 火의 煉함을 만나면、水가 火를 剋해 주어야 金이 살고、水가 土로 인하여 害를 입으면、木이 剋土해 주어야 水가 사는 것이니、이 모두가 生母하는 뜻이 되니、天機를 奪取하는 것이다。

【解 說】 本文은 食傷이 日主를 돕는 理致를 설명한 글인데、調候를 論함이다。

가령 木이 冬令에 生하였다면 비록 印綬가 旺하나 寒涸한데 또 金이 있다면 水는 必凍할 것이니、金만이 剋木하는 것이 아니고、水도 역시 克木하게 되리니 반듯이 火로서 克金하게 되어야 解凍되여 木이 陽和發生 하는 것이다。

또、火가 初春에 生하였다면、木嫩火虛하니、火는 水만이 꺼리는 것이 아니고、木亦是 火는 꺼리게 되니、반듯이 土로서 止水하여야 培木하게 되고 木은 生火하리니、自榮됨이며、

土가 水木月에 生하여 木堅土虛하면、火로서 通關함이 吉하나、濕土속에 火熄하므로 生助를 못할 것이니 金으로서 伐木할때 火는 生土하게 됨이며、金이 木旺火盛한다면、水로서 克火하고 滋木潤土해야 金이 生을 얻을 수 있고、水가 土旺月에 生하였다면、土金多하고 水弱하려니、木으로서 疏土할 때 水勢가 通達하게 되는 것이다。

따라서、木이 夏秋에 生하고 火가 秋冬에 生하고 金이 冬春에 生하고、水가 春夏에 生하였다면、休囚되여 自

立하기가 어려우니、生을 받아야 되겠는데、生助神이 旺하거나、官星이 旺할때는 食傷으로 印綬를 生하는 官星을 제거 해줘야 함이다。

甲申
丙寅
甲申
庚午

丁卯 戊辰 己巳 庚午 辛未 壬申

甲木이 初春에 生하여 木嫩金堅하니 **印綬로** 通關하기 보다는 月令의 兩火로서 **制金하고 調候해 줌이 吉하다。**

【原註Ⅲ】 木母也 火子也 太旺謂之慈母 反使火熾而焚滅 是謂滅子 火土金水亦如之。

木이 母이고 火가 子일때 太旺하면、**慈母라 하는** 것인데、반대로 木이 太旺하여 火가 질식하면 **滅子라 하는** 것이니、火土金水모두 이와 같다。

※(解者註) 本章에 母慈滅子의 理致에는 木이 나이고 火가 子息이라면、水가 母이니、母인 水가 많으면 子息인 火는 자연히 滅할 것이니、이와 두 가지로 區分된다고 思料된다。

【解　說】 本文母慈滅子의 理致는 印綬가 重重함이니、짜임새로 볼때 前述한 君賴臣生의 理致와 비슷한 데 다만 君賴臣生은 局中에 印綬가 비록 旺하나 財星이 有力하여 可히 用할 때이고、本文의 印綬는 太旺한데 財星이 없거나、無力하여 可用할 수 없을 때를 말하는 것이다。

따라서 印綬에 順勢하여야 하니、其 子를 도와야 한다。즉 **比劫이** 用됨이다。行運이 **比劫이면** 最吉이나、食傷이나 財星運은 逆母되여 災咎가 크게 일어 나는 것이다。

癸卯

癸丑 壬子 辛亥

母慈滅子格이니、丁火가 用이다。戊申運까지 一事無成하고 갖은 고생과 離別凶禍를 겪다가 未年 丁未부터 發福하여 큰부자가 되고 娶妻하여 兩子를 두었으며、九旬까지 壽福하였으니、行運이 順母하였기 때문이다。

甲寅
丁卯
甲辰

庚己戊丁丙
戌酉申未午

戊戌
丙辰
辛丑
戊戌

丁戊己庚辛壬
巳午未申酉戌

中末年 庚申 辛酉에 富貴가 컸으며 戌運에 사망하였다。己未年 以前에는 刑喪破敗가 컸다。土多 金埋라 母慈滅子라 할 수 있다。

壬子
壬寅
甲子
壬申

癸甲乙丙丁戊己
卯辰巳午未申酉

初年 甲辰前까지는 父母의 덕으로 좋았으나、辰運에 들어서 申子 水局으로 印綬가 大過하니 不吉하였고 乙巳以後에는 一生을 파란곡절로 마쳤으니、行運이 逆行함이다。

【原註Ⅳ】木是夫也 土是妻也 木雖旺 土能生金而克木 是謂夫健而怕妻 火土金水如之 其有水逢烈火而生土 火逢寒金而生水 水生金者 潤地之燥 火生木者 解天之凍 火焚木而水竭 土滲水而木枯 皆反局 學者細須詳其元妙。

木이 夫이면 土가 妻가 되는데、木이 비록 旺하나、土가 能히 生金하여 克木한다면、이것을 夫健怕妻라 한다。火土金水도 이와 같은 것이다。烈火가 水를 만나야 生土하는 것이고、寒金이 火를 만나야 生水하는 것이며、水生金이란 말은 地가 燥烈할

대 潤澤하게 함을 말하고、火生木이란 말은 天이 凍結되면 解함을 말하는 것이다。

水竭되고 木이 火에 焚하면 水가 土에 스며 없어져서 木枯하다면、모두 反局이니、學者들은 그 元妙함을 자세히 살펴라。

【解　說】本文은 夫健怕妻 즉 財星을 두려워 하는 경우를 말함이니、財는 내가 이기는 者요、妻이기도 하지만 局勢에 따라 두려움도 있는 것이다。

木日主가 土를 妻로 함은 이미 아는 바 이거니와 木旺土旺한데 金이 干透했을 경우는 土生金 金剋木하니、夫健怕妻가 되는 것이다。

가령 甲寅乙卯가 坐에 祿旺하나、局內에 土多하고、庚辛金이 透出했음을 일컬음이다。

또한、木衰土重도 비록 金은 透出치 아니 하여도 역시 怕妻가 되는 것이니、五行이 모두 같은 理致이다。

火多土焦할 때는 水로서 制火하고 潤土하니、水生土요、

金이 多寒하면 火로서 調候하니 火生水하고

土가 燥重하면 水로서 潤土시키니、水生金이 되고

火生木은 水凍하여 木을 생하지 못하면 火로서 調候해야 되니 火는 곧 木을 生함이고

또、火旺土燥하여 水竭이면 火는 능히、水를 剋하고、

土燥하고 金重하면 土는 능히 木을 剋하고

水는 旺하고 木 또한 盛에 火熄이면 水는 능히 克土하고、

木旺火烈이면 土焦하니 木은 능히 金을 剋하는 것이니、此는 모두 심오한 五行顚倒의 論理인 것이다。 그러므로 本章을 反局이라 이름하였다。

己 亥
戊 辰

丁卯
丙寅
乙丑

甲寅日主가 季春에 生하고 柱中에 財星인 土가 多하고 辛金이 透出하였으니、夫健怕妻가 된다。甲年 丙寅에 發甲하고 계속 旺運에 富貴하였으며 戊運에 落職되였다。

甲寅　甲子
辛未　癸亥
　　　壬戌

乙亥　庚辰 己卯 戊寅
辛巳　丁丑 丙子 乙亥
丁巳
庚戌

中國戴尙書 四柱이다。丁火가 生於孟夏이나 兩財星이 並透하고 生財하는 중 巳亥逢冲으로 去火存金하니、夫健怕妻가 되었다。行運이 吉하여 天下大魁에 급제하여 大貴하였다 하며 子運에 不祿함。

癸亥　壬戌 辛酉 庚申
癸亥　己未 戊午 丁巳
戊午
甲寅

中國 倉提督의 四柱인데、日支印星이 顯露하였기에 文科에는 未及하고 寅午合局이므로 武官으로서 크게 出世하였다 한다。

모름지기 夫健 怕妻 四柱는 財多身旺이니、貴顯한 者가 많은데 健字(身旺을 뜻함)가 妙理인 것 같다。

만약 日主가 不健(身弱)이면 財多身弱이 될 것이니、生이 困苦할 것이 아닌가?

戰局

◎ 天戰 猶自可 地戰急如火。

天戰은 오히려 可한 바가 있고 地戰은 急하기가 불과 같다。

【原 註】干頭遇甲庚乙辛 謂之天戰 而得地支順靜者無害 地支寅申卯酉 謂之地戰 則天干不能爲力 其勢速凶 蓋天主動 地主靜故也 庚申甲寅乙卯辛酉之類是也 皆見謂之天地交戰 必凶無疑 遇歲運合之會之 視其勝負 亦有可存可發者 其有一冲兩冲者 只得一個合神有力 或無神庫神貴神 以收其動氣

息其爭氣 亦有佳者 至于喜神伏藏死絶者 又要冲動引用生發之氣。

干頭에 甲庚과 乙辛類가 冲破됨을 天戰이라 하는 것이니, 이때 地支에 順靜함을 얻으면 害가 없는 것이고, 地支에 寅申이나 卯酉等이 冲破됨을 地戰이라 하는 것이니, 이때는 天干이 위력을 발휘할 수가 없으므로 그 凶함이 速한 것이다。天干은 動을 主事하고 地支는 靜을 主事하기 때문이다。

庚申, 甲寅과 乙卯, 辛酉등이 이것이다。이와 같이 天干과 地支가 모두 冲破됨은 天地交戰이니 반듯이 凶함을 의심할 여지가 없다。

이때 歲運에서 合이나 會局을 만나면, 그 勝負에 따라 發이나, 存이 可한 것이며, 冲도 한번 또는 두번 冲이 있는 것은 그中 하나를 合함이 좋고 貴星이 있어 化解 또는 通關시킴이 좋은 것이다。만약 喜神이 伏藏이나 死絶되면 冲動하므로 生發의 氣가 引出되어 發하는 경우도 있다。

【解 說】天戰은 天干剋을 말하며 地戰은 地支의 冲을 말하는 것으로 天은 陽이니, 宜動이며 움직여야 일거리를 맡고, 먹을 것이 생길 것이므로 猶自可라 했고, 地支는 宜靜이며, 靜則有用인 것이지, 반대로 動하면 天干의 根氣가 흔들리는 것이니, 急如火라 해서 速凶이 到來하는 것이다。

天干의 氣는 地支에서 安靜을 얻어야 하고, 地支에 冲動이 없고, 合神이나, 會神을 얻어 不動할 때 天干을 도울 수 있는 것이다。

天地交戰에 비록 合神이나, 會神이 있어도 그 動氣를 잡지 못한다면, 凶하다。

예를 들면, 兩寅에 一申이거나, 兩申에 一寅인 경우는 한 字는 會나 合이 되더라도 한 字는 붙들지 못함을 말하는 것이다。

그러나, 地支라도 用神이 伏藏되였을 때와 用神이 被合되여 기능을 발휘하지 못 할때는 그 合하는 神을 冲破해줘야 發用됨도 있으니, 깊히 연구하기 바란다。

癸酉
乙卯

甲亥
癸丑
壬子

印星 元神이 上, 下 모두 損傷되고 있다。水運에는 財印사이를 通關하여 吉하였으나, 辛運에 刑厄이 있었다。

丁未
辛亥

辛亥 庚戌 己酉

壬申
壬寅
壬申
辛丑

癸卯 甲辰 乙巳 丙午 丁未 戊申

正月 壬水가 太旺하다。太旺者 宜洩이니 木이 用인데、寅木을 兩申이 沖破함이 不美스럽다。初運 木은 父母의 德으로 풍령하게 지났으나、乙巳以後 火運은 印綬格에 財를 만나 群劫爭財되여 大凶하였고、破家亡身하였으니、地戰은 急如火이기 때문이다。

合 局

◎ 合有宜 不宜 合多不爲奇。

합이 되여 마땅함도 있고 마땅하지 아니 함도 있으니、合이 많은 것은 奇하지 아니하다。

【原 註】 喜神有能合而助之者 如以庚爲喜神 得乙合而助金 凶神有能合而去之者 如以甲爲凶神 得己合而去之 動局有能合而靜者 如子午相冲 得丑合而靜 生局有能合而成者 如甲生于亥 得寅合而成 皆是也 若助起凶神之合 如己爲凶神 甲合之則助土 羈絆喜神之合 如乙是喜神 庚合之則羈絆 掩蔽動局之合 丑未喜神 子午合之則閉 助其生局之合 不喜甲木 寅亥合之則助木 皆不宜也大率多合則不流通 不奮發 雖有秀氣 亦不爲奇矣。

喜神에 合이 되여 돕는 것이 있으니、가령 庚金이 喜神이라면、乙木이 合이 되여 金을 돕는 경우를 말하며、凶神에도 合이 되어 버리는 것이 있으니 가령、甲이 凶神인데、己土가 合去하는 경우를 말하며、動局에 合이 되므로 靜이 되는 경우가 있으니、가령 子午當冲일 때 丑이 子를 合하므로 靜이 되는 경우이고、生局에 合이 되므로 功成될 때가 있으니、가령、甲이 亥에서 生하면 寅이 合하여 功成됨을 말하는 것이다。

또 만약 凶神을 돕는 合이 있으니, 가령 己土가 凶神인데, 甲이 合하여 己土를 돕는 경우이고 喜神을 얽어 매는 合이 있으니, 가령 乙木이 喜神인데, 庚이 合하여 얽어 매는 경우이고,

動局을 掩蔽(엄폐)하는 合이 있으니, 가령, 丑未冲이 喜神인데, 子나 午가 合하여 폐쇄시키는 경우이고, 生局을 돕는 合이 있으니, 甲木이 喜神이 아닌데, 寅亥가 合함이 있으면, 도시 木을 도우니, 마땅하지 아니한 것들이다.

대체로 合이 많으면, 流通할 수 없는 것이고, 奮發할 수도 없는 것이다. 혹, 秀氣가 있다고 하더라도 역시 아름다울 수가 없는 것이다.

【解 說】合은 원래 美事라 하지만 忌神으로 合이 되거나, 또, 合이 너무나 많으면, 비록 秀氣가 流行하는 四柱라도 아름답지 못한 것이다.

가령, 庚金이 喜神인데, 乙木이 合化金하여 돕거나, 甲木이 忌神인데, 己土가 合化土하여 버릴 때와 또 癸水가 凶神이고 戊土는 閑神인데 合化火하여 喜神이될 때와, 壬水가 閑神이고 丁火가 忌神인데 合化木하여 木이 喜神이 될때 등은 모두 喜合이라 하여 아름다운 合이 되는 것이다.

반대로 己土가 忌神인데 甲木이 合化土하여 忌神을 도울때와, 乙木이 喜神인데 庚金이 合化金하여 喜神을 버리고 忌神을 도울때, 등은 凶合이라 하여 合이 不利한 것임을 名心하기 바라며 또 喜神과 閑神이 合化忌神이 될때도 亦是不美스러운 것이다.

또, 冲合의 理致도 子午 逢冲에 午가 喜神일 때 丑土가 子를 合化할 때와, 寅이 喜神인데 申이 있어 寅申逢冲일 때 亥가 있어 寅亥合化木하여 주면, 모두 아름다운 것이다.

또, 卯酉逢冲에 卯가 喜神인데 辰이 酉와 合하여 다시 金이 되여 剋木한다거나, 巳亥逢冲에 喜神이 巳인데, 申이 巳를 合하지만 다시 水가 되여 도시 水剋火하니, 역시 凶合이 되는 것이다.

총론컨데 忌神은 合化하여 去하여야 하고 喜神은 合化하여 助하여야 하는 것이며, 그 반대면 凶한 것이다.

丁亥
壬寅
甲戌
甲子

辛庚己戊丁丙
丑子亥戌酉申

甲木이 得時當令하고 丁火가 喜神이 되고 戊土가 喜神이 되는데, 애석한 것은 丁壬合化木하여 喜神을 合去함이며, 또한 寅亥가 相合하여 比刦忌神을 돕는 것이며, 行運역시 背向됨이니, 戊戌運에만 一時發福하였다。

丁亥
壬寅
丙午
丁酉

辛庚己戊丁丙
丑子亥戌酉申

얼핏 보기에는 殺旺身旺으로 貴格인듯 하나 丁壬合化木되고, 寅亥合化木 되여 刦刃이 방자하게 爭財함이 애석하다。初運北方水에서는 父母의 餘德으로 편하게 살았으나, 戊戌運에 會火局되고 水剋盡하여 亡하였다。

戊子
庚申
壬寅
辛丑

辛壬癸甲乙寅
酉戌亥子丑寅

寅木이 用神이 되는데, 中年初부터 行運이 吉하여 癸亥運에 寅合登科하였다。

君 象

◎ 君不可抗也 貴乎損上以益下。

君에게는 반항함이 不可한 것이니, 위로는 덜해 주고 아래로는 더해 줘야 貴하게 되는 것이다。

【原 註】日主爲君 財神爲臣 如甲乙日主 滿局皆木 內有一二土氣 是君盛臣衰 其勢要多方以助臣 火生之 土實之 金衛之 庶下全而上安。

日主를 君으로 하고、財神을 臣으로 하는 것이니、가령 甲乙日主가 滿局이 모두 木인데 局中에 한 두개의 土氣가 있으면 君은 盛하고 臣은 衰한데、臣을 도와 주어야 할 것이니、火로서 生하여 土를 實하게 하여 주고、金으로서 호위해 준다면、아래로 온전함을 얻고 위로도 편안할 것이다。

【解 說】 日主가 君이고 財星은 臣이라 하는데、君不可抗은 위를 犯함이 없어야 한다는 뜻이며、여기에 損上이란 말은 위를 剋制함이 아니고、洩氣시켜야 안전하다는 뜻이다。

가령 甲乙 日主가 比劫이 많고 다만 一二土氣만 있다면、君은 旺盛하고 臣은 衰하리니 順君할려면 火로서 洩氣하여 財를 生助하여야 不抗君이 되며 臣인 財星은 편안함을 얻는다는 뜻이다。

이때、만약에 金으로서 制之할려면 抗君이 되리니 失勢한 金이 度是 旺木氣를 제압하지 못하고 臣인 財星만 洩氣하면 木이 激怒하여 無益有害임을 설명하였으니、他도 이에 準하기 바란다。

甲子
甲戌
甲寅
乙亥

乙亥 丙子 丁丑 戊寅 己卯 庚辰 辛巳

君旺臣衰이니 順君해야 될텐데 行運이 不利하여 刑喪破家로 凶禍多端하였다。
局中에 無火가 病이다。

甲戌
丙寅
甲戌
乙亥

丁卯 戊辰 己巳 庚午 辛未

前造와 비슷하나、本命은 丙火가 透出하여 大格이 되었다 己巳運에 登甲하여 一生을 富貴하였다。

臣象

◎ 臣不可 過也 貴乎損下而益上。

臣은 지나침이 不可하니、아래는 덜어주고 위로는 더해줘야 貴하리라。

【原 註】日主爲臣 官星爲君 如甲乙日主 滿盤皆木 內有一二金氣 是臣盛君衰 其勢要多方以助金 用帶土之火 以洩木氣 用帶火之土 以生金神 庶君安臣全 若木火又盛 無可奈何 則當存君之子 少用水氣 一路行火地 方得發福。

日主가 臣이면 官星이 君이 되는 것이니、가령 甲乙日主에 滿局이 木이고、局內에 한 두개의 金氣가 섞여있다면、臣은 盛하고 君은 衰한 것이니、金을 돕는 것이 重要하다。火를 帶同한 土로서 生金해 주면 君도 平安함을 얻고 臣도 온전할 것이다。만약 木火가 또 盛하면、當存한 君의 子인 水로 用할 것이니、行運이 火라도 發福할 것이다。

【解 說】여기서 말하는 臣은 日主요、君은 官星을 말하는 것이다。

臣不可過이니 比劫이 太過하면 德和로 行할 때 臣順君安한다는 말인데、德和는 食傷과 財星을 말함이다。

가령、甲乙木 日主가 局中에 比劫이 太過한데 一二金氣가 있다면、臣盛君衰하리니、行運에서 金을 만나 制臣할려면、旺木이 抗上하게 되니 不測한 禍가 發生한다。

그러니、반듯이 火나 土運으로 行할 때 順化되여 吉하니、臣順君安이라 한다。

또 만약 局中에 火土가 없고 水木이 並旺하다면 局中에서 이미 臣君이 安順을 얻었으니、이때는 水用이나、火運도 吉하며、土運은 不利하다。

또 局中이나 行運에 火가 없고、純全히 土金을 만남은 역시 不利한 것이다。

癸卯
乙卯
甲寅
辛未

甲寅 癸丑 壬子 辛亥 庚戌 己酉

臣盛君衰 四柱인데、癸水가 透出하여 用이 된다。 時支未土는 會木局하였으므로 行運의 土金運이 不利하니、庚戌年에 亡하였다。

戊午
戊午
戊午
甲寅

己未 庚申 辛酉 壬戌 癸亥 甲子

時柱甲木이 坐祿地나 午와 會局化火하니、君衰臣盛이니、金이 用神이 된다。 水運은 不吉하니、亥運에 亡하였다。

戊寅
甲寅
甲寅
庚午

乙卯 丙辰 丁巳 戊午 己未 庚申

역시 臣盛君衰한데 時支午火가 會火하고 戊土가 透出하였으니 火土運에 편안함을 얻게 된다。 庚申運에 亡하였다。

母 象

◎ 知慈母恤孤之道 始有瓜瓞無疆之慶。

어머니의 사랑이 愛恤의 道를 알게 되면、비로소 子孫의 無窮한 慶事가 있을 것이다。

【原 註】 日主爲母 日之所生者爲子 如甲乙日主 滿柱皆木 中有一二火氣 是母旺子孤 其勢要多方以生子孫 成瓜瓞之緜緜 而後流 發于千世之下。

日主는 母가 되고、日主가 生하는 神을 子로 하는 것이니、가령 甲乙日主가 滿局에 모두 木인데、한두절의 火氣만 있으면、母는 旺하고 子는 孤하야 喜方을 얻으면 그 勢力이 子孫을 生하게 하여서 千世아래까지 흘려發하게 할 것이다。

【解 說】 日主를 母로 하면 그 所生者인 食傷이 子이며 母多子病을 말함이니 이때는 母子 兩者를 損傷시키거나 抑制하여서는 아니 되는 것이고、다만 子勢를 도와야 야 慈子昌하게 되는 것이다。

예를 들면、甲乙日主가 比劫이 多旺하고 一二火가 있다면、母多子病이 될 것이다。

첫째、**水見子傷**이니 水를 두려워 하고

둘째、**見金觸母**하여 金을 두려워 하는 것이니、母子가 共히 平和롭지 못하게 되는 것이다。

母多子病 四柱는 반듯이 子星을 도와야 하니、食傷運이 좋고 財星運은 順勢하여 孫昌하리니、 吉하게 되는 것임을 明心하기 바란다。

또 이때 만약 財運도 印綬를 帶同하면 凶多吉少하게 된다。

戊午
甲寅
乙卯
己卯

乙卯 丙辰 丁巳 戊午 己未 庚申

滿局이 모두 木인데 一점午火가 외롭다。즐거운 것은 寅午會合이며 行運이 吉하여 富貴兼全하였고、 庚申運에 觸母之性하여 凶하다。

癸卯
丙辰
甲寅
乙亥

乙卯 甲寅 癸丑 壬子 辛亥 庚戌

母多子病 四柱인데 辰濕土가 晦火하고 癸水가 透干하여 丙火를 損傷함이 괴로운데 行運 亦是 印綬라 不利하여 癸丑運부터 母心必變하여 子가 不安하였고 壬子運에 破家剋子하고 自縊亡하였다。

子 象

◎ 知孝子奉親之方 始克諧成大順之風。

孝子가 부모를 받드는 方道를 알면 능히 大順之風을 이룰 수 있을 것이다。

【原 註】 日主爲子 生日者爲母 如甲乙滿局皆是木 中有一二水氣 爲子衆母衰 其勢要多方以安母 用金以生水 用土以生金 則成母子之情 爲大順矣 設或金 則水之神 依乎木 而行木火金盛地亦可。

日主를 子로 하고 日主를 生한 神을 母로 한다。

가령 甲乙木이 滿局에 있고 한두점의 水氣가 있다면、子는 重하고 母는 衰하여 其勢가 安母方으로 가는 것을 要하니 金으로서 生水하고 土로서 生金한 즉 母子의 情을 이루어 大順할 것이요。或無金인 즉 水神은 木에 의지할 수밖에 없으니、行運이 木火金의 盛地로 가면 역시 可하다。

【解 說】 日主를 子라 하고 印綬를 母로 한 설명이다。

四柱에 日主의 比劫이 多하고 一二점의 印綬가 있다면 子多母衰하리니、이미 母情은 子에 의탁하여 安純하며 有情하니 이때는 日主를 逆함이 不可하다。

가령 甲乙日主가 滿局이 木이고、一二水가 있다면 子衆母孤이니 이때 가장 꺼리는 것은 土이며 土를 만나면 처의 말만 듣고 母는 돌보지 않기 때문이다。

다음으로 꺼리는 것은 金인데 金을 만나면 母勢가 强하여 日主인 子를 容納하지 않으므로 子는 자연히 父母를 逆하게 되는 것이다。그러나 金이라도 行運의 水를 帶同하면 무방하며、또 만약 行運이 土金을 帶同하고 만나면 婦性이 必悍하여 母子가 모두 凶禍를 당하게 되는 것이다。

기타 水火土金도 모두 같은 理致이니、준하기 바란다。

癸 乙 甲 乙
亥 卯 寅 亥

甲癸壬辛庚己戊
寅丑子亥戌酉申

年干癸水가 無勢하니 子衆母孤이며 水인 母는 子인 木에 依至하고 있다。
初年 辛亥運까지는 大發하였고、庚戌運에 들어서서 土金이 並旺하니 母子가 모두 凶하였다。

乙 己 甲 甲
亥 卯 寅 子

戊丁丙乙甲
寅丑子亥戌

子衆母孤인데、己土財星이 透出함이 病이 되여 妻의 私情에 얽매여 父母를 돌보지 못하게 되어 있다。
丁丑運에 火土齊來하여 惡妻로 인한 不和가 심하였고、戊土運에도 凶하였으며、그 외에는 無方하였다。

性情

◎ 五氣不戾 性情中和 濁亂偏枯 性情乖逆。
五氣가 어그러지지 아니하면、性情은 中和하고、濁亂偏枯하면 性情은 乖逆할 것이다。

【原 註】 五氣在天 則爲元亨利貞 賦在人 則仁義禮知信之性 惻隱 羞惡 辭讓 是非 誠實之情 五氣不戾者則其存之而爲性 發之而爲情 莫不中和矣 反此者乖戾。
五氣가 하늘에 있으면、곧 元、亨、利、貞、이 되고、사람에게 부여 되면 仁、義、禮、智、信의 성질이 되고 惻隱、羞惡、辭讓、是非는 誠實의 情이다。五氣가 어그러지지 아니한 것은 곧 性情을 發하는 것이니、中和됨을 要하는 것이다。만약 反對면 乖戾하다。

【解 說】本文에 나오는 五氣는 先天洛書의 氣를 말하는 것으로 陽은 四正에 居하고 되고 陰은 四隅에 居하고、艮坤은 土의 居地로 하여 後天氣도 이에 應하게 된다고 하였다。

즉、東方은 屬木이며 계절은 春이며、性情은 仁이 되며

南方은 屬火이고 季節은 夏이고、性情은 禮이며、

西方은 屬金이고 季節은 秋이고、性情은 義이며、

北方은 屬水이고 季節은 冬이고 性情은 智이며、

坤艮은 土인데、坤土는 西南間에 居하여 火는 生土하고、土는 生金하며 艮土는 東北間에 居하여 萬物의 生育을 土가 主事하니 겨울이 가고、봄이 오면 土로서 만이 止水할 수 있고、植木할 수 있는 것이니、이와 같이 仁義禮智、四性은 信이 아니면、成할 수 없는 고로 艮坤土性을 信이라 한 것이다。

이 五氣가 즉 四柱에서는 五行이니、五行이 不戾하고 中和純粹하면、性情에 仁義禮智信을 갖출 것이요。偏枯하고、混濁하고 太過이거나、不及하면 是非乖逆하고 驕慢하고、傲恣하게 되는 것이다。

己丑 丙寅 甲子 戊辰

乙丑 甲子 癸亥 壬戌 辛酉 庚申

四柱가 中和되고 無爭純粹하다。金이 없으나、丑中暗藏되여 無損이며 土가 旺하나、燥烈하지 않기 때문에 仁義禮知信을 갖추고 德人으로 一生 富貴하였다。

丙戌 乙未 丙子 甲午

丙申 丁酉 戊戌 己亥 庚子 辛丑

此造는 火焰土燥하다。

木枯하니、仁이 없고 無金이니 義가 없고、子水冲激되여 지혜롭지 못하고、火土가 過旺하니、성질이 불꽃같고 옹졸한 가운데 驕傲하여 中年에 家産을 파괴하고、妻子도 없이 방황하였다。

◎ 火烈而性燥者。遇金水之激。

火가 猛烈하여 性燥한 것은 金水를 만나면 激動하게 된다。

【原 註】 火烈而能順其性 必明順 惟金水激之 其燥急不可禦矣。

火가 猛烈하면 그 성질에 順勢하여야 반듯이 明順할 것이다。오직 金水로서 激動하면 燥急하여 지니 急히 막는 것은 不可한 것이다。

【解 說】 四柱에 火가 燥烈하고、炎上之性이면 順勢하되 濕土라야 其烈을 거두어 禮를 알고 成함이 있는 것이나 이때 火가 燥烈하다고 해서 金水로서 抑制할려면、火勢가 폭동하여 無禮한 行動으로 큰 禍가 일게 되는 것이다。辰丑은 습도이니、능히 그 火光을 晦하기 때문이다。

丙戌
甲午
丙午
己丑

乙未 丙申 丁酉 戊戌 己亥 庚子

火勢가 猛烈한데 다행히 時에 己丑濕土를 얻어 能히 晦火하므로 그 性品이 嚴하나。惡한이 없었고 자기자신을 제어할 줄 알고 급하나 無禮하지 않는 중에 富貴하였다。

辛巳
甲午
丙子
甲午

癸巳 壬辰 辛卯 庚寅 己丑 戊子

火勢猛烈한 중에 金水가 있으나、원격 되고 모두 損傷되여 早失父母한 가운데 영에게 의탁하여살때는 그런대로 좋았으나、辛卯以後에 소위 건달로 오만 방자하게 살다 寅運에 사망하였다。

◎ 水奔而性柔者 全金木之神。

水가 狂奔한데 성질을 柔하게 하는 것은 오로지 金과 木 兩神뿐이니라。

原 註】 水盛而奔 其性至剛至急 惟有金以行之 木以納之 則柔矣。

水가 盛하여 狂奔하면 그 성질이 지극히 剛하고 急하게 되는데、오직 金으로 生하고、木으로서 納水하게 되면 柔하게 되는 것이다。

【解 說】 水性은 本來柔하지만、衝激하게 되면、가장 剛急한 것이니、만약 火나 土로서 衝激할 때는 大禍가 發生하게 되는 것이다。

소위、윤하격으로 水勢가 極旺할 때는 金으로서 順勢하고 木으로서 納水해야만 柔德하게 되며、水運도 吉한 것이다。

庚	壬	甲	癸
子	申	子	亥

戊午 己未 庚申 辛酉 壬戌 癸亥

甲木이 損傷되여 納水不能이며 水勢가 極旺하다。

極旺者 宜生이니、金이 用이 되여 庚申까지는 大發하였으나、己未年에 그 勢를 激하여 大凶하였다。

戊	壬	癸	癸
申	子	亥	未

戊午 己未 庚申 辛酉 壬戌

水奔四柱인데 戊土未土가 旺勢의 비위를 건드리고 있다。성격이 난폭하고 是非가 많으며 고약한 잔꾀가 많고 남못되기를 좋아하는 性格이었다。初年戊運에 父母가 모두 사망하고、庚申辛酉、二十年은 洩土 生水하여 그 성격에도 富를 크게 하였고、己未年에 激水하므로 一家五名이 모두 燒死하였다。

◎ 木奔南而軟怯。

木이 極旺하면、南(火)을 겁내여 부드럽게 된다。

【原 註】木之性見火爲慈 奔南則仁之性 行於禮 其性軟怯 得其中者 爲惻隱辭讓 偏者 爲姑息 爲繁縟矣。

木의 성질은 火를 보면 仁慈하니、南이 旺한 즉 仁의 성질이 禮로 되어 軟怯하니 그 中庸을 얻은 자는、惻隱과 辭讓을 하고 偏枯한 者는 姑息하고 繁縟(번욕=繁文縟禮의 略語로서 규칙、예절이나 절차 따위가 지나치게 형식적이고、번거로운 것을 말함)할 것이다。

【解 說】本文은 木이 洩氣太過를 겁낸다는 말인데、木이 비록 旺하다 하더라도 火氣가 旺하면、반듯이 火氣를 식혀줘야 할 것이니、丑辰濕土로서 烈氣를 晦火하고 木根을 보호하거나、柱中에 水가 있으면、金이 있어 生水할 때 비로소 中和되어 禮를 갖추는 것이다。

반대로 洩氣太過를 다스리지 못하면、聰明이 지나쳐서 잔꾀를 너무나 부리고 자기 똑똑한 것만 알고 남을 무시하다가 禍를 입게 되며 마음이 조급하여 일을 꾸준히 하지 못하고 變動이 많게 되는 것이다。

庚	壬	甲	丙
辰	午	午	寅

癸未 甲申 乙酉 丙戌 丁亥

洩氣太過한데、年支 辰土、一字가 보물이다。火氣가 아무리 旺해도、능히 濟火하고 庚金과 壬水를 공히 보호하니、四柱가 大格이 되었다。行運 또한 吉하여 富貴兼全하고 仁德과 剛柔를 갖추었다。

丙	甲	甲	丙
戌	午	申	寅

乙未 丙申 丁酉 戊戌 己亥 庚子

洩氣大過한데 日支申金이 의지할 곳이 없은 중 冲破되고 있음이 애석하다。爲人이 옹졸하고 背信을 밥먹듯 하고 禮義를 모르고 살았다。다소의 妻德으로 근근히 살았으나、큰일은 한번도 이루지 못했다。

◎ 金見水以流通。

金은 水를 만남으로서 流通되는 것이다。

【原 註】金之性最方正 有斷制執殺 見水則義之性行而爲智 智則元神不滯 故流通 得氣之正者 是非不苟 有斟酌 有變化 得氣之偏者 必泛濫流蕩。

金의 성질이 가장 方正하여 끊고 맺고 굳세다。水를 만나면 義가 智로 흘러서 知의 元神이 滯하지 아니 하는고로 流通이 된다。그 氣의 正을 얻으면 斟酌하고 變化함이 구차하지 아니하고 偏氣하면 반듯이 泛濫하여 流蕩할 것이다。

【解 說】金性은 剛健한 중에 예리하며 혹이든 백이든 分明히 끊고 맺는 성질을 갖고 있으며 水를 얻어 流通함을 좋아하고、능히 大事를 감당하고、大謀를 짜내는데、궁색하지 아니하다。

得氣者는 水를 기뻐하고、義理가 있으며 外柔內强하고、智慧롭게 處身하며 中庸을 지켜 남으로부터 嫌疑를 받지 아니한다。그러나、偏枯者는 金衰水旺을 말함이니、荒唐한 잔꾀를 많이 부리고 말과 마음이 같지 아니하며 自己의 利益이 있으면 의리 따위는 쉽게 버린다。

甲申
癸酉
庚子
乙酉

甲戌 乙亥 丙子 丁丑 戊寅 己卯

庚金이 得氣한 중 子中癸水가 透出하였으니、洩氣가 精華하다。능히 大事를 감당하고 德과 信을 生命과 같이 알고 자기가 손해라도 他人에게 利益이 있으면 잘 처리했다。

壬申
壬子
庚辰
丙子

癸丑 甲寅 乙卯 丙辰 丁巳 戊午

金衰水旺하며 偏枯하니、爲人이 奸詐하고 마음이 옳바르지 못하며 丙辰以後에 財物은 좀 모았고、남을 괴롭혀 致富하였으니、小人의 四柱이다。

◎ 最拗者 西水還南。

가장 주의할 곳은 西水가 南으로 돌아 갈때다。

【原 註】西方之水 發源最長 其勢最旺 無土以制之 木以納之 如浩蕩之勢 不則行 反行南方 則逆其性 非强拗而難制乎。

西方의 水는 發源이 가장 길고、그 勢가 가장 旺하여 土로써 制하거나、木으로 納水함이 없으면、浩蕩한 勢가 順하지 아니하고、反대로 南方으로 行한 즉 그 性에 逆하는 것이니、강제로 制하기 어려운 것이다。

【解 說】水日主가 西方運에 生하면、其勢가 浩蕩범람하니、知仁을 갖출 것이다。

다시 말해서 木으로 納水한 즉 吉하고 火土로서 衝奔하면 逆勢强拗되여 禍患이 크게 일어날 것이니、 그 性質이 無禮無仁한다 하였다。

癸亥
庚申
壬申
甲辰

己未 戊午 丁巳 丙辰 乙卯 甲寅

西方壬水가 發源最長인데 즐거운 것은、時干甲木이 辰中에 通根有力하여 능히 納水함으로 用이 되며 行運이 吉하여 富貴하였고、仁禮德을 겸비하였다。

癸亥
庚申
壬子
丙午

己未 戊午 丁巳 丙辰 乙卯 甲寅 癸丑

西方壬水勢가 浩蕩하니 不可逆인데、時柱 丙午가 衝激逆性함이 不吉하다。本造를 丙午火 用하여 貴格으로 判斷하는 이가 많으나、『金水同心은 可順이요、不可逆이란』하는 理致를 모르기 때문이다。따라서 本造는 木이 用인데、行運이 不利하여 家產을 몽땅 破하고、妻子 모두 이별한 중에 성격까지 無禮하고 급하여 자기 바람에 지치는 등 갖은 파란을 겪다가 未年木運에 겨우 자리를 잡았다。

◎ 至剛者 東火轉北。

至極히 剛한 者는 東火가 北으로 가는 것이다。

【原 註】 東方之火 其氣焰欲炎上 局中無土以收之 水以制之 焉能安焚烈之勢 若不順行而反行北方則逆其性矣 能不剛暴耶。

東方의 火는 그 勢가 暴炎하니、逆이 不可하고、其剛烈에 順勢하여야 한다。이때 가장 즐거운 것은 濕土를 얻어 熱氣를 거두어 줌이고、土가 없으면、木火로서 順氣勢함이 吉하니、仁德을 兼備할 것이다。만약 金水로서 抑制할려면、火炎이 暴發하여 大禍가 生하고、그 性質은 剛暴無禮할 것이다。

丙寅　乙未
甲午　丙申
丙午　丁酉
己丑　戊戌
　　　己亥
　　　庚子

炎上之勢가 猛烈하니 不可逆이다。즐거운 것은 時柱己丑濕土가 능히 烈氣를 걷우어 주니 上格이 되였다。爲人이 용모단정하고 예의 바르며、早年에 科甲하여 一生을 富貴하였다。

丁卯　乙巳
丙午　甲辰
丙午　癸卯
庚寅　壬寅
　　　辛丑
　　　庚子

庚金이 無根하여 病이 되고、火勢가 暴炎하여 不可逆인데、行運에 木火는 吉하였으며、水運에는 凶한 일을 계속하였다가、子運에 사망하였다。本造는 原局에 濕土가 없기에 破格이 되였다。

◎ 順生之機 遇擊神而抗。

順生의 기틀은 擊神을 만나면 抗拒하게 된다。

【原　註】如木生火 火生土 一路順其性情次序 自相和平 中遇擊神 而不得遂其順生之性 則抗而勇猛。

가령、木生火、火生土、・・・의 順序로 그 性情에 따라 生하면、和平한 것인데、中間에서 擊神을 만나면、그 順生의 性質을 따르지 아니한 것이니、對抗함이 勇猛하다。

【解　說】本文은 旺者 宜順하고(食傷을 말함)、衰者宜逆하면(生助를 말할) 性情이 正和하다는 말이다。

가령 木이 旺한데、火를 얻어 流通되면 順이요、다시 土를 얻으면、차례로 順生되리니、和平할 것인데、金水는 逆擊되여 不吉이 勇急한 것이다。

또한 반대로 木이 衰弱하면、水를 얻어야 生하고、金으로서 生水하면 逆中之生이라 하여 和平하나、이때는 火土가 逆擊됨을 明心하기 바란다。

行運에서도 이와 같으니 細究하라。

己	亥	乙丑
丙	寅	甲子
甲	寅	癸亥
壬	申	壬戌
		辛酉
		庚申

木旺하나、旺者宜順하니、火土가 用이 된다、旺者는 生助가 逆擊이니、金水가 病이 된다 그런데、行運이 不利하여 비록 독서는 많이 하였으나、功名이 없고 刑傷破耗가 多端하였고 辛酉運에 사망하였다。

◎ 逆生之序 見閑神而狂。

逆生의 序에 閑神을 만나면、狂하는 것이다。

【原　註】如木生亥 見戌酉申則氣逆 非性之所安 一遇閑神 若巳酉丑逆之 則必發而爲狂猛。

가령 木은 亥에 長生하는데、戌酉申을 만나면、氣를 逆하야 性格에 맞는 平安함이 아닌 것인데、만약 巳酉丑 등으로 되는 閑神을 한번 만나면、반듯이 狂猛함이 나타난다。

【解 說】 任氏註에『逆則宜逆이요、順則宜順이면 性情이 正和이니라』했는데、이 말은 旺者에 또 生助함이(印綬) 있다면 逆이니、이때는 마땅히 生助해야 吉하고、衰者에 또 洩氣함이 있다면、또한 逆이니、이때는 마땅히 順順이 洩氣해야 한다는 말이다。

가령 木이 太旺한데、또 水가 있다면 極旺하니 逆이며 水運이 最吉이요、金으로서 生水하면 亦是 吉한 것이고 火土로 行하면 마땅치 아니하고 己丑土는 더욱 나쁘다。

또 木이 太弱한데、火가 洩氣한다면、逆이 되여 極弱하게 될 것이니、火運이 最吉이요、土運이 역시 吉한데、木의 餘氣인 辰과、庫地인 未는 마땅치 아니하다。

本文을 총론하건대

앞장 用神잡는 法에서 說明한 바 있는 極旺者宜生이요、極衰者宜洩의 理致를 再論한 말이다。

따라서、旺이 極에 達했는데、財官을 보면、狂猛할 것이고、衰弱이 極에 達했는데、財官이나、比刦印綬를 보면 狂猛할 것이니、大凶할 것이다。木火土金水를 不論하고 모두 같은 이치이다。

壬子
辛亥
甲寅
甲子

壬子 癸丑 甲寅 乙卯 丙辰 丁巳

木이 太旺한 중水가 같이 旺하니 極旺하다 柱中에 土가 없는 것이 즐거우며 水木運이 모두 吉하다。行運이 吉하여 早年에、科甲하고、이어 丙辰運은 원래 不利하나、合化吉神하여 落職만 되고 凶은 면했다 丁巳運에 死亡하였다。

戊戌
丁巳
甲寅
己巳

戊午 己未 庚申 辛酉 壬戌 癸亥 甲子

甲寅日主가 衰弱한데、火土가 並旺하니、極弱하다。極弱者宜洩이니 火土가 用인데、戊午己未는 父母의 餘德으로 좋았으나、庚申運中에 이르러 洩土하고 逆火하고、歲運癸亥에 火勢를 冲激하니 死亡하였다。

◎ 陽明遇金 鬱而多煩。

陽明局에 金을 만나면, 답답하고, 煩勞가 많다。

【原 註】 寅午戌爲陽明 有金氣伏於內 則成其鬱鬱而多煩悶。

寅午戌을 陽明이라 하니, 金氣가 內에 伏하면, 곧 답답함과 煩悶이 많다。

【解 說】 陽明局은 本來 暢遂함이 많다, 陽明은 寅午戌을 말하는 것인데, 日主가 火이고 柱中에 陽明이 得勢하고, 金이 暗藏되어 있으면, 所藏된 金이 生水不能이니, 憂鬱하여 뜻을 펼수가 없는 것이다。

가령 柱中에 濕土가 있으면, 所藏되여 있는 金은 損剋되지는 않으나, 生水도 亦是 不可能하므로 이러한 때는 純全히 陰濁金水行運이라야 暗藏되여 있는, 金水가 引通되여 其所願을 成就할 수 있는 것이다。

乙丑 丙戌 丙午 庚寅

乙酉 甲申 癸未 壬午 辛巳 庚辰

陽明之局인데, 年支丑中 辛金이 있으나, 時上庚金이 損傷되고 있어 陰濁行運이라야 되겠다。

初運 甲申까지는 父母의 餘德으로 좋았으나, 癸未以後 다시 陽明行運이라 四妻五子를 모두 剋하고 一生孤貧하게 지냈다。

壬戌 丙午 丙寅 己丑

丁未 戊申 己酉 庚戌 辛亥 壬子

陽明局인데 行運이 陰濁地로 가므로 富貴를 크게 하였다。丁未는 가난한 집에 태어나 고생하였으나, 戊申以後 學問도 많이 하고 每事順成하였다。

◎ 陰濁藏火 包而多滯。

陰濁하고 火가 藏된 것은 감싸아줌이 있어도 滯함이 많으리라。

【原 註】 酉丑亥爲陰濁 有火氣藏於內 則不發輝而多滯。

酉丑亥는 陰濁한 것이니、火氣가 안으로 暗藏되어 있으면、滯함이 많고 發福이 어렵다。

【解 說】 陰晦之氣는 本來 奮發함이 陽明과 같이 신속하지 않다。酉丑亥等은 陰濕이니、純全히 陽明之運으로 運行되어야 木火가 引通되어 發達할 수 있는 것이다。

가령、火가 暗藏되어 있고、濕木이 生火不能이라면、陰濁하리니、欲心대로 일이 펴나가지 못하고、滯하며 心性은 疑心이 많으며 일을 當하여 決定을 내리지 못하고 끊고 맺지를 못하게 되는 것이다。

이때 運路에서 陽明을 만나 暗藏되어 있는 火木을 引通해 준다면 마음 먹었던 일을 이룰수 있게 된다。

癸亥
辛酉
癸丑
壬戌

庚申 己未 戊午 丁巳 丙辰 乙卯

癸水가 支地에 亥酉丑을 모두 얻고、天干에 모두 金水이니、陰濁四柱이다。亥中甲木과 戊中丁火가 暗藏되어 있는데、**運路가 陽明地라 柱中에 包藏되여 있는 木火가** 引通되여 早年에 **發甲하여** 富貴하였다。

丁丑
辛亥
癸亥
癸亥

庚戌 己酉 戊申 丁未 丙午 乙巳

此造는 흡사 專旺格같으나、亥中甲木이 無損이므로 陰濁四柱이다。丁火가 露出되여 損傷이 極甚한데 中年丁未運에 陽明을 얻어 大發하였다。

辛丑
己亥
辛酉
癸巳

戊戌 丁酉 丙申 乙未 甲午 癸巳

支全陰濁이며 時支에 露出된 巳火가 調候가 될 듯하지만、巳酉丑金局으로 되니 다시 陰濁되어 暗藏된 火만 못하다。또、亥中甲木도 金旺하여 引通될 수 없으므로 破格이 되였다。

이러한 四柱는 비록 陽明을 얻는다 해도 發運이 없으니 出家하여 僧이 되였다。

◎羊刃局 戰則逞威 弱則怕事 傷官格 淸則謙和 濁則剛猛 用神多者 情性不常 時支枯者 虎頭蛇尾。

羊刃局은 戰則 위엄에 통하고、弱則 일을 두려워 하고、傷官格은 淸則謙和하고 濁則剛猛하며 用神이 많은 것은 情性이 떳떳하지 아니하고、時支가 枯한 것은 시작은 있으나、끝맺음이 없는 것이다。

【原 註】羊刃局 凡羊刃 如是午火 干頭透丙 支又會戌會寅 或得卯以生之 皆旺 透丁爲露刃 子沖爲戰 未合爲藏 再逢亥水之克 壬癸水之制 丑辰土之洩 則弱矣 傷官格 如支會傷局 干化傷象 不重出無食混 身旺有財 身弱有印 謂之情 反是則濁 夏木之見水 冬金之得火 情而且秀 富貴非常。

羊刃局은 丙火가 午月에 生하고 他地에 寅戌이 있어 會局한 것이며、혹 卯가 있어 生하면、丁火가 透出하여도 旺한 것이고、子가 沖하거나、未가 午를 合함이 있거나、다시 亥水의 剋이나 壬癸水의 制함이나、丑이나 辰土의 洩氣함이 있으면、弱이 될 것이다。

地支에 傷官이 會局하고 干에도 傷官이 透出되며 傷官이 重出되지 아니 하고 食神의 混雜도 없으며、身旺하면 財星이 있고、身弱하면、印綬가 있으면 이를 淸格이라 하고、이와 反對가 되면 濁格이 된다。같은 傷官格이라도 夏木이 水를 만남과 冬金이 火를 얻은 것은 淸하고 또 發秀하며 富貴도 兼全한다。

【解 說】羊刃局의 性情은 旺하면、心高志傲하고 冲戰하면 勢力을 믿고 방자하며 弱하면 疑心이 많고、매사에 두려움이 앞서 決定을 못하며、羊刃을 合하면、感情을 억누르고、意思를 나타내지 않으며 전혀 다른 理論을 내세우기도 한다。

羊刃局은 殺과 刃이 兩全함을 要하니、淸하면 富貴를 크게 하고 武官으로 出世하며 非常한 人物이 되기도 한다。

그러나、偏枯하고 破局이 되거나 파패하면 말로서 形言하기 어려울 정도로 凶함을 당하는 수도 있다。

傷官局은 淸하고 用되면 人物이 잘 나고 禮義바르고 謙相하며 영리하여 卓越한 學問을 갖으며、비록 女命이라도 같은 바가 있으니、中節을 지킨다。

반대로 傷官局이 怪悖하면, 傲驕하고 無禮하다。

用神多者는 利益을 따라 변심이 많고 時支枯者는 疑心도 많으며 매사에 龍頭蛇尾가 많다。

무릇 傷官格은 身弱眞傷官과 身旺假傷官으로 나눌 수가 있는데,

身弱眞傷官은 印綬가 有力하여야 하며,

身旺假傷官은 食神傷官이 旺運으로 行하여야 吉하다。

또한, 身旺假傷官格에 財星이 有力하면, 大富貴하며,

대체로 傷官格은 官星을 싫어 한다。

그러나, 身弱眞傷官格에서 旺財星이 印綬를 剋할 때와 身旺金水傷官格에서 調候가 時急할 때는 官星을 必要로 할 때도 있으니, 깊이 연구하기 바란다。

丙寅 甲午 丙申 壬辰

乙未 丙申 丁酉 戊戌 己亥

殺과 刃이 兩全하다。따라서 格局이 淸純하므로 早年에 科甲하고 이어 生殺大權을 잡고, 一生을 富貴하였으니, 羊刃格은 殺을 얻으면 非常한 人物이 됨이다。만약 寅과 申의 자리가 바뀌었다면, 壬水의 뿌리가 遠隔되어 濁하므로 行運에 따라 조금만 발전하였을 뿐이었을 것이다。

戊子 戊午 丙辰 戊戌

己未 庚申 辛酉 壬戌 癸亥 甲子

月令羊刃을 얻었으나, 羊刃格에서 說明되었듯이, 滿局에 土가 太旺하니, 食傷格으로 봄이 마땅하다。

羊刃格이든 食傷格이든 丙火가 太弱하므로 印綬가 用이 됨은 確實하다。爲人이 일에 겁을 많이 내고 의심이 많으며 변동이 많았으나, 歲運 甲寅年에 特別채용으로 官職에 몸을 담았으나, 길지를 못하였으니 羊刃格이든 食傷格이든 日主가 弱하면, 日主를 도와야 한다。

疾　病

◎ 五行和者 一世無災。

五行이 고르게 있는 자는 一生동안 災殃이 없는 것이다。

【原　註】五行和者 不特全而不缺 生而不克 只是全者宜全　缺者宜缺 生者宜生 剋者宜剋 則和矣 主一世無災。

五行이 和하다는 말은 반듯이 缺함이 없는 것만을 말하는게 아니고、相生은 되고 克함은 없고、온전할 것은 온전하고、缺할 것은 缺되고、生할 것은 生되고、剋할 것은 剋된다면、이 모두 和한 것이니、主는 一世無災하리라。

【解　說】天에는 五氣가 있으니、**青**、**赤**、**黃**、**白**、**黑**이고 地에는 五行이 있으니、**木**、**火**、**土**、**金**、**水**이고 人에는 五藏이 있으니、**肝**、**心**、**脾**、**肺**、**腎**으로 구분 되는 것이다。

사람을 만물의 영장이라 함은、五臟을 얻어 피부(겉쪽)로는 하늘의 五氣에 接하고、속臟腑로는 地支五行에 相應되므로 人體를 하나의 小宇宙라 하는 것이다。

다시 藏腑에는 각각 五行의 陰陽으로 配속 되여 있으니、腑는 陽에 속하고、甲、丙、戊、庚壬에 해당하고、臟은 陰에 속하니、乙、丁、己、辛、癸이다。

혹 不和하고 太過하고 不及한 즉 病은 **風症이니** 濕하고 燥한 데서 오는 증세인 것이다。이때 반듯이 五味의 調和라야 역시 해결되는 것이다。

五味는 **酸**、**苦**、**甘**、**辛**、**鹹**이니、

酸(신맛)은 木에 屬하고、太過하거나 不及하면、傷筋하고、

苦(쓴것)는 火는 屬하고 太過하면 傷骨하고、

甘(단맛)은 屬土이니、太過하면 傷肉하고、
辛(매운 맛)은 屬金이니、太過하면 傷氣하고
鹹(짠맛)은 屬水이니、太過하면 傷血이니라。

五氣	青	赤	黃	白	黑	天
五行	木	火	土	金	水	地
五藏	肝 乙	心 丁	脾 己	肺 辛	腎 癸	人
五腑	甲 膽	丙 小腸	戊 胃	庚 大腸	壬 膀胱	
五味	酸	苦	甘	辛	鹹	

따라서、四柱八字 五行도 中和되어야 하니、行運도 和順함을 要하고、臟腑五行도 中和되어야 하니、五味로써 調和됨을 要하는 것이다。

따라서、旺者는 剋하고、太旺者는 洩하고、有根弱者는 扶하고 無根弱者는 反對로 宜傷해야 하는 것이다。

癸未 甲寅 戊戌 庚申

癸丑 壬子 辛亥 庚戌 己酉 戊申

戊土가 寅月에 生하니、木旺土虛한 것 같으나、庚申時柱가 벌목하고、寅戌半合하여 火局하니、四柱가 淸하다。수명이 장수하여 九旬까지 살았다。

◎ 血氣亂者 生平多疾。

血氣가 어지러운 者는 사는 동안 疾病이 많다。

【原 註】 血氣亂者 不特火勝水 水克火之類 五氣反逆 上下不通 往來不順 謂之亂 主人多病。

血氣가 亂하다는 말은 火가 水를 이긴다거나、水剋火等을 말하는게 아니고 五氣가 反逆되는 것과 上下가 不通하는 것과 往來 不順한 것等을 이르러 亂이라 하니、主人은 병이 많을 것이다。

【解 說】 血氣亂者는 一生동안 多災多疾한다는 말인데、『血氣亂者』란 말은 五行이 背向되고 不順함을 일컫는다。다시 설명을 한다면 左右相戰하고 上下相剋不通하고、逆行을 기다리는데、順行하거나、順行이 즐거운데 逆行한다거나、火旺水涸하여 焚木되거나 水旺土蕩하여 沉金되거나、土旺木折하여 晦火된다거나、金旺火虛하여 傷土된다거나、木旺金缺하여 滲水된다면、血氣亂이니、一生多病할 것이다。

五行에서 反對로 血氣流行은 水論血이니、사람 몸의 脈이 곧 血인데、血의 胞主는 心臟인 고로 心은 丁火가 되니、壬水와 丁火가 合이 되는 것이며、또한 壬水는 膀胱에 屬하며 膀胱은 腎의 胞主이므로 心과 腎은 交應되는 것이고、丁壬合木이 되면 접속相生이 되니、神氣流通되고 血脈이 流行하여 無疾病하게 되는 것이다。

◎ 忌神入五臟而病凶。

忌神이 五藏에 들면 病이 심각하다。

【原 註】 柱中所忌之神 不制不化 不冲不散 隱伏深固 相克五臟則其病凶 忌木而入土則脾病 忌火而入金則肺病 忌土而入水則腎病 忌金而入木則肝病 忌水而入火則心病 又看虛實 如木入土 土旺者 則脾自有餘之病 發於四季月 土衰者 則脾有不足之病 發於春冬月 餘皆仿之。

柱中에 忌神을 制하거나 化함이 없고 冲이나 散하지도 아니하여 깊히 隱伏되고 五臟을 克하면 그 病이 凶할 것이다。가령 忌神이 木인데 土에 들면 脾病이요 火가 忌神인데、金에 들면、肺에 病이요、土가 忌神인데、水에 들면 腎病이요、忌神이 金인데 木에 들면 肝病이요 忌神이 水인데、火에 들면 心病이 되는 것이다。

또 虛實을 보아 가령 木이 土에 들때 土旺하면 脾가 有餘하여 생긴 病이 四季月에 發하고 土가 衰한 것은 곧

脾가 不足하여 생긴 病이니、春多에서 發病할 것이니、나머지도 이에 준하라。

【解 說】 本文은 忌神이 天干에 나타나고、支地에 깊이 通根되며 喜神은 埋沒되여 陰濁함을 말하는 것이니、

이때에 忌神을 制去도 못하고 順化도 하지 못한다면、病으로 가장 흉하다는 것이다。

土는 脾와 胃에 속하니、脾는 마땅히 緩으로 인도해 주고 胃는 마땅히 和하여야 하니、木에게 損傷되면 和緩되지 못하여 생긴 病이다。

金은 大腸과 肺에 속하니 肺는 마땅히 收요 大腸은 마땅히 暢인데、火로 부터 損傷된 즉 肺氣는 上逆되고 大腸은 不暢이니 그 계통에 病이 生하고、

水는 膀胱과 腎이니 膀胱은 마땅히 潤이고、腎은 마땅히 堅인데、土로 부터 損傷되면、腎은 枯하고、膀胱은 燥하여 그곳이 病이 生하게 될 것이다。

木은 肝과 膽에 속하니、肝은 마땅히 條達이고 膽은 마땅히 平하여야 되는데、金으로 부터 損傷된 즉、肝急膽寒하여 病이 生하고、

火는 小腸과 心에 속하니、水로부터 損傷되면 心은 寬하지 못하고、小腸은 收하지 못하여 病이 生하게 되는 것이다。

또한、虛實과 有餘와 不足을 살필것이니、

가령、土가 太旺하여 木이 제압하지 못하고、반대로 木折한다면、脾와 胃는 스스로 太過하여 病이 生하게 되는 것이다。

또、계절로 나누어 본다면、

土가 濕함이 過多하면 春多에 病이 生하고、

土가 濕함이 不足하면、夏秋에 病이 生하고、

土가 燥烈이 過多하면 夏秋에 病이 生하고、

土가 燥烈이 過小할때는 春多에 病生하게 되는 것이다。

丁 亥 　庚戌
辛 亥 　己酉
辛 未 　戊申
壬 辰 　丁未
　　　　丙午
　　　　乙巳

傷官이 太旺하여 日主가 의지할 곳이 없다。日支未土 역시 燥土이긴 하나 亥未半合木局하니、오히려 病만 重하고、丁火官星만 生한다。따라서 忌神이 入五臟하였으니、十日이 平한 날이 없이 病苦하였고、酉運에 幫身하여 吉하였고 申運에 壬水가 長生하며 申辰水局하여 病이 더욱 악화되였고、丁運에 사망하였다。

◎ 客神 遊六經 而災小。

客神이 六經에 놀면 災殃이 적다。

【原 註】客神 比忌神爲輕 不能埋沒 游行六道 則必有災 如木游於土之地 而胃災 火游於金之地 而大腸災 土行水地 膀胱災 金行木地 膽災 水行火地 小腸災。

客神은 忌神에 比하여 輕하며 埋沒되지 아니하고、六道에 游行하면 반듯이 災殃이 있을 것이다。

가령、木이 土에서 놀면 胃에 災가 있게 되고、火가 金地에 놀게 되면、大腸에 災가 오고、土가 水地에 놀면 膀胱에 災가 오고、金이 木地에 놀면、膽에 災가 오고、水가 火地에 놀면 小腸에 災가 오는 것이다。

【解 說】客神이 六經에 노는 것은 陽의 虛氣가 天干에 떠 있는 것을 말한다。

陽이 虛하게 露出되면、制하기도 쉽고、化하기도 쉽기 때문에 災必小라 하며、病이 곁에 있는 것과 같다。

外感은 쉽게 發散하기 때문에 大患에 이르지 아니 하는 고로 災殃이 적은 것이다。

그 病의 原因을 따져서 硏究하고 陰陽五行에 依하여 臟과 腑를 分離하여 볼것이니、이것이 五臟論法인 것이다

반드시 天干은 客神이니 虛하고、地支는 忌神이니、實하다 하지 말 것이다。

모름지기 虛한 가운데 實이 있고、實한 곳에 반대로 虛가 있다는 理致를 알면 그 災祥이 了然하게 나타날 것이다。

壬辰
甲辰
庚午
丙戌

乙巳 丙午 丁未 戊甲 己酉 庚戌 辛亥

春金이 殺旺함을 만났다。辰土가 用神이고、甲木은 客神이 된다。따라서 木은 風疾인데、金運까지는 木을 制去하니、大發하였으나、亥運에 이르러 甲木이 長生되므로 風患이 일어나 사망하였다。

癸丑
戊午
壬寅
庚戌

丁巳 丙辰 乙卯 甲寅 癸丑 壬子

午月의 壬水가 財旺殺旺하니 寅木이 客神이 되는데、運路가 不利하여 金水가 共히 傷함을 받고 있다。乙卯運에 肺와 腎에 得病하여 말을 못하게 되었고、기침은 심하였으며、甲寅運에 사망하였다。

乙亥
庚辰
丙子
庚寅

己卯 戊寅 丁丑 丙子 乙亥 甲戌

庚金이 虛空에 떠 있다。따라서 客神이 되는데、臟腑에 들지 못하고、六經에 놀고 있음이、즐겁다。寅亥合木하고、五陽의 進氣가 되니、精神氣 三者가 모두 만족 하다。一生 疾病없이 富貴하였다。

◎ 木不受水者 血病。

木이 水의 生을 받지 아니한 자는 血病이니라。

【原 註】 水東流而木逢冲 或虛脫 皆不受水也 必主血病 蓋肝屬木 納血 不納則病。

水가 東으로 흐르고、木이 冲을 만나거나 혹 허탈하면 水의 生을 받지 아니 하는 것이니、主는 반듯이 血病이 있을 것이다。

肝은 木에 속하는 것이니、納血하는 것이요、不納이면 病이니다。

【解 說】春木이 水를 받아 들이지 아니하는 것은、火를 기뻐하는 바이니、發榮하기 위함이요、冬木이 水의 生함을 받아 들이지 아니 하는 것도 解凍하기 위하여 火를 기뻐하는 연고이며、夏木이 根氣가 있는데도 水를 받아 들이는 것은 火의 烈氣를 制去함으로서 燥烈함을 潤地로 하기 위함이고、秋木이 得地하였어도、水를 받아 들이는 것은 金의 銳함을 洩氣하여 化殺시킴을 기뻐하기 때문이다。

春冬에 生하여 旺한 木은 衰함을 要하기 때문에 水를 받아 들이고、夏秋에 生하여 休囚된 木은 旺함을 要하기 때문에 水를 받아들이는 것이며 이와 반대면 水를 받아 들이지 아니하고、받아 들이지 아니 하면 血이 流通되지 않는 고로 血病에 이르게 되는 것이다。

丁亥
丁未
乙亥
己卯

丙午 乙巳 甲辰 癸卯 壬寅 辛丑

乙木이 未月에 生하여 休囚된 가운데 年月에 丁火가 兩透하여 洩氣가 太過한데 즐거운 것은 時에 祿을 얻고 亥水의 生을 받으니、燥烈한 土를 潤澤하게 하고 있음이며 다시 妙한 것은 亥未卯會局하여 幫身함이다。辰運에 이르러 虎榜居首하니、科甲하였다。본 四柱는 食神格에 印綬用이다。

丙戌
乙未
乙巳
丁亥

丙申 丁酉 戊戌 己亥 庚子 辛丑 壬寅 癸卯

乙木이 未月에 生하여 丙丁이 透出하고、巳戌에 通退하니、洩氣가 大過하므로 從兒格이 이루어 졌는데、生함을 받지 아니 하여야 하니、反對로 亥水가 病이 되였다。

初運은 丙丁이 蓋頭하였으므로 큰 禍는 없이 지나갔고、戊戌運은 亥水를 剋去하므로 名利를 共히 얻었고 이어 亥運에 膨脹病이 들어 사망하였는데、의지할 곳 없는 水가 得地를 하였기 때문이다。

◎ 土不受火者氣傷。

土가 火를 받아 들이지 않는 것은 氣가 傷하게 된다。

【原 註】土逢冲而虛脫 則不受火 必主氣病 蓋脾屬土而容火 不容則病矣。

土가 冲을 만나 虛脫하면 火를 받아 들이지 아니 하는 것이니、主는 반듯이 氣에 病이 될 것이니라 脾는 土에 屬하니 火를 容納하는 것인데、容納하지 않으면 病이 되는 것이다。

【解 說】 燥實한 土가 火를 받아 들이지 아니 하는 것은 水의 潤함을 기뻐할 때이며、虛濕한 土가 火를 받아들이지 아니 하는 것은、水의 剋함을 忌할 때이며、冬土가 有根한데 火를 받아 들일 때는、解凍하니、濕을 制去함이며 秋土가 得地했는데、火를 받아 들이는 것은、金의 有餘함을 制하는 것이니、土의 洩氣를 막아 주는 것이요 燥烈함이 過하면 地가 不潤하고 濕이 過하면、天이 不和할 것이니、이로서 火를 받아 들이지 아니하고、木을 容納하지 아니 하는 것이다。燥烈이 過하면 반듯이 氣는 이즈러질 것이고、濕이 過하면 반듯이 脾가 虛할 것이며、火를 받아 들이지 아니 한 즉 病이 될 것이다。

己巳
辛未
戊戌
己未

庚午 己巳 戊辰 丁卯 丙寅 乙丑

戊土가 未月에 生하여 土가 厚重한 데、즐거운 것은 天干에 火가 없고、辛金이 精華한데 丁卯大運에 이르러 地支에 火土가 並旺하고、辛金이 損傷되니、肺의 傷함을 받고、血脈의 流通이 되지 아니하여 氣血兩面으로 病發하니 사망하였다。

庚辰
己丑
己亥
壬申

庚寅 辛卯 壬辰 癸巳 甲午 乙未

己亥日主가 丑月에 生하여 金水가 並透하여 通根하니、虛濕地에 土가 되었다。따라서 虛濕한 氣를 따라 水를 用하여야 하니、소위、從財格이 되었다。甲午運은 火土가 並旺하니、氣血을 반듯이 傷할 것이며、腸과 胃에 病을 얻어 血症으로 사망하였다。

◎ 金水傷官 寒則冷嗽 熱則痰火 火土印綏熱則 風痰 燥則皮癢 論痰多木火 生毒鬱火金 金水枯傷而腎經虛 水木相勝而脾胃泄。

金水傷官은 寒하면 冷嗽하고 熱하면 痰火이며 火土印綏는 熱하면 風痰이고 燥하면 皮癢이니、木火가 많으면

痰으로 論할 것이고, 火金이 답답하면 毒을 生할 것이요, 金水가 枯傷되면 腎이 虛하고 水木이 서로 이기면, 脾와 胃이니, 설사를 할 것이다.

【原 註】 凡此皆五行不和之病 而知其病 知其人 則可以斷其吉凶 如木之病何如 又看木是日主之何神 若木是財而能發土病 則斷其財之衰旺 妻之美惡 父之興衰 亦不必顯驗 然有可慶而六親與事體又不相符者 殆以病而免其咎者也。

무릇 이들은 모두 五行의 中和되지 아니 함에서 생긴 病이니, 그 病을 알고 그 사람을 알면, 그 吉凶을 판단할 수 있을 것이다. 가령 木의 病이 어떠한 가를 알려면 木이 日主에 대해서 어떠한 神인가를 보는 것이지만, 만약 木이 日主의 財星인데, 土에 관계되는 病이 發生했다면, 그 財가 衰한지 旺한지 알 수 있을 것이다. 또 妻의 美惡과 父母의 興亡盛衰를 아는 것도 역시 六親관계와 事態와 相符됨을 살펴 보면, 어느 神이 허물이 되는 가를 알 수 있을 것이다.

【解 說】 金水傷官이 過하게 寒한 것은 그 氣가 辛凉하고 眞氣가 이그러짐이 있어 主는 반듯이 冷嗽(기침병)하며 過熱한 것은 水가 火를 이기지 못하여 火가 金을 剋한 것이다.

水가 火를 이기지 못하는 것은 心과 腎이 交流되지 못할 것이고 火가 金을 克하는 것은, 肺에 傷함을 받을 것이고, 冬金에는 火가 虛한 상태로 上炎하기 때문에 主는 痰火(痰으로 인해서 나는 熱病)가 되는 것이고,

火土印綬格은 過熱한 木이 火旺에 따르는 것이니, 火旺하여 焚木하면 木은 風에 屬하는 고로 主는 風痰이 되고, 過燥한 것은 火炎하면 土焦할 것이니, 土가 潤하면 血脈이 流行되니 營衛調和하고, 皮는 土에 屬하며 土가 緩함을 기뻐하니, 緩은 即潤한 것을 말한다.

그러므로 過燥한 즉 皮癢이 생기고, 過濕하면 瘡病이 生하는 것이며, 夏土는 마땅히 濕해야 하고, 冬土는 마땅히 燥해야 하니 이때 사람은 無病하고 生物은 發生하는 것이다. 총론컨대 火가 많으면, 主로 痰이 되고 水가 많으면, 主로 嗽가 된다.

木火가 많아 痰이 된 것은 火가 旺한데 木을 만나면 木은 火勢를 따르면 金은 木을 剋하지 못하고, 水는 火를 이기지 못할 것이니, 火는 반듯이 金을 剋할 것이니, 肺를 傷하게 되고, 腎水를 生하지 못할 것이며, 木은 또 水氣를 洩하여 水는 반듯이 燥함을 만나 陰虛火炎할 것이고 반대가 되면 生할 것이다.

『生毒鬱火金』이란 말은 火烈하여 水가 증발하면, 火도 반듯이 焚木할 것이니, 이때 土는 焦燥할 것이고 燥土는 金을 위태롭게 하여 金은 內的으로 답답할 것이고, 위로는 肺氣를 逆하게 될 것이고 肺氣를 逆하면 肝과 腎 양쪽 모두 이즈러질 것이고, 肝, 腎이 이즈러지면 血脈이 流行하지 아니하여 七情(喜, 怒, 哀, 樂, 愛, 惡, 欲)을 傷하게 하여 답답한 근심이 될 것이니, 生毒이라 한다.

土가 燥하여 生金을 하지 못하면, 火烈이니, 水는 自然히 마를 것이니 腎經이 반듯이 虛할 것이다.

土가 虛하여 水를 制할 능력이 없는데 木旺하여 剋土하면 脾胃를 반듯이 傷한다.

무릇 五行이 不和하여 생긴 病은 연구하건데 꼭 증험이 되는 것이나 病은 人事와 相通되는 것이니, 六親의 吉凶과 事體의 否泰를 살펴 論하면 틀림없는 것이다.

가령 日主가 金이고 木이 財星이고 局中에 火가 旺하여 日主가 財星을 감당하지 못하면 殺星인 火만 도울 것이니 忌神이 되는데, 혹 水가 있어 生木하면 金氣는 더욱 虛하게 될 것이다.

金은 肺와 大腸으로 하니, 肺가 傷하면 大腸이 적절할 수 없고 아래로 腎水를 生할수 없고, 木이 水를 洩하면 火를 생할 것이니, 主는 반듯이 腎과 肺 양쪽에 병이 될 것이니라.

그러나 만약 이와 같은 病이 없으면 반듯이 破耗하고 衣食이 넉넉하지 못할 것이니, 이것이 財가 많은 것의 허물이 되는 것이다.

만약 또 病도 없고 財源도 旺하면 그 妻가 반듯이 陋惡하고 子息이 반듯이 不肖할 것이다.

그러나 妻도 賢하고 子도 좋으며, 病도 없으며 財源도 旺한 것은 歲運이 土金을 돕는 경우이고, 局中에 金水와 木火가 均配되고 있는데도 肺腎에 病이 있거나 妻가 陋하거나 子息이 劣勢인 경우는 歲運이 木火로 行하므로 金水가 損傷되기 때문이니, 자세히 살펴 한부분만 잡고 論하는 일이 없도록 하라.

壬辰 壬子 辛酉 己巳

癸丑 甲寅 乙卯 丙辰 丁巳 戊午

辛金이 仲冬에 生하여 金水 傷官格을 이루었는데 局中에 和氣가 전혀 없음이 애석하다. 따라서 金寒水冷하므로 처음에 기침병을 앓았다. 그러나 格局이 비록 寒冷하나 淸純하여 學問을 많이 하였고, 乙卯運까지 水氣를 洩하므로 家業이 크게 增大하였고, 丙辰運에 이르러 水火가 相剋하고 歲運丙寅에 旺水를 激動시키므로 得病하여 사망하였다.

己丑 丙子 辛酉 壬辰

乙亥 甲戌 癸酉 壬申 辛未 庚午

金水傷官格인데, 丙火가 虛하나마 透出하므로 無疾하였다. 金水傷官格은 官星을 기뻐한다 하였으나, 煖局을 이루는데, 必要한 것이지 取用하는데도 꼭 官星이 기쁜것은 아니다.

官星을 用神으로 取하는 경우는 극히 드문일이니 局中에 木火가 齊來할 때만 官星을 取用할 수 있고, 그 외에는 官星을 用할 수 없다.

따라서 癸酉運에 功名을 얻고 辛未運中 丁丑年에 火土가 並旺하여 壬水와 子水를 傷하기 때문에 得病하여 사망하였다.

甲戌 丙子 庚子 丙戌

丁丑 戊寅 己卯 庚辰 辛巳 壬午

庚金이 子月에 生하였으나, 天干에 兩丙火가 透出하고 兩戌燥土에 通根하였으며, 甲木이 生하니, 오히려 過熱하다. 行運 戊寅己卯에 勢를 돕고 庚金의 絕地가 되니, 痰火症으로 고생하였고, 庚辰運에 幫助하기 때문에 病이 치료되었고, 出仕하여 名利가 兩全하였으나, 本造는 身弱하기 때문에 官星을 取用치 못하는 것이니, 만약 金水傷官이 官星을 取用할려면 身旺하고 財星이 있어야 하며 身弱하면 印綬를 取用하는 것이다.

己巳 庚午 己亥 丙寅

己巳 戊辰 丁卯 丙寅 乙丑 甲子

己土日主가 仲夏에 生하여 火土印綬格이 되었는데, 火가 過熱하다. 火가 過勢하면, 木은 焚하니, 木屬風인 고로 風患이 있었고 日支 亥水 역시 庚金이 비록 透干하였으나, 生水 능력이 없으며 木이 洩氣하므로 腎氣가 弱하므로 發病하여 苦生하다가 行運이 乙丑으로 들어서서 北方水氣가 助濕하므로 모든 病이 치료되였고, 經營事業이 잘 되어 大富가 되었다.

辛未
戊戌
戊戌
丁巳

丁酉 丙申 乙未 甲午 癸巳 壬辰

滿局이 燥土로 되어 있으며 時主가 丁巳原神이 透出하였으니, 燥가 深하다。天干辛金이 透出하였으나, 燥土가 生金不能이며 土多金埋가 되니 辛金에 해당되는 肺에 發病하였는데 처음에는 痰症으로 시작하여 乙未 甲午 大運에 火를 도우므로 辛金이 더욱 損傷되여 瘋이 아울러 발생하였고, 癸巳運에 火氣를 激動하여 사망하였다。

己丑
丁丑
己亥
乙丑

丙子 乙亥 甲戌 癸酉 壬申 辛未

己土가 季冬에 生하여 寒濕하다。丁火가 비록 透出하였으나, 解寒하기는 부족하고, 乙木이 凋枯하므로 生火 또한 不能하기 때문에 用神이 無力하다。脾에 屬하는 己土가 寒濕하므로 어렸을 때 부터 瘡毒을 앓고 계속하여 行運이 不利하므로 양쪽다리 모두가 쓸수 없게 되었으며, 一生동안 낫지를 못했다。

丙戌
己亥
甲戌
庚午

庚子 辛丑 壬寅 癸卯 甲辰 乙巳

柱中에 火土가 旺하니, 水가 損傷됨이 過하다。庚金이 비록 天干에 透出하였으나, 無根하고 遠隔하므로 生水不能하다。戌中辛金이 답답하고, 같은 戌中丁火로 부터 受剋되어 소위 鬱火한 金이 되였다。庚金은 大腸에 屬하고, 亥中壬水는 膀胱이 되므로 안으로 火毒을 받고 있다。甲辰大運에 生火하고 辰戌冲하여 나타난 辛金이 午火의 剋을 받으므로 惡性등창으로 사망하였다。

庚寅
癸未
甲午
甲戌

甲申 乙酉 丙戌 丁亥 戊子 己丑

木火傷官格에 印綬가 用神인데, 애석한 것은 庚金과 癸水가 共히 地支에 통근되지 못하여 金水가 枯傷됨이다。따라서 甲木이 洩氣大過하니 어려서 부터 몸이 弱했는데, 金水에 해당되는 肺와 腎의 機能을 발휘하지 못하여 丙戌運에 金水가 損傷되어 사망하였다。

癸酉
乙卯

甲寅 癸丑 壬子

木火가 旺하니, 반대로 日主인 金과 土가 弱하게 되였다。어려서 부터 脾와 肺가 弱하였으나, 注意가 많았으므로 一生동안 無病하였는데, 妻와 비록 이별은 없었으나, 不美하였고 두아들이 모두 대단한 不孝를 하였다。

庚戌 戊寅
辛亥 庚戌 己酉

出 身

◎ 巍巍科第邁等倫 一個元機暗裏存。

높고 높은 벼슬자리는 차례를 따라 오르는 것이나、하나의 元機가 숨어 있어야 한다。

【原 註】凡看命看人之出身 最難 如狀元出身 格局淸奇迴異 若隱若露 奇而難決者 必有元機 須搜尋之。

무릇 命을 論함에 있어서 出身을 보기가 가장 어려운것이니 가령 狀元과 出身은 格局이 淸奇하고 迴異하여 숨은 것 같기도하고 들어난것 같기도하므로 決斷하기 어려운 것이나 반듯이 元機가 있으니 자세히 찾아 살펴야 한다。

【解 說】무릇 命을 論함에 있어서、出身을 보기가 가장 어려운 것이니、가령 狀元과 出身은 格局이 淸奇하고 迴異한 것만을 특별히 말하는 것이 아니고、用神의 眞과 假의 分別을 할 것이니、支中에 藏神의 司命됨을 연구하여 用神과 喜神을 감싸주어 閑神과 忌神으로 하여금 爭戰치 못하게 하면、도리여 生하여 주고 도와 주는 情이 있는것이다。또 格局이 本來 特別한 곳이 없는 데도 名利가 있는 것은 먼저 그 世德의 美惡을 보고 다음으로 山川의 靈秀를 볼 것이니、種靈이 毓秀하고 世德이 많은 사람은 命을 論할 필요가 없는 것이다。고로 世德을 첫째로 하고、山川을 둘째로 하고、命造의 格局을 세째로 하는 것이다。

그러나 命을 論함에 있어서 중요한 것은 殺印相生만을 貴로 하고 官印이 雙淸한 것만을 아름답다 하지 않는 것이니、나타나 있는 殺印財官이 사람의 마음과 눈을 움직이게 하는 것은 아름다운 命造가 아닌 것이다。

만약 用神이 輕微하고、喜神이 暗伏하고 秀氣가 深藏한 것은 얼핏 보기에 좋은 곳이 없는 것 같아도 달리 찾아 볼곳에 精神이 있으면 그 가운데 반듯이 元機가 있는 것이니、자세히 연구할 것이다。

壬辰 壬寅 己未 戊辰

癸卯 甲辰 乙巳 丙午 丁未 戊申

己土가 初春에 生하여 官星이 當令하였고、天干에 財星이 生官하고 있으나 濕한 己土가 寒冷하다。 그러나、寅中 丙火에 司命되여 用神이 되니、소위 元機가 숨어 있는 命造인데 行運 丙午에 元神이 發露하여 天下에 으뜸가는 大權을 잡았으니、原局에 壬水가 丙火를 剋하지 못한 것은 戊土가 보호、하기 때문이였다。

壬戌 甲辰 甲戌 丙寅

乙巳 丙午 丁未 戊申 己酉 庚戌

甲木이 季春에 生하고 時에 祿을 얻었으며、壬水가 生助하니、旺財를 능히 감당 할 수 있으며 丙火가 透出하므로 格局이 純粹有情하다。 初年 南方火運에 大發하여 三元及第하였으나、벼슬길은 아름답지 못하였으니、運路가 西方金으로 가기 때문이다。

甲寅 丁丑 丁卯 庚戌

戊寅 己卯 庚辰 辛巳 壬午 癸未

丁火가 季冬에 生하였으나、局中에 印綬가 重重하여 弱이 旺으로 변하였다。 따라서 능히 財星을 取用할 수 있는데、庚金이 虛露하여 命造가 特色이 없다。 그러나、즐거운 것은 丑中에 辛金이 元機가 所藏됨이다。 따라서 及第는 하였으나 運路가 不利하여 벼슬길은 평범하였다。

丁亥 壬子 庚子 辛巳

辛亥 庚戌 己酉 戊申 丁未 丙午

庚金이 仲冬에 生하여 洩氣가 太過하니、印綬가 用神이 될텐데、巳中에 戊土元機가 司命됨이 기쁘다。 行運戊土에 이르러 丙辰年을 만나니、火土가 並旺하여 大發하였으며 이어 末年까지 大貴하였다。

◎ 清得盡時黃榜客 雖存濁氣亦中式。

얻어진 清氣가 다 할때에 及第한 사람은 비록 濁氣가 있더라도 역시 발전이 있으리라。

【原 註】天下之命 未有不淸而發科甲者 淸得盡者 非必一一成象 雖五行盡出而能安放得所 生化有情不混閑神忌客 決發科甲 卽有一二濁氣 而情氣或成一個體段 亦可發達。

天下의 命造들가운데는 淸하지 못한 命造가 及第하는 경우도 있는 것이다。淸得盡이란 말은 반듯이 일일이 좋은 象을 이룬 것만은 아니다。비록 五行이 氣가 모두 다했다 하더라도、安放함을 얻어 生化有情하고、閑神과 忌神의 混雜이 아니 되면 科甲 할 수 있는 것이니、한 두개의 濁氣가 있더라도 淸氣가 하나라도 體段을 이루고 있으면、역시 發達이 可한 것이다。

【解 說】淸得盡은 반듯이 하나로서 成象된 것만은 아니고、두 氣가 雙淸한 것을 말한다。비록 五行에 盡出함이 있더라도 淸氣가 홀로 生旺함을 만나고、혹 眞神이 得用되고 혹 淸氣가 深藏한 것은 급제할 수 있는 것이다。

만약 淸氣가 當權하고 閑神과 忌神이 司令되지 아니하고 深藏되지 아니 하여 歲運에서 制化함을 얻는다면 역시 장원급제도 할 수 있는 것이다。

또 淸氣가 當權하였을때 비록 濁氣가 섞여있더라도、行運이 편안하여 喜神、用神을 害하지 아니 한다면 비록 壯元은 아니더라도、급제는 할 수 있는 것이며、또 淸氣가 비록 當令하지 아니 하였어도 閑神、忌神이 濁氣와 作黨하지 아니하고 淸氣를 올바르게 붙들어 주며 혹 歲運이 安頓하면 역시 발전이 있을 것이다。

戊辰 乙卯 己卯 丙辰

丙辰 丁巳 戊午 己未 庚申 辛酉

殺旺身弱하나、丙火가 透出하고 金水의 混雜이 없으니、淸氣가다함이 되었다。만약、金이 있다면 旺木을 制剋하지도 못하며 旺神을 背逆하므로 不和할텐데、金水가 없으므로 吉하다。

癸未 己未

戊午 丁巳 丙辰

未月의 庚金인데、時日支의 水局이 이루어지고 癸水가 透出하니、燥土를 潤澤하게 하므로 生金능력을 갖게 했으며、甲木이 소통시킴이 즐겁다。특히 火가 나타나지 아니하였으므

甲	庚
申	子

癸甲乙
丑寅卯

로 清得盡이 되였다。初年運丙까지는 生土하고 水剋하므로 凶하였고、辰運에 이르러 地支에 온전히 水局이 되여 當福하였고、이어 未運에 계속 발전하고 벼슬길이 吉하였다。

丁	甲	癸	癸
卯	午	亥	未

丁戊己庚辛壬
巳午未申酉戌

甲木이 亥月에 生하여 癸水가 兩透하니、水勢가 旺하다 妙한 것은 金이 없음과 丁火가 透出함이다。따라서 清得盡이 되였음이다。行運 金運에서는 不發이나、己未運부터 大發하였다。

辛	庚	丙	己
巳	子	子	亥

庚辛壬癸甲乙
午未申酉戌亥

庚金이 仲冬에 生하여 地支에 兩子와 亥가 있으며 丙火가 透出하니、剋과 洩이 같이 있다。즐거운 것은 己土가 透出하여 洩火하고 生金함이다。柱中에 木이 없으니、清得盡이 되었다。己年에 印星이 돕기 때문에 名利兩全하였다。

◎ 秀才不是塵凡子 清氣還嫌官不起。

秀才는 보통 어리숙한 사람을 가리키는 것이 아니니 清氣가 있는 까닭으로 도리어 官에 혐의를 받게 되니、일어나지 못한다。

※ 사람이 너무 똑똑하고 매섭게 생겼으면 남에게 경계대상이 되여 오히려 발전을 못함과 같다。

【原 註】 秀才之命 與異路人貧人富人之命 無甚大別 然終有一種清氣處 但官星不起 故無爵祿。

秀才의 命은 異路人、貧人、富人의 命과 별로 크게 다를것이 없는 것이다。그러나 한 종류라도 清氣가 있는데 다만 官星이 일어나지 않는 고로 벼슬과 祿이 없는 것이다。

【解 說】秀才의 命은 다른 방법으로 사는 사람, 가난하게 사는 사람, 부자로 사는 사람등 별로 다를 바가 없으나, 자세히 살펴 보면 반듯이 어느 한 부분에 淸氣가 있는 것이다。

『官星不起』란 말은 官星이 透出하지 아니한 것을 말하는게 아니고, 官星이 太旺한데 日主는 약하여 그 官星을 쓸 수가 없을 때와, 官星이 太弱하여 官星은 日主를 剋할 수 없을 때와, 官星이 旺하여 印綬를 用할때 財星이 破印할 때와, 官星이 衰弱하여 財星이 用인데 劫財를 만났을 때와, 印星이 旺하여 官星을 過하게 洩氣할 때와, 官星은 많은데, 印綬가 없을 때와, 官星이 透出했으나, 無根하여 地支에 싣지 못했을 때와, 官星이 傷官위에 앉았거나, 傷官이 官星위에 앉았을 때와 官星을 꺼리는데, 財星을 만났거나, 官星을 기뻐하는데, 傷官을 만났을때 등은 모두 官星不起에 해당되는 것이다。以上과 같은 것은 비록 淸氣가 있다고 하더라도 一時 한 부분에 지나지 않는 것이다。

富가 빼어난 경우는 身旺財旺하여 官星이 不通될 때이며, 혹 傷官이 財를 生助하고 官星은 돌보아 주지 않을 때이다。

또 가난함이 지나친 경우는 身旺하고 財星은 輕한데 財星이 損傷될 때와 혹 財官이 太旺하고 印星이 없을 때와, 혹 傷官 四柱에 印綬가 用神인데, 財星은 있고 官星이 없을 때는 모두 가난한 것이다。

무릇 學問이 남보다 뛰어나도 벼슬은 한가닥의 옷깃만큼도 얻지 못하는 경우가 있는 것이고, 벼슬 한번 못하고 늙어 버리는 사람 등도 역시 한가닥의 淸氣는 숨어 있을 수 있는 것이다。

格局이 發秀하도록 되어 있으나, 運路가 고르지 못한 것으로 인하여 淸氣가 破損되면 終身토록 일어나지 못할 수도 있고, 원래 장원급제 하였어도, 運路가 고르지 못하여 한가지 받은 것만 지키다가 끝내는 청운의 꿈 한 번 못 펴는 경우도 있는 것이다。

또 格局에 特色이 없는 데도 及第하여 계속 발전하는 경우가 있으니, 이는 運路가 마땅하여서 그 淸氣와 官星을 도우며 濁氣나 忌神을 制去해 주는 까닭인 것이다。

癸巳 壬戌 乙卯 戊寅

辛酉 庚申 己未 戊午 丁巳 丙辰

乙卯日主가 季秋에 生하였으나, 時支에 寅을 얻고, 壬癸水가 生助하니, 弱하지 아니하다 따라서 用神은 火土가 되겠는데, 壬水가 進氣를 만나고 火를 剋하니, 格局에 특색이 없어졌다. 따라서 學問은 대단히 많이 하였는데도 끝내는 淸雲의 꿈은 이루지 못했다.

癸未 乙卯 丙午 丁酉

甲寅 癸丑 壬子 辛亥 庚戌 己酉

丙午日主가 卯月에 生하여 木火가 太旺하다. 癸水官星이 傷官위에 있고, 財星 酉金이 遠隔되었고 比劫에게 損傷됨이 不利하다.

行運 壬에서 비록 조그마한 자리 하나 언어 했으나, 가난은 면치 못했고, 子運에 日支를 沖破하고, 未土로 부터 損傷되므로 發福을 못하고 喪妻만 당했고, 亥運에 三合木局이 되므로 사망하였다.

戊申 庚申 壬申 甲辰

辛酉 壬戌 癸亥 甲子 乙丑 丙寅

本造를 대략 살펴보면, 年干戊土로 부터 殺은 生印하고, 印綬는 生身하고, 日主는 生木하므로 淸한 중에 純粹하다. 따라서 學問을 대단히 많이 하였고 품행 또한 端正하였으나, 아까운 것은 柱中에 火가 없기 때문에 四柱가 寒하여 一生 뜻을 못 폈고 가난을 면치 못했으나, 제자들은 등과한 자가 많이 나왔다. 用神을 할만한 星辰이 없으니, 土를 用하면, 金이 太過하고, 火가 없으므로 洩氣가 역시 太過하므로 不足하고, 木을 用하려 해도 金이 예리하여 不利하기 때문이다

己亥 癸酉 壬申 戊申

壬申 辛未 庚午 己巳 戊辰 丁卯

本造도 前造와 비슷한 것 같지만, 格局은 前造보다 훨씬 못하니, 官殺이 並透하였으나, 無根하고, 金水가 太旺하며 前造는 純粹한데, 本造는 그렇치 못하기 때문이다. 그러나 本造는 行運이 南方運이므로 精神이 足旺하다. 그러므로 未運에 이르러 發福하고, 午運에 及第하고, 己巳戊辰에 大發을 연속하였으니, 運路관계이다.

◎ 異路功名莫說輕 日干得氣遇財星。

異路功名(다른 방법으로 성공한 사람)을 쉽게 말하지 말라 日干이 氣를 얻고 財星을 만났기 때문이다。

【原 註】 刀筆得成名者 與不成名者自異 必是財星得個門戶 通得官星 中有一種淸嗷之氣 所以得出身其老干刀筆而不能出身者 終是財星 與官不相通也。

刀筆(竹簡에 문자를 기록하는 붓과 그 죽간을 깎는 칼)로 서라도 이름을 얻은 것은 이름을 이루지 못한 것과는 서로 다른 것이니, 반듯이 한가닥의 財星이 門戶에 있고 官星과 通하여 局中에 一種의 淸氣가 있는 관계로 出身하는 것이고, 늙도록 刀筆로 出身하지 못하는 것은 財星이 官星과 相通하지 아니 하기 때문이다。

【解 說】 『異格功名』이라는 것은 刀筆(어렵게 독학함을 말함)로 이름을 이루는 것과 捐納(金品을 주고 벼슬자리를 사는 일)으로 出身하는 사람을 말하는데, 이들은 비록 分別이 있으나, 日干이 有氣해야 함을 벗어나지 아니하며, 財官이 相通되어야 함을 要한다。

혹 財星으로 득용하고 官星이 局을 이루거나 혹 官星이 財地에 隱伏하여 두 마음이 情通하거나 혹 官星이 衰한데 財星을 만나고 두 神이 和協하거나 혹 印綬가 旺하고 官星은 衰한데 財星이 破印하거나, 혹 身旺하고 官星이 없는데 食傷이 生財하거나, 혹 身衰하고 官星은 旺한데, 食神이 制官하는 것 등이니, 반듯이 一種의 淸純한 氣가 있으므로 出身할 수 있는 것이다。

그 벼슬길의 높고 낮은 것은 格局의 氣勢를 연구하면 運路에서 損해야 할 것인지 益해야 될 것인지를 알수 있는 것이다。出身을 할 수 없는 것은 日干이 太旺하고 財星이 輕한데 食傷도 없으며 官星을 기뻐하는데, 官星이 不通되거나 없을 때 일것이다。

가령 日干이 太弱하고 財官이 並旺한 것과 財官이 비록 流通되나 傷官이 剋占하는 것과 財星이 得用하였는데 剋局이 이루어졌을 때와, 印綬를 기뻐하는데 財星을 만났을 때와, 印綬를 꺼리는데 官星을 만난것 등은 모두 出

身할 수 없는 것이다。

己丑
庚午
戊申
癸亥

己巳 戊辰 丁卯 丙寅 乙丑 甲子 癸亥

戊土가 午月에 生하여 印星이 秉令하니 日元이 得氣하였으나、財星을 만나고 太旺한 金氣가 生財하고 丑土가 晦火生金하니 日元이 반대로 弱하다。印綬가 暗傷되므로 學問이 不足하였으나、捐納으로 出身하였다。行運木運에 生火하므로 발전이 컸으며 原局의 午火가 眞神이기 때문에 忠厚和平한 성격때문에 德望이 좋았고 丑運의 晦火生金하므로 破職되였다

壬子
甲辰
戊戌
丙辰

乙巳 丙午 丁未 戊申 己酉 庚戌

戊戌日元이 季春에 生하여 時에 火土를 만나니、日元이 得氣하였다。대략 살펴보면、甲木殺이 弱한듯 하나 辰月은 木의 餘氣이며 壬水의 生을 받으니、身과 殺이 균등하다。丙火印綬가 壬水로 부터 剋을 받으니、學問이 不足하였으나、行運이 南方으로 가니、捐納으로 出身하였으나、將來닥쳐오는 西方金運이 걱정이다。

癸巳
甲寅
丙戌
庚寅

癸丑 壬子 辛亥 庚戌 己酉 戊申

丙火가 孟春에 生하여 旺氣를 띄었는데、官星이 透出하였으나、無根하고 財星 역시 透出하였으나、無根하고 또 遠隔됨이 不利하다。그러므로 學問이 不足하였으나、捐納으로 縣令을 얻어 하였다。자세히 살펴보면 財官이 不通門戶이므로 火土運은 大忌한다。

地位

◎ 臺閣勛勞百世傳 天然淸氣發機權。

臺閣의 공노가 百世를 傳하는 것은 天然的인 淸氣로 機權을 發하는 것이니라。

【原 註】能知人之出身 至于地位之大小 亦不易推 若夫爲公爲卿 清中又有一種權勢出人矣 不專在一端而論。

出身을 아는 것과 地位의 大小를 아는 것은 쉬운 일은 아닌 것이니、만약 公卿大夫는 清한 가운데 一種의 權勢가 나오는 것이니、하나를 잡고서 論하지 말아라。

【解 說】臺閣宰輔와 封彊之任은(封彊=諸侯를 封하여 준땅) 清氣가 天然的으로 發한 것이고、秀氣는 純粹한데서 나오는 것이다。四柱中에 喜神이 有情하고 格局中에 嫌物이 없고、眞神으로 取用되며 喜神은 眞氣가 되는 것이니、이러한 것을 清氣의 機權이 나타난 것이라 한다。

이렇게 되면、度量이 넓고 容物이 크며 正을 行하고、私를 탐하지 아니하며 德으로 백성을 인도하고、중책을 맡아 잔재주를 쓰지 않을 것이다。

①	②	③	④
庚申	庚辰	戊辰	戊午
甲子	丙寅	己丑	甲子
壬申	壬寅	丙子	乙未
己亥	丁卯	庚申	庚辰

① 天然清氣가 庚金이 되고、
② 天然清氣가 丙火가 된다。
③ 天然清氣가 乙木에 있다。
④ 天然清氣가 丁火에 있다。

◎ 兵權獬豸弁冠客 刃煞神清氣勢特。

兵權을 쥐고 神機를 부리는 사람은 羊刃殺이나 神이 清하고 氣勢가 特異하다。

※ ① 獬豸=소와 비슷하게 생긴 神獸
② 弁冠=두목이 쓰는 冠

【原 註】 掌生殺之權 其風紀氣勢 必然超特 清中精神自異 又或刃殺兩顯也。
生殺權을 쥐고 風紀와 氣勢가 반듯이 뛰어난 것은 清한 가운데 精神이 特異하고 혹 羊刃殺이 나타난 것이다。

【解 說】 生殺權을 쥐고 兵、刑의 重責을 맡은 것은 반듯이 旺羊刃이 敵殺하여 氣勢가 出入하는 것이니 局中에 殺旺無財하고 印綬나 羊刃이 取用될 때와 혹 印綬가 없어도 羊刃이 있을 때이니、이러한 것을 소위 殺刃에 神은 清하다。하는 것이다。

氣勢는 羊刃이 旺하여 當權함이니、文官이라면 반듯이 生殺을 쥐는 責任을 맡을 것이다。

羊刃이 旺하다 함은 가령 春節의 甲木이 卯를 만남과、乙木은 寅을 만남이며、
夏節에 丙火가 午를 만남과、丁火가 巳를 만남과
秋節의 庚金이 酉를 만남과 辛金이 申을 만남과
冬節에 壬水가 子를 만남과 癸水가 亥를 만나는 것등을 말한다。

만약 刃旺敵殺하고 局中에 食神印綬가 없고、財官이 있는 것은 氣勢가 비록 特別하지만 神氣가 清하지 못한 것이니 武將에 지나지 않을 것이다。

가령 羊刃이 當權하지 못하면、비록 敵殺의 능력이 있더라도 兵權을 잡지 못하는 것이니、역시 貴顯하지 못하는 것이다。이러한 사람은 疾惡이 太嚴할 것이다。

또、羊刃이 旺하고 殺은 약하면 반듯이 방자하고 驕慢할 것이다。

壬寅
己酉
庚午
丙戌

庚戌 辛亥 壬子 癸丑 甲寅 乙卯

庚日主가 羊刃을 만나고 丙火殺星이 地支에 火會局에 通根하니, 身旺殺旺하다. 年干에 壬水가 비록 透出했으나, 寅木이 納水生火하니, 丙火가 傷함이 없다. 따라서, 羊刃을 取用하는데, 正刃에 殺神이 淸하고 氣勢가 뛰어 남이 있다.

일찍 科甲하였고 이어 兵權과 刑權을 모두 쥐게 되였다.

庚戌
壬午
丙子
壬辰

癸未 甲申 乙酉 丙戌 丁亥 戊子

丙午가 午月에 生하여 羊刃이 되였는데, 兩壬水가 透干하고 三面이 모두 殺을 돕고 柱中에 木이 없으므로 火羊刃이 도리여 用神이 되였다. 年支戌土가 制水會火함이 즐겁나. 丙戌運에 生殺權을 쥐었다.

◎ 分藩司牧財官和 淸純格局神氣多。

地方을 다스리는 牧民官은 財官이 고루 갖추어져야 하는 것이니, 格局이 淸純하고 神氣가 많다.

【原 註】方面之官 財官爲重 必淸奇純粹 格正局全 又有一段精神。

地方長은 財官을 중히 여기는 것이니, 반듯이 淸奇純粹하고 온전한 正局이 되고 한가닥 精神이 있어야 한다.

【解 說】地方長은 州나 縣을 맡아 다스리는 관리를 말하는 것이니, 비록 財官을 重히 여기는 것이나. 모름지기 格局이 淸純하여야 한다. 日元이 生旺하여 神氣가 貫足하여야 하며, 또 財官이 情協하면 곧 精神氣가 모두 貫足할 것이다. 또 官이 旺하면, 印綬가 있어야 하고, 官이 衰弱하면 財가 있어야 하고, 財가 旺하면, 官이 없어야 하고, 印綬가 旺하면, 財가 있어야 하고, 左, 右, 上, 下가 相通하여 不悖하여야 하고, 根氣가 年月에 通하고, 氣는 日時에서 貫足하고 身과 殺이 균형 되어야 하는 것이니, 이렇게 되면, 德政을 베풀어 백성을 이롭게 다스릴 것이다.

丁丑
乙巳
癸酉
壬子

甲辰 癸卯 壬寅 辛丑 庚子 己亥

癸水가 巳月에 生하였으나、地支에 金局을 이루고、時에 比刦이 幫身하니 精神이 貫足하다。行運金水地에서 異路功名하여 郡守로서 名利兩全하였고 일곱명의 아들이 모두 벼슬길에 올랐다。

己巳
戊辰
甲子
辛未

丁卯 丙寅 乙丑 甲子 癸亥 壬戌

甲子日生이 季春에 生하였으나、柱中財官이 太旺하다。즐거운 것은 子辰이 水局生身하고 運路가 北方水地라 格局이 清純하고 有情하다。따라서、功名도 하였고、老年에는 敎職으로 많은 제자를 길렀다。

◎ 使是諸司并首領 也從清濁分形影。

모든 司命은 우두머리가 될수 있는 것이니、清濁에 따라 刑影을 分別하라。

【原 註】至貴者 莫如天也 得一以清 而位乎上 故膺一命之榮 莫不得清氣 所以雜職 或佐貳首領等官 豈無一段清氣 而與濁氣者自別 然清濁之形影難解 不專是財官印綬內有清濁 凡格局 氣象 用神 合神 日主化氣 從氣 神氣 精氣 以序收藏 發生意向 節度性情 理勢源流 主從之間 皆有之 先于皮面 尋其形影 得其形而遂可以尋其精髓 乃論大小尊卑。

至極히 貴한 것은 하늘만 한것이 없는 것이다。

한가지의 清을 얻어서 윗자리가 된 것이므로 一命의 榮華를 간직함은 清氣를 얻지 아니한 것이 없는 것이다。

그러므로 雜職이 혹 首領等官을 輔佐한다고 해서 한가닥의 清氣도 없는 濁氣로 규정할 수는 없는 것이다。

그러나 清濁의 形影은 分別하기 어려운 것이다。오로지 財官 印綬內에서만 清濁이 있는 것으로 알지 말라。

무릇 格局、氣象、用神、合神과 日主의 化氣、神氣、精氣、收藏、發生意向、節度性情、理勢源流를 차례로 살

떠보면、主從의 사이를 알 수 있을 것이다。

먼저 皮面에서 그 形影을 찾아 보고 다음으로 形影의 精髓를 찾아 大小와 尊卑를 論하여야 한다。

【解　說】命은 天地 陰陽五行의 모임인 것이다。清하면 貴하고 濁하면 賤한 것이니、雜職이 여러 等官을 輔佐하는 것도 하나의 命으로서의 영화인 것이다。

비록 格이 바르고 局이 清함이 없더라도 眞神으로 得用되고、氣象格局과 冲合하여 理氣內에는 반듯이 한점의 清氣가 있는 것이다。그러나 清氣와 濁氣의 形影을 分辨하기는 어려운 것이다。

총론컨대、天을 清으로 하고、地를 濁으로 하는 理致에 지나지 않는 것이다。

다시 말해서 天干의 象을 天으로 하고、地支의 象을 地로 하는 것이니、地支에서 天干으로 上升하는 것은 輕한 清氣요、天干에서 地支로 下降하는 것은 重한 濁氣인 것이다。

天干의 氣는 本來 清한 것이여서 濁氣를 두려워 하지 않는 것이고、地支의 氣는 本來 濁한 것이므로 반듯이 清함을 要하는 것이다。이것이 命理의 貴한 變通인 것이다。

天干이 濁하고 地支가 清한 것은 貴하고 地支가 濁하고 天干이 清한 것은 賤하다。地支의 氣가 上升하는 경우는 影인 것이고、天干의 氣가 下降하는 것은 形인 것이다。

이어서 升降形影과 冲合制化中에서 清濁으로 分辨하고 그 輕重을 연구하여 尊卑를 論하는 것이 옳은 것이다。

壬午
癸丑
甲寅
丁卯

甲寅 乙卯 丙辰 丁巳 戊午 己未

甲木이 丑月에 生하여 水와 土가 모두 寒하니 火의 解寒이 요구된다。

時干에 丁火가 透出하였으나、癸壬水로 부터 損傷되었다 天干은 濁하고 地支가 清한 것은 貴하다 하였으니、貴命인데 비록 學問은 不足하였으나、異格出身하였으며、行運이 清을 도우므로 一生 富貴하였다。

壬辰
乙巳

丙午 丁未 戊申

丙火가 巳月에 生하여 壬水가 取用되는데、地支에 通根이 견고한 것 같다。그러나、日과 時에 子丑이 合化土가 되니、壬水가 失勢하였다。따라서 天干은 清하나、地支는 濁하다。

丙子　己酉 庚戌 辛亥
己丑

天干이 淸하고 地支가 濁하면 賤하다 했으니 賤格이 되었는데, 行運이 吉하여 損納하여 맘년에는 특채를 얻어 出身은 하였으나 昇進은 없었다。

歲 運

◎ 休囚係乎運 尤係乎歲 戰冲視其孰降 和好視其孰切。

休囚는 運에 매이고 歲運에 더욱 매이는 것이며, 戰冲은 그 어느 神이 항복하는 가를 보고 和好는 그 어느 神이 간절히 願하는 가를 보아라。

【原 註】日主譬如吾身 局中之神 譬之舟馬引從之人 大運譬所莅之地 故重地支 未嘗無天干 太歲譬所遇之人 故重天干 未嘗無地支 必先明一日主 配合七字 權其輕重 看喜行何運 忌行何運 如甲日以氣機 看春 以人心看仁 以物理看木 大率看氣機而餘在其中 遇庚辛申酉字面 如春而行之於秋 斲伐其生生之機 又看喜與不喜 而行運生甲伐甲之地 可斷其休咎也 太歲一至 休咎即顯 於是詳論戰冲和好之勢 而得勝負適從之機 則休咎了然在目。

日主는 吾身과 같고 局中의 神은 비유컨대 뱃사공이나 마부같은 사람이고, 大運은 비유컨데 자기가 다스리는 땅과 같은 고로 地支를 重히 여기나 天干을 같이 보아야 하고, 太歲는 비유컨대 사람을 만나는 것과 같은 고로 天干을 重히 여기는 것이지만 地支를 같이 보아야 하는 것이다。

반듯이 먼저 日主에 대하여 七字의 配合을 보고, 權勢의 輕重을 보고 기쁜 行運은 어떠하고, 두려운 行運은 어떠한 가를 볼 것이다。

가령 甲日이라면 氣機는 春으로 보고 人心은 仁으로 보고 物理로서는 木으로 보는 것이니, 대체로 氣機는 그 가운데 있는 것이다。

庚辛申酉字를 만나면, 春이 秋로 가서야 그 生生한 기틀을 斲伐할 수 있고 또 喜忌에 따라 行運이 甲木을 생하는가? 또는 甲木을 斲伐하는 가를 보고 太歲가 한번 이루고 좋고 나쁜 것이 了然하게 보일 것이다。

【解 說】 富貴는 비록 格局에서 定하여 지는 것이다。

窮通하건대 實은 運途에 매여 있는 것이니 좋은 原局이 行運이 좋은 것만 못한 것이다。日主가 我身이니, 局中의 喜神, 用神은 나의 所用之物이고 運路는 나의 臨地와 같은 고로 地支를 重히 여기는 것이다。天干도 不背함을 要한다。相生, 相扶됨이 아름다운 것이므로 一運이 十年인데, 上運五年과 下運五年이 끊어짐을 보지 말아야 하니, 蓋頭한 다리가 끊어 짐은 不可한 것이다。

가령 木運으로 行함이 기쁘면 甲寅乙卯運으로 行함을 반듯이 要하고 다음으로 甲辰, 乙亥, 壬寅, 癸卯運을 要하며,

○ 火運으로 行함이 기쁘면 첫째로 丙午, 丁未運을 要하고 다음으로 丙寅 丁卯 丙戌, 丁巳運을 要하며,

○ 土運으로 行함이 기쁘면 戊午 己未 戊戌 己巳運으로 行함을 필요로 하고, 다음으로 戊辰 己丑運을 要하며,

○ 金運으로 行함이 기쁘면, 庚申, 辛酉運으로 行함을 要하고, 다음으로 戊申, 己酉, 庚辰, 辛巳運을 要하며,

○ 水運으로 行함이 기쁘면 行運이 壬子癸亥로 됨을 要하고, 다음으로 壬申, 癸酉 辛亥 庚子運을 要하는 것이다。이때 相生됨도 차라리 天干으로 하여금 地支를 生할 지언정 地支로 하여금 天干을 生하지 말것이니, 天干이 地支를 生하는 것은 蔭厚한 것이나, 地支가 天干을 生하는 것은 氣를 洩하기 때문이다。

『蓋頭』는 무엇을 말함인가? 가령 木運으로서 行함이 기쁜데, 庚寅, 辛卯, 運을 만나면 庚辛이 蓋頭이고, 火運이 기쁜데 壬午 癸巳를 만남이며, 土運이 기쁜데, 甲戌, 甲辰, 乙丑 乙未를 만남이며, 金運이 기쁜데, 丙申 丁酉를 만남이며, 水運이 기쁜데, 戊子 己亥를 만남이다。

『截脚』은 무엇을 말함인가? 가령 木運으로 行함이 기쁜데, 甲申, 乙酉, 乙丑, 乙巳가 되면 上下가 끊긴것이 되며 火運을 기뻐하는데, 丙子, 丁丑, 丙申, 丁酉, 丁亥가 됨을 말하며 土運을 만남이 기쁜데 戊寅, 己卯, 戊子 己酉, 戊申이 됨을 말하며, 金運을 만남이 기쁜데 庚午, 辛亥, 庚寅, 辛卯, 庚子가 됨을 말하며, 水運으로 만남이 기쁜데, 壬寅, 癸卯, 壬午, 癸未, 壬戌, 癸巳가 됨을 말하는 것이다。

運은 地支가 重要한 것이며、蓋頭는 地支를 기뻐하지만、吉凶이 半減되는 것이고、截脚은 天干을 기뻐하고、地支에 天干이 싣지 아니 하였으니、十年運이 모두 不吉하다。

가령 木運이 기쁜데、庚寅辛卯運이라면 忌神이 蓋頭하였으니、凶한데 庚辛金을 능히 制할 수 있으니、凶半減될 것이다。太歲에서 다시 丙丁을 만나면 庚辛을 또 다시 制去해 주니 凶함이 없는 것이다。

또 寅卯도 吉運이기는 하지만 庚辛金이 蓋頭하였으면 吉이 半減되는데、이때 原局에 申酉忌神이 있으면、寅卯와 冲이 될 것이니、이때는 吉을 없고 凶만 있는 것이다。

또 木運이 기쁜데 甲申、乙酉를 만나면、木이 絶地가 되여 地支에 싣지 못한 고로 甲乙運도 모두 不吉하고、原局天干에 또 庚辛金이 透出하였고、또 다시 太歲에서 庚辛金을 만나면、大凶함을 의심할 여지가 없다。

그러므로 十年 모두 凶한 것이고 만약 原局天干에 壬癸水가 透出하였고、太歲干頭에 또 다시 壬癸를 만나면 능히 洩金 生木할 것이니、이때는 和平 無凶이니라。

그러하므로 吉運을 만났어도 吉하지 아니하고、凶運을 만나도 凶을 당하지 않는 것은 蓋頭와 截脚의 緣故인 것이다。

太歲는 一年의 吉凶을 관리하는 것이니、가령 비유해 보면 사람을 만나는 것과 같다고 하였으니、天干을 重要하게 하는 것이나、地支를 같이 보지 않을수 없는 것이다。

비록 神의 生剋을 보는 것이나 運路에서 日主를 沖戰함은 不可하다。가장 凶한 것은 天剋地冲함과 歲運이 沖剋하는 것인데、日主가 旺生하면、凶함이 輕微하다。

이때 만약 日主가 休囚되면 반듯이 凶할 것이다。또、日主가 歲君을 犯하여도 日主가 旺相하면 허물이 없으나 日主가 休囚되면 반듯이 흉하다。또 반대로 歲君이 日主를 犯하는 것도 같다。

그러므로 太歲는 和함이 마땅하고 大運과 같이 만나는 것은 不可하다。

가령 木運을 만남이 吉하나 歲運에서 木을 만나면 反對로 凶한 것은 모두 戰冲되여 不和한 연고이니、이와 같이 미루어 보면、吉凶을 알수 있을 것이다。

庚辰
丁亥
庚辰
丁丑

戊子 己丑 庚寅 辛卯 壬辰 癸巳

庚金이 亥月에 生하고, 兩丁火가 透出하였으나, 無根하지만 亥辰 中에 木이 暗藏되었으므로 取用이 가능하다。初年 戊子 己丑은 洩火生金하므로 所願을 이루지 못하였고, 庚金大運에 이르러 丙午年을 만나 大發하였으니, 비록 庚金運이지만 地支가 寅이므로 截脚되여 原局의 丁火와 歲運丙火가 능히 制去하였기 때문이다。

丙申
癸巳
丙午
甲午

甲午 乙未 丙申 丁酉 戊戌 己亥

丙午日主가 너무나 太旺하다 年支 申金에 通根하고 癸水가 透出했으나, 旺火를 대적하기에는 不足하다。行運 丙申丁酉에 마땅히 發福되어야 할텐데 丙丁火가 蓋頭하므로 半減했고 原局地支의 旺火가 剋金하므로 역시 所願은 이룰수 없었고, 北方水運에는 多小 發展할 수 있을 것이다。

◎ 何爲戰

어떤 것을 戰이라 하는가?

【原 註】 如丙運庚年 謂之運伐歲 日主喜庚 要丙降 得戊得丙者吉 日主喜丙 則歲不降運 得戊己以和爲妙 如庚坐寅午 丙之力量大 則歲運亦不得不降 降之亦保無禍 庚運丙年 謂之歲伐運 日主喜庚 得戊己以和丙者吉 日主喜丙 則運不降歲 又不可用戊己洩丙助庚 若庚坐寅午 丙之力量大 則運自降歲 亦保無患。

가령 丙大運에 庚歲運을 만나면, 運이 歲를 征伐하는 것인데, 日主의 喜神이 庚이라면 丙의 힘을 降해야 하니 戊土를 얻어야 吉하고, 日主의 喜神이 丙이라면 歲運에서 降함이 없으니, 戊土를 만나 和함이 妙하다。

가령 庚金이 寅이나 午에 앉았을 때, 丙의 力量이 크면 歲運에서 降해야 禍가 없을 것이다。

또, 庚大運에 丙歲運을 만나면 歲가 運을 征伐하는 것인데, 日主의 喜神이 庚이라면, 戊己를 얻어 和하면 吉하고 日主의 喜神이 丙이라면, 運은 歲를 降하지 못하니 戊己를 만남이 不可하며 만약 庚金이 寅午에 앉았을 때

丙의 力量이 크며 運은 스스로 歲를 降하니 역시 無患인 것이다。

【解 說】 戰이란 것은 剋을 말하는 것이다。가령 丙大運에 庚歲運을 만나면、運은 歲를 剋하는 것이다。

이때 日主의 喜神이 庚金이라면、丙火는 地支에 子나 辰에 앉아야 하고、庚金은 地支에 申이나 辰이 되어야 吉한 것이다。또 局中에 戊己를 얻어 丙火를 洩하고、壬癸를 얻어 丙火를 剋하면、吉하며 이때 만약 丙火가 地地에 寅이나 午를 만나고 局中에 水나 土가 制化됨이 없으면 반듯이 흉한 것이다。

가령 庚大運에 丙歲運을 만나면、歲運이 大運을 剋하는 것이다。日主의 喜神이 庚金이라면、凶하고 丙火라면 吉한 것이다。喜神이 庚金이 될 때에는 地支에 神이나、辰이 되어야 하고、丙火의 地支는 子나 辰이 되어야 吉하다。局中에서는 水土를 만나 制化함이 吉하며、이와 반대가 되면 반듯이 흉하다。丙火도 이와 같은 것이다。

辛卯　甲午　丙辰　庚寅

癸巳　壬辰　辛卯　庚寅　己丑　戊子

丙火가 午月에 生하여 旺刃이 當權하고 地支에 寅卯辰을 모두 갖추었으니、庚辛金이 無根하고 외롭다。初年 癸巳 壬辰大運은 金이 生助되므로 家業裕餘했으나、辛卯運에 金이 截脚되므로 刑厄과 失敗를 거듭했고、寅大運 丙寅年에 金이 역시 截脚되고 歲運이 大運을 剋하므로 剋妻하고 고생이 연속되었으니、原局에서 制化함이 없기 때문이고、그해 甲午月에 得病하여 死亡하였다。

辛卯　甲午　乙卯　乙酉

癸巳　壬辰　辛卯　庚寅　己丑　戊子

局中에 水가 전혀 없고 辛金이 酉와 遠隔되고 卯酉 逢冲하니、金이 病神이 되였다。初運 癸巳 壬辰은 金이 生助되므로 발전이 없었고、辛卯大運 辛酉年에 卯와 冲하니、刑破가 심했으며 庚寅運 丙寅年에 病神金을 剋去하고 原局에 土水가 없어 丙火가 損傷되지 아니하니 大發하였다。

◎ 何爲冲。

어떤 것을 冲이라고 하는가?

【原 註】如子運午年 謂之運冲歲 日主喜子 則要助子 又得年之干頭 遇制午之神 或午之黨多 干頭遇戊甲字者必凶 如午運子年 謂之歲冲運 日主喜午 而子之黨多 干頭助子者必凶 日主喜子 而午之黨少 干頭助子者必吉 若午重子輕 則歲不降 亦無咎。

가령 子大運에 午歲運을 만나면、運이 歲를 冲하는 것이다。日主의 喜神이 子라면 子를 도와줌을 要하는 것이니 年의 干頭에 午를 制하는 神을 만나야 한다。혹 午의 무리가 많거나、干頭에 戊나 甲을 만나는 것은 必凶하다。

가령 午大運에 子歲運을 만나면 歲는 運을 冲하는 것이다。日主의 喜神이 午라면 子의 무리가 많거나、干頭에서 子를 돕는다면 必凶하며 日主의 喜神이 子라면 午의 무리가 적고 干頭에서 子를 돕는다면 반듯이 吉할 것이고、만약 午는 重하고、子는 輕하더라도、午는 子를 降하지 못하니、큰 害는 없는 것이다。

【解 說】冲이라 하는 것은 破를 말하는 것이다。가령 子大運에 午歲運을 만나면、運은 歲를 冲하는 것이다。

日主의 喜神이 子라면、干頭에 庚金을 만나야 하고、午의 干頭는 甲丙으로 되는 것은 害가 없으나、반대로 子의 干頭는 丙戊이고、午의 干頭는 庚壬이 되면 害가 되는 것이다。

가령 日主의 喜神이 午라면 子의 干頭는 甲戊이고 午의 干頭는 甲丙이 되는 것은 吉하나、子의 干頭는 庚壬이 되고 午의 干頭는 甲丙이 되는 것은 凶한 것이다。

또 午大運에 子歲運을 만나는 것은、歲가 運을 冲하는 것이다。

日主의 喜神이 午라면 午의 干頭에는 丙戊를 만나고 子의 干頭는 甲丙이 되면 吉하나、午의 干頭는 丙戊가 되고、子의 干頭는 庚壬이 된다면 반듯이 흉할 것이니、나머지도 이와 같이 하라。

◎ 何爲和。

어떤 것이 和인가？

【原 註】如乙運庚年 庚運乙年 則和 日主喜金則吉 日主喜木則不吉 子運丑年 丑運子年 日主喜土則

吉 喜水則不吉。

가령 乙大運에 庚歲運과 庚大運에 乙歲運을 만나는 것은 和가 되는 것이다。
日主의 喜神이 金이면 吉하고、日主의 喜神이 木이면 凶한 것이며 子大運에 丑歲運과 丑大運에 子歲運을 만나는 것은 日主의 喜神이 土이면 吉하고 水이면 不吉하다。

【解 說】和라는 것은 合을 말하는 것이다。

乙大運에 庚歲運을 만나는 것과 庚大運에 乙歲運을 만나는 것은 合이 되여 능히、化되는 것이니、日主의 喜神이 金일 때는 吉하고、喜神이 木일 때는 不化이니、凶한 것이다。그러므로 喜神이 庚金인 때는 반듯이 木金이 得地함을 要하고、乙木이 無根이면 合化됨이 아름다운 것이다。
만약 子丑의 合에 있어서 不化이면 水를 剋하는 것이니、喜神이 水인 때는 반듯이 不吉한 것이다。

◎ 何爲好。

어떤 것을 好라 하는가?

【原 註】如庚運辛年 辛運庚年 申運酉年 酉運申年 則好 日主喜陽 則庚與申爲好 喜陰 則辛與酉爲好凡此皆宜例推。

庚大運 辛歲運과、辛大運 庚歲運과、申大運 酉歲運과、酉大運 申歲運이 되는 것은 좋은 것이니、日主의 喜神이 陽이면、庚과 申이 좋을 것이고、喜神이 陰이면、辛과 酉가 좋은 것이니 다른 것도 이와 같다。

【解 說】好라는 것은 同類를 말하는 것이다。

가령、庚大運에 申歲年과 辛大運에 酉歲年을 만나는 것은 진실로 좋은 것이니、地支에 祿旺이 되여 나의 本氣가 되는 연고이며、庚大運에 辛歲年과 辛大運에 庚歲年을 만나는 것은 天干을 돕는 것이니、朋友의 幫扶와 같은 연고이다。반듯이 먼저 旺運을 만나 通根됨을 要하여 자연히 의지가 되니、좋은 것이고、運에 根氣가 없으면 그

勢力을 보아 衰하면 의지가 않될 것이니、좋을 수가 없을 것이니라。

貞 元

◎ 造化起於元 亦止於貞 再肇貞元之會 胚胎嗣續之機。

造化는 元에서 일어나고、貞에서 그치며 다시 貞元이 모여 胚胎되고、代를 이어나가는 기틀이 되는 것이다。

【原 註】三元皆有貞元 如以八字看 以年爲元 月爲亨 日爲利 時爲貞 年月吉者 前半世吉 日時吉者 後半世吉 以大運看 以初十五年爲元 次十五年爲亨 中十五年爲利 後十五年爲貞 元亨運吉者 前半世吉 利貞運吉者 後半世吉 皆貞元之道 然有貞元之妙存焉 非特絕處逢生 化盡東來之意也 至於人之壽終矣 而既終之後 運之所行 果所喜者歟 則其家必興 果所忌者歟 則其家必替 蓋以父爲貞 子爲元也 貞下起元之妙 生生不息之機 予著此論 非欲人知考之年 而示天下萬世 實所以驗奕世之兆 而知數之不可逃也 學者勗之。

三元에 모두 貞元이 있는 것이니、가령 八字로서 본다면、年을 元으로 하고、月을 亨으로 하고、日을 利로 하고、時를 貞으로 하는 것이니、年月이 吉한 것은 前半世가 吉하고、日時가 吉한 것은 後半世가 吉한 것이요。大運으로서 본다면 처음 十五年이 元이 되고、다음 十五年이 亨이 되고、가운데 十五年이 利가 되고 後十五年이 貞이 되는 것이니、元亨運이 吉한 사람은 前半世가 吉하고、利貞運이 吉한 사람은 後半世가 吉한 것이니、이것이 貞元의 道인 것이다。그러나 貞元의 妙한 理致가 있는 것이니、특별히 絕處逢生을 말하는 것은 아니다。北이 다하면 東이 오는 뜻과 같은 것이다。

사람의 壽命이 다하고 난 연후에 行運이 기쁜 곳이면 반듯이 그집이 홍하고、行運이 忌地가 되면 반듯이 그집이 替하는 것이다。

父를 貞으로 하고、子를 元으로 하는 것이니、貞의 아래에서 元이 다시 일어나는 妙理는 生生不息의 기틀인 것이다。

註者가 이를 말하는 것은 사람의 身數나 알고저 함이 아니고、天下萬世의 理致를 보여 實을 世上에 증험케 함이다。數를 알아도 피하는 것은 옳치 않은 것이니、學者는 힘쓰기 바란다。

【解 說】 貞元의 理致는 河圖洛書의 뜻인 것이다。

『河圖洛書』의 뜻이라 함은 즉 先後天卦位의 易을 말하는 것이니、先天의 卦는 乾南 坤北으로 하는 고로 西北에 山이 많은 것은 崑崙을 山의 祖宗으로 하기 때문이고、東南에 水가 많은 것은 大海를 水의 歸宿地로 하기 때문이다。

이로써 水는 山을 따라 생기게 되고 산은 물을 만나 그침이 있는 것이니、대개 물은 땅으로 흘러 넓은 바닷물이 넘실 거릴수 있는 것이나、그 근원을 거슬어 보면 모두 星宿이 되는 것이다。

또 五岳이 하늘 높이 솟아 峻險한 形象을 하나 그 根本은 崑崙에 있는 것이다。

사람에게 있어서도 父와 祖가 있는 것도 그리하여 아래로 내려 가면서 갈리고 派가 생겼으나、그 근본출처는 一脈에 지나지 않는 고로 一陰은 坤의 初에서 生하고 一陽의 生함은 乾에서 始初하니 이로써 『離』를 日體로 하는 것이고、坎을 月體로 하는 것이다。

貞元의 理致는 원래 納甲五行에서 비롯되고、納甲의 象은 八卦에서 나온 것이므로 父를 乾으로 하고、母를 坤으로 하고、長男으로 하여 乾父의 體를 繼承하고 因하여 坤母의 징조가 되는 고로、太陰은 每月 二十八日부터 다음달 初二日까지 달기운이 모두 없어지기 때문에 純黑이 되는 坤象으로 하는 것이니、坤은 貞의 뜻이 되는 것이다。

또 初三日에 달빛의 光明이 三分정도로 되어 一陽이 처음으로 生하니、震의 象이 되는 것이다。震은 元의 徵兆가 되는 것이다。

또 初八日의 上弦(초생달로 부터 보름달 사이의 반달)은 光明이 六分이 되는、兌의 象이 되는 것이고、兌는 亨의 理致와 같은 것이다。

十八日이 되면 달이 찼다가 三分이 이즈러져 巽의 象이 되는 것이니、利의 義意가 되는 것이다。

이렇게 貞元之道와 循環之理는 盛이 極에 達하면 衰하고 否極이면 泰하는 것도 역시 此意인 것이다、本章을 보건대 人生의 世上살이 만을 말하는 것이 아니고、運이 吉한 者는 昌하고 運이 凶한 者는 敗하는 것도 알 수 있는 것이다。

壽命이 다한 後에도 行運이 있는 것이니、그 運의 吉凶을 보고 그 子孫의 興替를 알 수 있는 고로 사람이 臨終한 후에도 그집이 興旺한 것은 身後運이 반듯이 吉함이요、그집이 衰敗한 것은 身後運이 반듯이 凶한 연고이다。

此論이 비록 造化가 定하여져 있으나、數를 逃避할 수 없는 것이니、사람의 아들로 태어나 부모의 年齡과 가르침을 기록하지 아니하면 옳치 못한 것이다。

만약 부모의 死後運이 吉하면 스스로 先祖의 일을 後孫에게 이어줌이 可한 것이며、父母의 死後運이 凶하더라도 역시 분수를 지키고 성실히 경영하면 造化를 挽回할 수 있는 것이다。만약 祖宗의 富貴가 學問가운데서 온것이라면 子孫도 富貴를 누릴 수 있는 것인데、곧「學問을 버린다거나」。祖宗家業이 勤儉한 가운데서 온 것이면 子孫이 家業을 이어 누려야하는데、곧「勤儉을 잊어버린다」면 뽕나무 줄기를 베어서 가래나무에다 接을 붙이고 말라 죽지 않기를 기다리는 것과 渭河水를 涇川에 끓어들여 淸鮮하기를 기다리는 것과 같은 것이다。

四柱秘傳 滴天髓

初版 發行●1983年 6月 25日
重版 發行●2001年 6月 25日

譯 者●金 東 奎
發行者●金 東 求

發行處●明 文 堂
서울특별시 종로구 안국동 17~8
대체 010041-31-001194
전화 (영) 733-3039, 734-4798
(편) 733-4748
FAX 734-9209
Homepage www.myungmundang.net
E-mail om@myungmundang.net
등록 1977. 11. 19. 제1~148호

●낙장 및 파본은 교환해 드립니다.
●불허복제 • 판권 본사 소유.

값 15,000원
ISBN 89-7270-312-5 13140